The Beginner's Guide to Using Planetary Cycles
to Plan and Predict Your Day, Week, Year (or Destiny)

ASTROLOGICAL TRANSITS

★行運占星全書★

我的人生運勢週期表

愛波・艾略特・肯特
April Elliott Kent——著
星光餘輝————譯

各界讚譽

「無疑地，這是我讀過談論行星週期的最佳著作。在《行運占星全書》中，愛波．艾略特．肯特以吸引人、有見地、人性化的風格，解釋行星跨越天空的移動如何激起我們生命中的變化。此外，她讓讀者看見，如何預測你可能會經驗到哪些類型的改變、何時可以期待改變、如何充分利用這一切。假使你曾經納悶自己的人生何以不斷跌宕起伏，或是想要一窺未來，看看未來為你保留了什麼，那就讀讀本書吧。」

——絲凱．亞歷山大（Skye Alexander）

《十二星座的行星》（*Planets in Signs*）與《神奇占星學》（*Magickal Astrology*）作者

「肯特讓解讀行運的錯綜複雜變得平易近人、妙趣橫生，本書不僅內含可靠的常識，而且周全到足以教你學會詮釋過去、現在、未來的天空所需要知道的一切。然而，真正討喜之處在於，作者詮釋這些要素的詼諧機智與真知灼見。即使當了二十年的占星師，我知道，未來還會有許多時刻，我將盯著星盤，腦子一片空白，心中著實納悶：『土星過境四宮代表什麼啊？』就是這時候，我會一躍而起，撲向我的那本《行運占星全書》。」

——占星師黛娜．格哈特（*Dana Gerhardt*）

「有能力將古代的占星藝術變得好玩且容易理解的作家不多，愛波．艾略特．肯特是其中之一。她的最新力作《行運占星全書》，將會大大幫助占星初學者想通每每複雜難懂的行星週期學。肯特女士的文章簡明扼要，十分幽默詼諧，這使得本書易讀好懂。實在寫得好啊！」

——占星師兼作家蘇西．考克絲（Susie Cox）

「人生可能是風暴不斷、難以預測的，就連最有自知之明的人也可能在欣賞甲板上的美景時，錯失掉黃金契機。假使你一直渴望可靠的船舵，渴望能幹的嚮導優雅地指引你朝最有利的方向前進，那麼不必捨近求遠，本書就是答案。愛波．艾略特．肯特語帶詼諧、深具智慧，加上娓娓道來的說故事能力，大方地揭露人人都想知道的祕密：如何最有效地與天體的變化更迭同流。《行運占星全書》將會改變你導航自我人生的方式。」

——潔西卡．謝波德（Jessica Shepherd）

《金星》（*Venus Signs*）作者

「對許多人來說，占星學神祕難解，尤其是用來預測未來時。這有一部分可能是因為，許多寫書的人，要麼套用不必要的冗長靈性對話來模糊焦點，要麼其實並不真正明白天體本身如何運作。愛波．艾略特．肯特不僅清楚地知道她的東西，更以坦率直接、引人入勝的風格書寫。本書不但讀來生動有趣，而且真正詳實豐富。」

——專欄作家馬修．庫里（Matthew Currie）

網址：Beliefnet.com

獻給媽咪和爹地

——來自你們最年幼的「土星行運」

推薦序

既能先知，凡事可以預備

占星之門創辦人 安格斯

「自古相傳至今，若人參透各星性情衰旺，及相遇度數，則知四時寒暑，旱澇疾疫，又知人事禍福吉凶。既能先知，凡事可以預備。」——摘自明譯天文書．第一類第一門．說撰此書為始之由

古人常說一命二運三風水，「運」被排在第二名，僅次於「命」，其重要度可見一斑。如《譯天文書》第一類第一門所說，若人能理解星象，事先掌握未來事件的發展方向，就能提早做些準備，達到趨吉避凶的效果。而本書就是專門探討「個人運勢」的入門書籍，使用的研究方法是現代占星學常見的行星過運（Transit）。

行星過運法主要概念，是將出生後的某個時間點的行星黃道位置（以下稱為「行運行星」）

與個人星盤中的本命行星、尖軸（例如上升、天頂等）以及後天十二宮位進行對照，透過計算行運行星與本命行星產生的互動相位，還有行運行星經過的本命宮位，完整分析該時間點對個人運勢的影響，進而推論可能發生的事件。

本書作者非常詳盡地介紹行運行星的星座、週期、逆行、相位、宮位等，筆法生動活潑不會嚴肅枯燥，實屬難得的入門好書。行文至此，相信您已經對行星過運法如何運作有些基本概念了。在您開始練習如何幫助自己與朋友探索個人運勢的發展之前，安格斯還有以下三點分享，請大家務必特別留意：

一、工欲善其事，必先利其器！行星過運的研究工具甚為重要。「占星之門」網站已為大家創設了行星過運的線上免費查詢工具，您只要簡單輸入想查詢的行運時間與個人命盤的出生資訊，系統就會快速的計算行運行星與本命行星之間的互動相位與行運行星過境的本命宮位。此外，您還可以在進階設定中找到自訂相位容許度大小的功能喔（查詢網址 QR Code 請見本書封面折口）！

二、在分析行運行星對個人運勢的影響之前，您務必要先深入了解自己或對方的本命盤。因為本命盤就像是命運的總藍圖，如果不先弄清楚個人命盤中各種可能的生命課題、優勢、劣勢與發展潛力等，您將很難有效且合理地分析出正確的運勢發展方向與可能發生的事件類型。

三、行星過運法雖然可以幫助人們了解什麼時間適合採取怎麼樣的行動，但是並不代表您要把自己完全交付給它，事事按照星象的建議來過生活。別忘了！您才是這張星盤的「主人」，行星過運法只是提供生命歷程種種問題更多的參考資訊或解決方案而已。每個人都必須對自己的生命負責，培養獨立思考與解決問題的智慧。

最後，無論你相不相信占星學，我希望每個人都能從占星學中得到實際利益。願這本書能陪伴大家在生命歷程中看見實相，獲得面對問題的勇氣與智慧，祝福你們！

「占星之門」行星過運查詢網址：http://astrodoor.cc/astrological_transits.jsp

您也可以使用手機掃描下方 QR Code 直接進入。

推薦序

學習行運必備的第一本好書

ELLE占星專欄主筆、美國占星協會（AFA）占星師　蘇飛雅Sophia

很高興看見橡實文化為讀者準備這一本由愛波．艾略特．肯特女士所著作的好書——《行運占星全書：我的人生運勢週期表》。肯特女士結合多年占星研究與實證經驗，以輕鬆活潑、平易近人寫法，告訴我們行星過境黃道十二星座和出生圖的十二宮位對我們的影響，並說明如何利用此法做生活的長短期規劃，與我平日從事的諮詢與教學有異曲同工之妙。如同書中所說：「你不必是職業占星師就能解讀行運！」我們可以更正確的說：這本書是學習行運必備的第一本好書。

對於占星學習者而言，學習占星的起點其實是解讀個人命盤，隨後才是進入流年推運的階段。如果說解讀命盤是為了讓我們更了解自己，進而發掘潛力和人生幸福的可能（猶如毛毛蟲終將蛻變成蝴蝶一樣），那麼流年推運就是讓我們知道現在正處於什麼狀態？會在「何時」、「何地」發生變化（猶如毛毛蟲作繭、破繭，最後羽化為蝶）。換言之，本命盤是我們生命旅程的地圖，而流年推運則是生命旅程的行程表，提供我們準備、接受與提升的重要指引。

相較於其他推運法而言，行星過境法（Transit）發展與流行的時間較晚，一開始多只使用行星進入某星座零度的這個概念，或是搭配其他推運法使用。但是受惠於近代天文曆法技術的發達，現在行星過境法已成為最流行且普遍使用的推運法，儘管仍有它使用上的條件與訣竅，但是本書已揭露相關的重點。善用行星過境法，我們就能有效運用時間、心力與資源，達到趨吉避凶的可能。

很多初學者總是急於學習新的東西，我也曾經歷這個過程。但是流年推運是否能學得順暢，其實奠基於解讀命盤的基礎是否學得紮實。慶幸的是，我們能在學習行星過境的過程中，不斷強化我們對行星、星座、宮位、相位的理解與應用。真正學習占星的過程，應該不是平順的一路通，反而像是走在通向上方的螺旋形的樓梯，因高度的不同，經歷看山是山，看山不是山，看山又是山的境界，年年都有不同的收穫。

對於渴望改變命運、對身心靈成長有興趣的讀者而言，行星過境更是幫助自我覺察、提升覺知敏銳度的利器。透過對主觀情緒、客觀事件與行星變化（行星過境）的同步觀察，你我將看見因習慣、意識與潛意識所創造的順逆境。人生不可能永遠是春天，在經歷世俗得失中，覺知後的智慧才是幫助我們超越現狀、創新因果的希望。

古希臘數學家與天文學家阿基米德曾說：「給我一個支點，我就能撐起世界。」希望這本《行運占星全書：我的人生運勢週期表》也能成為諸位學習占星學的重要支點，藉它開啟學習與生活的全新樂趣。

推薦序

跟著行運走，我人生的頓挫與收穫

知名占星師、《藏在塔羅裡的占卜符碼》作者 天空為限

接下這篇序之前，我發生了人生中的一次重大挫折。我從兩年前，就看到去年（二〇一六年），流年土星在我的九宮位，快進入我的第十宮，流年海王星也在我的第一宮，第一宮跟第九宮、第十宮，這三個宮位都是一個人對外的表現，土星跟海王星，看來截然不同，但它們有個共同點，就是「緩慢」，土星是在世俗中艱難的踽踽獨行（因為土星也有寂寞失落的意思），海王星是在夢想中分不清方向，就算分清了，也很容易走錯路，所以看似走了很久，但卻沒有太多的進展，甚至還是倒退的。

我一直想不透，是什麼樣的事，會讓我的速度這麼緩慢？而且是土星跟海王星？這兩顆星都是要走很久的耶！看來我的緩慢會維持很長的一段時間，而且海王星還剛好在雙魚（我的上升點也是雙魚，所以海王星剛好進入我的本命宮），所以我有想到可能是疾病，但是行動緩慢？我還

緊張的在想，我才四十歲而已，不會這麼快就阿茲海默症了吧？還是出車禍造成行動不便？或有什麼意外的災害？

因為我本來就是上升雙魚，從小給人的第一眼感覺就是比較弱勢的，但我的月亮牡羊，太陽雙子，動作跟講話都超流利，所以我在想海王星進入命宮？可能是外型給人家的感覺變成我真正的狀況？我會變成一個很笨的人？還是開悟的大師呢？我想這兩種都不太可能，因為我有金牛星群，本性非常世俗又固執。雖然做的工作是神祕學，但我跟靈性一點都扯不上關係，我連心理作用都很少發生。我的論命方式，也是以邏輯為主的，比較喜歡講確實可以理解的東西，如果說到靈性啊、超然的，連我自己都不全然理解。所以我的月亮牡羊跟太陽雙子都是很現實的，只有外在給人的感覺比較迷糊而已，很多人第一眼的時候，誤以為我是那種喜歡講靈修的老師。殊不知我是很潑辣尖銳的人。我的雙子讓我口才伶俐，月亮牡羊讓我講話都直接切入重點，兩者加起來，讓我一向給人一種「一針見血」的印象，而且我的冥王星又在第八宮，所以常常說一句話：「常常有人說我是心直口快，但我覺得很迷惘，我一輩子沒有心直口快過啊！如果別人覺得被我傷害了，我一定不是無心的，我是故意的。」因為天蠍有實話實說的特質，如果你受不了，那就不要問我，我沒時間哄你。

我的冥王星又跟我的日金水合相三合，所以我講話一向給人切中要害的感覺，我的思考跟講話一樣快，但又滿清楚的，因為我的金星水星雖然跟我的太陽合相，但金星水星是在金牛尾，跟我雙子頭的太陽合相，短時間之內，通常讓人找不到破綻。

這樣的我，居然也會有土星到第十宮的一天？而且海王星還在本命宮？「速度慢」一向是我的天敵也是我的忌諱啊！由於工作忙，我暫時忘了這件事。

二〇一六年的六月，我被妹妹拉著去基隆的慶安宮拜拜，我們家的人都常來慶安宮拜拜，只有我比較少來，但我對媽祖的印象還是很好。那天我跟妹妹帶了些貢品去拜，拜完後，我們詢問是否可以收貢品了？問了好幾次，媽祖都不讓我們收，只好再問媽祖，是不是有話要跟我們說？媽祖給了聖杯，而且指名要跟我說話，我抽了籤上指示的那支籤，籤中的文字是：「佛前發誓無異心／且看前途得好音／此物原來本是鐵／也能變化得成金。」這表示本來看起來是壞事的事，因為我運用得當，也能給我帶來很大的突破。我當然看不懂這是什麼意思。

我看完大惑不解，妹妹問我：「你最近有遇到什麼困難嗎？」我說：「沒有啊！一切都很平順。」我們雖然覺得奇怪，但是也就慢慢淡忘了。

到了十月底時，有一天我醒來，本來一切如常，但我打開電腦，卻覺得眼前的文字對我來說都只是沒有涵義的符號而已，我完全看不懂它在寫什麼，我雖然吃驚，但跟妹妹說了這件事後，就去忙我日常的一天行程了，到了晚上，我妹妹教完鋼琴下課後，看到我的訊息，打電話給我說：「這不對勁，你得去看醫生。」後來就醫，發現是輕度中風，而且查不出原因。住了五天，我感覺幾乎快痊癒了，本來已經認不得字，也不會算數，五天內全都恢復了，但血壓仍然降不下來，而且用什麼藥都沒用，醫生不敢掉以輕心，還不敢放我出院。

我妹妹有位朋友是博士，也是大學助教，他平常就有一點靈通的感應能力，但他不想因為這種事惹來太多麻煩，所以從來不對外說，而且還表現得一副很鐵齒的樣子，但我出事前一週，他就跟我妹妹說：「神明告訴我了，你們家有人會出大事，可能是生病之類的，你跟你姊姊都要早點睡，免得出事。」他來探病時，說神明告訴他，我還是留在醫院比較好，因為我會再有一次狀況，如果再不改善我的作息，這次事情會很嚴重。

我急著出院回家找我的貓，所以也是聽聽就算了，仍然很急的安排出院後的事情，結果有一天，我突然覺得頭熱熱的，一陣暖流擴散，然後我就睡著了，睡醒後我走路跌跌撞撞，那時我有請一位臨時看護，她一口咬定我一定是心理作用，我說：「我這個人從來不會有心理作用，一定是有哪裡不對勁。」護士雖然來量了很多次血壓，由於我都是躺在床上，所以她們也沒發現什麼異樣，但我覺得自己講話很奇怪，雖然身邊的人都說聽起來沒有什麼不對，我就是知道不一樣。等醫生來了，我跟她說：「醫生，我懷疑我二次中風了，我今天走路都跌跌撞撞的，你要不要幫我再檢查一下？」醫生考慮了一下，還是很快的幫我再做一次斷層掃描，發現果然是二次中風，主治醫師跟住院醫師都非常緊張，而且血壓始終控制不了，主治醫生果斷的安排我住進加護病房觀察。後來連心臟科的藥都用了，而且從頭部檢查到腎臟，都沒有什麼病，血壓卻始終降不下來，眼看事態緊急，我的住院醫師跟主治醫生，做了一個救了我的命的決定，她們決定採取常規之外的療法，進行一次觀察性的非侵入式手術。

放射科的醫生本來非常沒有把握，覺得我慢慢就會好，不用做這麼冒險的事，但我的兩位美女醫師堅持，因為她們覺得我的頭腦跟表達都很清楚，而且我還這麼年輕，她們一定要讓我回到工作上。放射科的醫生答應姑且試試，他跟我說，這種手術正常是要做三次的，如果做了第一次，沒有明顯改善的話，就表示這個方式對我沒效，我們就放棄吧！因為我是半麻醉而已，在第一次手術的最後十分鐘，我聽到醫生高興的大聲說：「沒想到真的有用耶！這真是太神奇了。」我後來才知道，這種觀察術本來不是拿來治我的病況的，但主治醫師跟住院醫生判斷會適合我的狀況，決定大膽採用，結果成功把我的血壓降下來了。後來三個月後，我又差點再一次發作，這次檢查出一個確切的病因來了，我的後腦血管有先天性的狹窄，所以造成堵塞，差一點又造成第三次中風。後來醫生告訴我，我之前已經有過很多次的傷口，可見是中風許多次了，而且都在重要的位置，只是我運氣好都剛好躲過（兩位美女醫生也是這樣告訴我的，但她們很保留的說：「應該有兩次『以上』。」不敢告訴我詳細的數字），任憑哪一次出問題，我今天都可能要坐著輪椅來醫院，我運氣好，所以連拐杖都不用拿。

妹妹又到慶安宮幫我再抽一支籤，很神奇的，抽到跟上一次一樣的籤，我妹妹跟我本來還沒發現，但要去臉書找我以前的某張照片時，赫然發現我們幾個月前才抽到同樣的一支籤，看來神明真的在幫我的忙！

復健了幾個月後，再遇到一次大事件，同婚的合法化給政府形成壓力，逼得他們不得不正視這件事，此時的天象，正是土星三分相天王星，土星是守舊的勢力，天王星則是革命的勢力，兩顆星雖是好相位，但兩顆星的本質差異太大了，所以在真正的和解之前，還有一段拉鋸戰要走，果然，大法官認定：反對同性結婚這件事本身違憲。等於是天王星占了上風，但土星很會拖延，所以要等到兩年後才能修法，但大家已經很高興了。

我算是非常幸運，病發後兩個多月，就陸續接下兩篇序，雖然有失語症，連帶影響了腦袋的分析跟邏輯能力，但我還是接下來，希望磨練自己。我從小到大從來沒有認真努力過，病發時土星在我的九宮尾，跟十宮頭合相，並且跟我的本命海王星合相，又剋到流年海王星，跟我的本命太陽成了對沖相（容許度之內），本命宮跟太陽都被沖剋到，所以我一向以來的快速形象，就被拖慢了。

最近復元得還不錯，出現要我重新開課的聲音，但我覺得我還口齒不清，所以有點猶豫，還抽了好幾副牌，而且在粉絲團上討論了好幾次，我一向都知道現在（二〇一七年七月十九日）是太陽跟火星同在巨蟹，所以社會上會有很多進退兩難的狀況（詳細狀況我有寫在我的部落格中），但我一時沒想到自己的盤，因為我巨蟹中只有一顆土星，而且在最後的地方，跟獅子座的火星合相，昨天看一下自己的流運盤，赫然發現，流年火星剛過我的本命土星，正要接近我的本命火星，又在巨蟹座，但在我的第六宮頭，難怪我會對重新開始工作的事這麼猶豫，以前我可是工作狂啊！

這一次的土星還會在我的第十宮中待一陣子，所以未來還有很多磨難，但我比以前多了一點耐心，不再什麼事都要馬上有結果，會靜下來聽人家表達他們的想法，這也算是我的一份收穫吧？我一直很擔心在開課時，我的口齒不清會是個問題，但學生們跟我說，其實他們以前都覺得我說話速度太快，有時吸收不了，看來這次的生病，就是要我學著「慢下來」，雖然緩慢一向是我很痛恨的一件事，但我現在總算慢慢發現慢下來的好處了。

目錄

第三部　當行星過境十二宮位

第一部

什麼是行運占星？

第一章

行星過運對人生運勢的影響

一九九三年，喬正在經驗她生命中的一大挑戰。她失去了母親，生了第一個孩子，離開了有家暴傾向的丈夫；她努力對抗沮喪，仰賴國家補助獨力扶養孩子。

不知怎地，她找到了氣力與決心，完成了幾年前已開始撰寫的一本著作的手稿。「要是我在其他事情上著實有成，」她後來寫道，「那麼我恐怕永遠找不到那分決心，能夠在我真正歸屬的領域大放異彩……谷底成了我重建人生的堅實根基。」

五年內，筆名 J．K．羅琳（J. K. Rowling）的喬，成了千萬富翁。她寫的哈利波特故事，不但成了歷史上最暢銷的系列叢書，而且醞釀出有史以來票房最高的系列電影之一。

當環境與性格交會，「命運」就這樣發生。寫作是羅琳的一部分性格；她六歲開始寫作，但她從貧窮到大放異彩的燦爛旅程，全都發生在出生圖見到土星的重要行運期。土星行運將我們推擠到忍耐的極限，強迫我們培養內在的實力與足智多謀。換作是別人，可能直接放棄，如果她放棄了，也沒什麼人會責怪她。但羅琳的經驗是鼓舞人心的範例，她正面迎向充滿挑戰的行運，盡一切可能反敗為勝。

行運：當不變的自性與人世間相遇

有一部分的你，從出生那一刻直到離開地球那一天為止，其實沒有太大的改變。在占星學中，我們參照你的出生圖（birth chart），找到參透這個不變真我的洞見。在你出生的那一刻，從你出生的地方朝天空拍一張快照。這就好像那一刻發生了一次核能爆炸，將當時的天空印記在你身上，那是你不可磨滅的占星輪廓圖，那是內在的你。

接下來，你學習走路，你上學，你墜入愛河，然後心碎，你有一個孩子，或是失去父親或母親，而每一個那樣的經驗都留下痕跡。因此，現在的你與出生當天的你，並不完全相同。

占星學承認兩個現實：其一，有一個不變的核心，深藏於每一個人的內在，其二，有一個害羞、脆弱的嬰兒，可以長成沉著、強壯的成人。出生圖是我們出發的起點，這只背包滿是種種特質和與生俱來的武器，讓我們可以帶進世間、充作維生和保護之用。但一路上，我們與人世間相遇，人世間與我們邂逅，然後事情改變了。

占星家將這些相遇邂逅稱作「行星過運」（簡稱「行運」）。

何謂「行運」？

在占星學中，「行星過運」（transit）這個詞意指：行星的持續移動，與你出生時或其他重要事件發生時的行星位置形成對照。因為行運與眼前的現實相連結，所以反映出我們的「集體」實相，也就是：我們大家共同生活的人世間。行運就像人世間發給我們的紙牌，而如何處置這些紙牌（如何出牌）正是改變我們、決定我們命運走向的要素。

你的出生圖是你出生當時天空的快照。但下一刻，發生了什麼事情呢？行星們繼續移動，事情就是這樣。有些行星移動得快，有些行星的移動速度就像漸乾的油漆。在你出生二十四小時後，從同一個地點朝同樣的天空再拍一張快照，你會看出些許的改變，但變化不大。

一些不太一樣的星辰會升到地平線上，然後來到頭頂上方的最高點。最明顯的是，月亮會在天空的另一區。月亮是我們移動最快速的天體同伴：才二十八天，它就走完了一整圈黃道，囊括三百六十度和每一個黃道星座。

但隔天的其他每一樣東西，大概就跟你前一天離開時相差無幾。你必須一個月後回來，才會看出水星、太陽、金星或火星移動了不少。木星一整年盤據在同一狹窄的三十度天空範圍內，土星則在同一區待上大約兩年半。至於天王星、海王星、冥王星……唔，你根本看不見它們移動，但放心吧，它們差不多還是老樣子。

我們生活在一個有秩序的宇宙裡，最明顯的例子莫過於我們的太陽系。行星們以可預知的週期移動，按一定的間隔時間重新造訪黃道上的同一點位。譬如，每一年，在你生日前後各一天之內，太陽返回到你出生時它在天空中盤據的同樣位置，可說是「十分開心的回歸」。

內行星與外行星

水星、金星、火星（最靠近太陽的行運鄰居）常被稱作「內行星」（inner planet）；在占星學中，我們將太陽和月亮囊括在這個群組。這類移動快速的行星（太陽、月亮、水星、金星或火星），經常與出生圖形成「相位」（aspect，又稱「幾何角度」geometric angle），且這類相位發生的時間短、頻率高，因此，這些行運幾乎不會造成長期的結果。不過，它們卻可以擔任觸發器，引動較為緩慢移動的行運同時發生。

行星	黃道週期	受影響的人生領域
太陽	三百六十五天	生命力、創造力、自信
月亮	二十八天	情緒、日常作息、維護一個人的身體和住家
水星	八十八天	學習、溝通
金星	略少於一年	關係、財務
火星	兩年半	工作、衝突、性能力

另一方面，「外行星」（outer planet，木星、土星、天王星、海王星、冥王星）的行運難得一見，要花很長的時間才能完成它們的工作。它們象徵你生命中緩慢展開且通常影響深遠的過程，有些可以對你造成深刻的改變。

行星	黃道週期	受影響的人生領域
木星	十二年	教育、旅行、探險
土星	二十九點五年	事業、責任、成熟度
天王星	八十四年	改變、瓦解、叛逆
海王星	一百六十五年	靈性、幻覺、幻滅
冥王星	兩百五十年	蛻變轉化、內在實力

行運行星過境黃道十二星座

當行運行星變換星座時，它會採納那個星座的裝束。走筆至此，正值水星在牡羊座；這個時刻的時間調性是要以牡羊的作風「演出」水星（溝通、變換、閱讀、思考），也就是說，快速、直接、切中要點。「TL; DR」（too long, didn’t read：「長文慎入」）這樣的措辭八成是水星牡羊的人創造出來的。

然而，再過幾天，水星將會進入金牛座，那是迥然不同的裝扮。溝通的調性將會轉換成金牛座比較審慎、緩慢、深思熟慮的風格。

這並不意謂著，整個人世間將被催眠成慢條斯里地說話、思考、開車。譬如，就本性而言，出生時水星在牡羊座的人總是以閃電的速度處世，而水星進入金牛座並不會改變這個特質，會產生的作用是：眼前的情況鼓勵這些人緩慢下來、練習多一些耐性。水星牡羊的人會享受這一刻的可能性微乎其微，但沒關係，誠如我的老師以前喜歡說的：「那是一次行運——會過去的。」

行星過境出生圖的十二宮位

行星過境出生圖的十二宮位，促使你對人生的特定領域採取行動並產生覺知。在一宮，事情出現在你面前。在六宮，事情發生在職場或是與你的健康養生相關的領域。在十宮，你的事業、聲譽或召喚，提供對這個行運做出回應的方法（本書第三部分專門探討行星過境出生圖的各個宮位）。

由於出生地的關係，出生圖的某些宮位可能比其他宮位大些。因為行星總是需要更多時間才能通過這些宮位，所以這些行運在你的人生中就顯得特別重要。又因為某些行運行星的行進速度比其他行星緩慢許多，所以其間的差異就好像，郵差路過投遞信件（水星），其他日子都掛心著狀似郵差投遞信件的無效動作（海王星）。

行運行星的相位

「相位」（aspect）意指：兩顆行星之間特別的幾何關係。如果不知道如何找出和讀懂相位，你可能會覺得，解讀行運實在有點吃力。你可以在免費的線上資源 Astrodienst（www.astro.com）取得一份星盤的目前行運相位表，但是，當你有能力對照行運與你星盤中的行星並自行找出相位時，解讀行運會容易許多。

占星師運用各種相位來檢視行運與出生圖的連結，最常使用的相位如下：

相位	度數	關鍵字	困難點
合相	〇度	強烈；主觀	中性；可能融洽和諧，也可能具挑戰性，取決於涉及的行星
六分相	六〇度	機會	融洽和諧
四分相	九〇度	衝突	具挑戰性
三分相	一二〇度	輕易	融洽和諧
補十二分相	一五〇度	調整	具挑戰性
對分相	一八〇度	平衡	具挑戰性

假使你覺得辨認相位很困難，並不是你一個人有此問題。然而，多加練習便會容易些。通常，要先理解，落在特定星座中的行星，彼此之間可以找到特別的相位。這裡有一份幫你跨入占

星之林的快速指南（註：合相通常出現在同一星座的行星之間）。

行星在下述星座	在哪個星座尋找六分相	在哪個星座尋找四分相	在哪個星座尋找三分相	在哪個星座尋找補十二分相	在哪個星座尋找對分相
牡羊座	雙子、寶瓶	巨蟹、魔羯	獅子、射手	處女、天蠍	天秤
金牛座	巨蟹、雙魚	獅子、寶瓶	處女、魔羯	天秤、射手	天蠍
雙子座	獅子、牡羊	處女、雙魚	天秤、寶瓶	天蠍、魔羯	射手
巨蟹座	處女、金牛	牡羊、天秤	天蠍、雙魚	射手、寶瓶	魔羯
獅子座	雙子、天秤	金牛、天蠍	牡羊、射手	魔羯、雙魚	寶瓶
處女座	巨蟹、天蠍	雙子、射手	金牛、魔羯	牡羊、寶瓶	雙魚
天秤座	獅子、射手	巨蟹、魔羯	雙子、寶瓶	金牛、雙魚	牡羊
天蠍座	處女、魔羯	獅子、寶瓶	巨蟹、雙魚	牡羊、雙子	金牛
射手座	天秤、寶瓶	處女、雙魚	牡羊、獅子	金牛、巨蟹	雙子
魔羯座	天蠍、雙魚	牡羊、天秤	金牛、處女	雙子、獅子	巨蟹
寶瓶座	牡羊、射手	金牛、天蠍	雙子、天秤	巨蟹、處女	獅子
雙魚座	金牛、魔羯	雙子、射手	巨蟹、天蠍	獅子、天秤	處女

舉例來說，假使行運火星目前在射手座八度，它就與位於天秤座或寶瓶座八度的任何行星形成六分相，與位於處女座和雙魚座八度的行星形成四分相，與位於牡羊座或獅子座八度的行星形成三分相，與位於金牛座或巨蟹座八度的行星形成補十二分相，而與位於雙子座八度的行星形成

對分相。

然而，這並不是一成不變的規則。偶爾，由於相位「容許度」（orb）的關係，某一星座的行星可能與並非落在上述星座的行星形成相位。

容許度

即使兩顆行星之間的相位並不精確，但此二行星還是可以被視為彼此形成相位。舉例來說，精確的四分相意指：兩顆行星相隔剛好九十度。但多數占星師觀察到，相位的影響力在精確角度兩側特定的度數之內（或稱「容許度」）被經驗到。占星師們未必一致同意的是：容許度的度數應該是多少。

針對行運，我傾向於，給予移動較為緩慢的行星較大的容許度（跨越精確度數兩側的度數較大），給予移動較快的行星較小的容許度（跨越精確度數兩側的度數較小），而且比較看重正在接近（或正在開啟）精確角度的相位，較不重視已經完成該角度（正要離開或關閉）的相位。

我給予行運行星的容許度如下：

月亮：精確度數兩側各一度

太陽、水星、金星：精確度數兩側各三度

火星、木星、土星：精確度數兩側各五度

天王星、海王星、冥王星：精確度數兩側各七度

舉例來說，假使行運冥王星（力量與轉化的行星）位於魔羯座十三點三三度，而你的本命天頂（Midheaven，十宮宮首）位於十五點四五度，那麼冥王星差兩度左右便與天頂（代表事業相關問題）形成三分相（一百二十度）。這肯定近到足以使你在事業上經驗到某些激烈的發展。因為三分相是和諧的相位，你可以安全地假設，非常有機會於此時在事業上培力賦權。

弔詭之處在此。比如說，行運木星在處女座一度，而你的本命火星位於牡羊座二十八度。幾乎每一位占星師都會說，這是三分相。「可是怎麼個三分相？」你可能大聲嚷嚷，同時掃瞄著手邊的參照表，然後發現，處女座的三分相最常出現在金牛座和魔羯座，因為牡羊二十八度只差兩度便跨入金牛座，因此與行運木星三分相僅僅三度之差。所以要留意占星師所謂的「跨越星座」（out-of-sign）相位。

追蹤行運週期

每一顆行運行星的週期都可以劃分成幾個階段，類似月亮盈虧的「月相」（lunar phase）。行星通過黃道的整個週期的前半是漸增或成長、發動的時期；後半是此週期的收穫和結束部分。週期中的最大張力出現在前、後段四分點以及對沖點。

以土星為例：土星大約需要二十九年半才能完成一個週期。中間點是十四點七五年（二十九除以二），四等分點落在大約七年半和二十二年左右。

於是，七歲、十四歲、二十二歲、二十九歲對我們每一個人都是非常重要的年紀，因為這些時候，行運土星所在點位與出生圖中的土星位置形成最大張力。在這些年紀，我們受到土星的召喚，要去發展更大的成熟、自制與權威。

行星回歸

行星的「回歸」（return）意指，那一刻，行星回到了你出生時它在黃道帶上盤據的同一點位。你每年在生日前後一天內遇到一次太陽回歸，每個月遇到一次月亮回歸，然後每二十九年遇到一次土星回歸。占星師們將回歸的精確時間製成圖表，以此解讀行星新週期的重點。

逆行

所有行星（太陽與月亮除外）都有逆行（retrograde）運動期，這時，它們看似向後移動。當然，事實並非如此；那是行星相對於太陽和地球的位置所造成的視覺幻象。

逆行的行星用符號℞顯示在星圖或星曆表（ephemeris）上。

逆行行星的運作似乎不同於平時：凡是與那顆行星相關的事物均不穩定且難以預測。這些時候被認為不適合啟動與該行星相關的事物（例如，在金星逆行時結婚，在木星逆行時打官司），通常是因為你得不到需要做出周全決定的所有資訊。

逆行週期的經驗法則是：這些時候適合做些與「重新」相關的事情，例如，重新審查你的工作、重啟老舊提案或往日關係、重新翻修房子，或是修改計畫。

水星一次逆行大約三週，一年三次。水星支配溝通、科技、運輸、兄弟姊妹和鄰居以及學習；它的逆行期適合用來與老朋友敘舊、造訪從前去過的地方、重新審查契約、完成老舊提案，但最好避開購買車子、電腦或電話，避免簽訂合同，避免去到他鄉異地或是踏上行程緊湊的旅遊。

金星每十八個月大約逆行四十至四十三天，這些時候適合收回他人的欠款、重新審查你的財務、重新裝潢或是與故人重逢，但最好避開結婚、成立其他法定合夥關係、做大型採購，或是接受整容手術以及做出其他外貌上的重大改變。

火星每兩年逆行大約五十八至八十一天。逆行期間，可檢視你如何處理憤怒、魄力、衝突、競爭、性能力。可能的話，避免開始新工作或開啟新事業，避免陷入競爭或挑起爭鬥，這可能也不是進行非急需手術的最佳時機。這時適合返回從前的職場或專業、休養生息、解決昔日的衝突。

木星到冥王星等外行星，每年逆行半年。它們的逆行期不可能非常明顯，除非同時與你出生圖中的行星形成困難的相位。不過，這些行星轉為逆行或順行（direct）的那些日子，可是既令人緊張又難以預測的。

木星逆行期適合重返學校、實現拖延許久的旅行、重讀最喜愛的書，最好不要賭博、舉辦戲劇或其他演出，或是開始教學生涯。如果在木星逆行時創業，要好好檢視是否容易太過大方、擴展太快，不然就是承擔過多，無法好好控管。

當土星逆行時，很容易在應該拒絕的時侯答允。土星逆行不適合對事情做出承諾，但卻適合重新審查現有的承諾，要避開正式購併企業。宜處理住家的結構問題、職場的組織問題，或是與自律或他人紀律相關的問題。

天王星的逆行期往往生起打散重組的渴望，但這些改變難以實現。能量和不安積累，直到天王星再次順行，然後才一古腦兒地和盤托出。這可是與遠方朋友和從前同事重新連結的好時機，可以讓各式各樣的老舊網絡復活。

海王星的逆行時間適合精神上的靜修與反思，可以重返對你有意義的靈修之地，也有利於通靈和直覺的工作。因為海王星通常使情況變得更難看清，所以在海王星的逆行期，反面通常才是真理，你只需要願意接受你所看見的實際情況。

冥王星逆行最適合心理與身體的療癒和潔淨，這是自制力比較容易駕馭的時候；你可以更成功地棄絕成癮的習性，以及處理恐懼症、害怕、強迫症傾向之類的心理問題。試圖控制他人在這時通常不太管用，而且事實上往往適得其反，但控制自己、為自己賦權，卻是冥王星逆行期的好差事。

如何找出你的行運

從前，每一位占星師都甘冒聽起來猶如怪老頭、一開口就是「在我那個年代……」的風險，習慣備有一整套稱作「星曆表」（ephemerides）的行星表，至少供該年度使用，通常供整個世紀使用。事實上，像我們這樣橫跨兩個世紀，許多占星師的書架上都備有記載兩百年的星曆表。

即使在這個電腦年代，我還是建議花錢投資一套不錯的舊式星曆表。你可以在線上以合理的價格購得，或是向當地的玄學書店購買二手星曆。如果有一份星曆，你只需要將自己的出生圖列印出來，翻到記載當日星曆的那一頁，然後將目前的行運位置標示在出生圖外圍（參見圖1-1）。

喜歡的話，你可以推算目前的行運，生出一張本命星盤在內圈而行運在外圍的星盤。任何占星軟體都可以輕而易舉地做到這點；要推算出你的出生圖，以及一張以目前日期和地點為準的星盤，然後建立一張出生圖居中的雙輪星盤。

如果沒有軟體，可以在Astrodients推算你的出生圖和當前的行運：

1. 來到www.astro.com。
2. 從功能表選擇「免費占星」（Free Horoscope），然後選擇「繪圖與推算」（Drawings and Calculations）底下的「擴充星盤選擇」（Extended Chart Selection）。

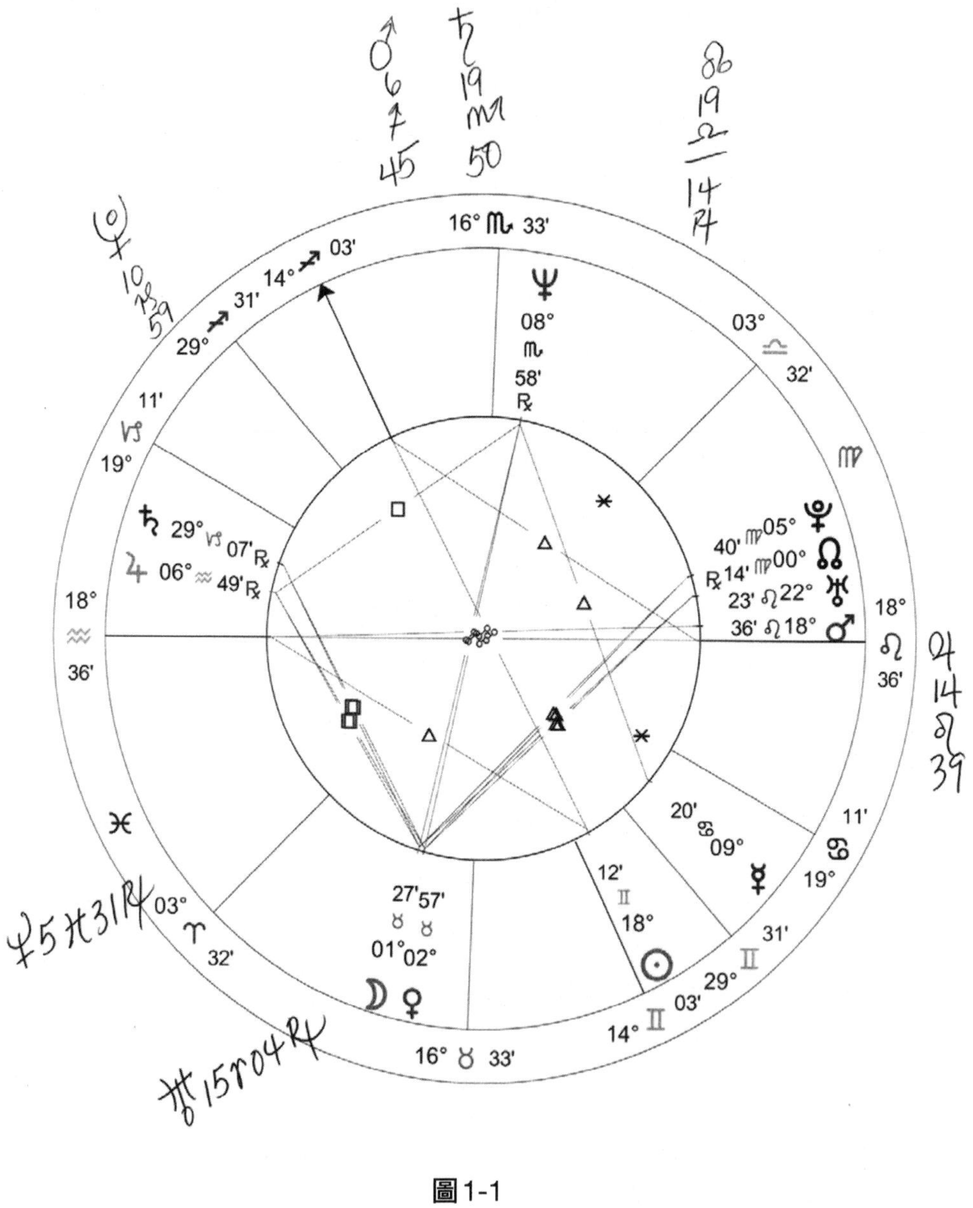
16° ♏ 33'
14° ♐ 03'
29° ♐ 31'
11' ♑ 19°
18° ♒ 36'
♓
03° ♈ 32'
16° ♉ 33'
14° ♊ 03'
29° ♊ 31'
11' ♋ 19°
18° ♌ 36'
♍
03° ♎ 32'
♆ 08° ♏ 58' ℞
♄ 29° ♑ 07' ℞
♃ 06° ♒ 49' ℞
♇ 05° ♍ 40'
☊ 00° ♍ 14' ℞
♅ 22° ♌ 23'
♂ 18° ♌ 36'
☿ 09° ♋ 20'
☉ 18° ♊ 12'
☽ 01° ♉ 27'
♀ 02° ♉ 57'

圖1-1

3.輸入或選擇已儲存的出生資料。點選「繼續」（Continue）。

4.在「分類法」（Methods）底下，展開標記為「請選擇想要的星盤類型」（Please select the type of chart you want）的下拉式功能表。

5.在「預示法」（Prognostic Methods）底下選擇「行運」（Transits），然後選擇「本命星盤與行運」（Natal Chart and Transits）。

6.點擊「按一下這裡以顯示星盤」（Click here to show the chart）。

得出的星盤顯示，內圈是你的出生圖，當前的行運則在星盤外圍（參見圖1-2）。

並不是所有行運都生而平等

你的行運表現與你朋友、家人或伴侶的行運表現截然不同，**因為你們是不同的人**。你們擁有不同的出生圖，行星落在不同的星座、宮位，與其他行星形成不同的相位。

想像你正與一群朋友共進晚餐。你是主客，而那一整晚，朋友們說著故事頌揚慶賀，說他們如何遇見你，以及你分享過的探險經歷。有些故事好熟悉，多年來一再重述，益發顯得光彩亮麗。

有位朋友說了一則你根本記不得的故事，說到許多年前，你們倆去到一家俱樂部，認識了幾個小伙子。顯然，立即吸引她、令她熱情如火的那個男生忽略了她，因為那傢伙一直目不轉睛地

出生於：1961年6月9日，週五	時間：0:15 a.m.
地點：加拿大艾伯塔省愛德蒙頓／ Edmonton, AB (CAN)	世界時間：7:15
經緯度：西經113度28分，北緯53度33分（113w28, 53n33）	恆星時間：16:50:49

本命星盤與行運（分類法：Web Style/Koch）
日期：2015年6月1日
世界時間：0:00.00

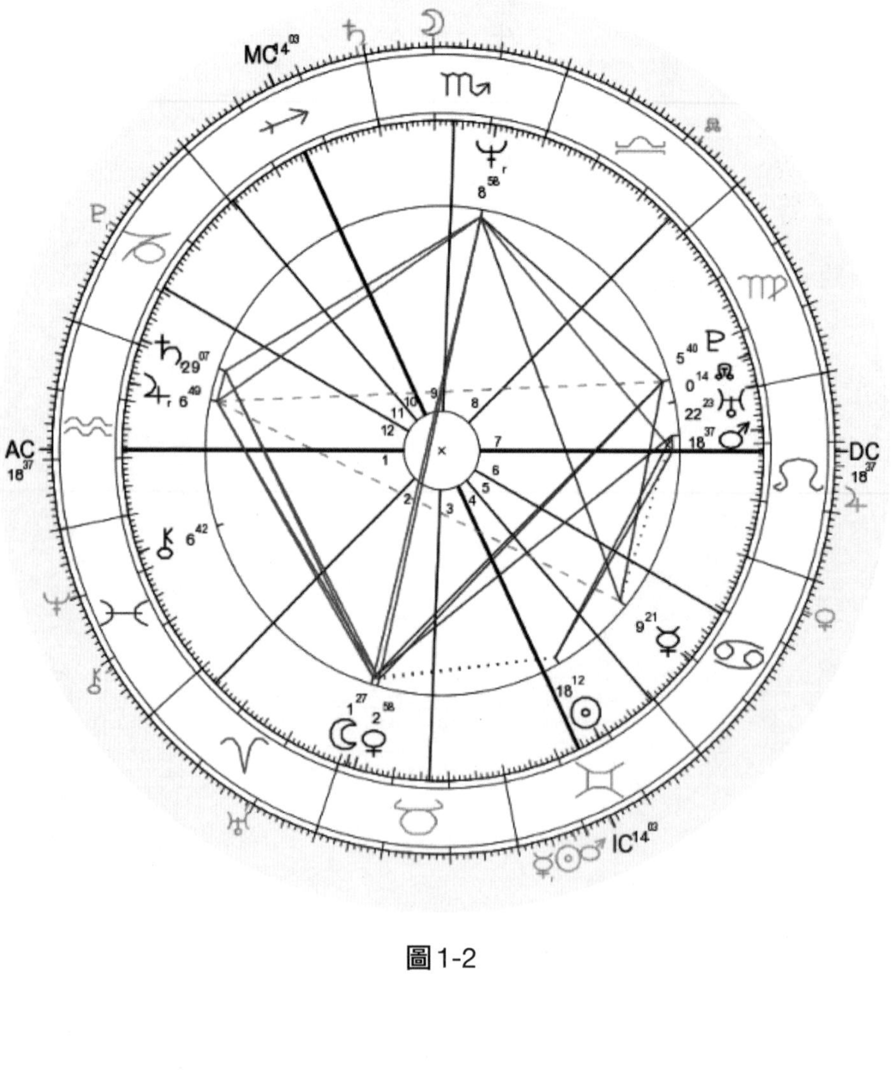

圖1-2

盯著你。幾年來的憎恨與不安全感來到了頂點，那之後不久，她開始接受治療，處理信心不足的感覺。

而你甚至不記得發生過這事。

帶來厄運的俱樂部探險當天，行運金星正跨越你出生圖中的冥王星，將情愛、吸引力、深層情感（此例是一名妒火中燒的女子）等主題集合在一起。之前提過，金星移動快速，每一年，它都會跨越你的本命冥王星，持續一天左右；這不見得是一次難忘的行運。

但對你的朋友來說，情況剛好相反：冥王星正與金星形成某個相位。冥王星是行運行星中移動最緩慢的，需要大約兩百四十八年才能完成通過黃道帶的一個週期。並不是每一個人都會經驗到冥王星過境出生圖中的金星，而對那些有此經驗的人來說，這個行運可能要花一年以上的時間呈現。在那段期間，關係肯定有所變動，而你與他人關連的風格也將隨之變動。冥王星絕不會讓你依然如故。

以此二例而言，金星的象徵意義與冥王星的象徵意義相會。但移動快速的金星見到冥王星的三天行運所帶來的影響，就是不及移動緩慢的冥王星見到金星的一年多行運。

如果行運與出生圖中的某個相位呼應，效應通常會顯著許多。假使你出生時，金星與冥王星彼此形成困難的相位，你會對這兩顆行星的組合以及其所象徵的主題超級敏感。因此，當行運冥王星與你出生圖中的金星連結時，就好像醫生拿著槌子測試你的反射動作。在觀察者眼裡，你的反應可能看似有些極端，但那是因為，這個行運正在觸發你感受過的每一個金星／冥王星傷害與背叛。

如何使用本書

本書的設計宗旨在於，方便讀者參照某一特定的行星、十二宮圖的某個特別宮位，或是重要的行星週期，包括：

- 重新探討每一顆行星的象徵意義。
- 在每一顆行星的週期中，辨識你將會遭遇到重要時刻的年齡。
- 簡述行運行星在每一個黃道星座的情況。
- 檢視每一顆行星與本命行星的相位。
- 描述當行運行星在十二宮的每一宮位時，可以期望些什麼。
- 藉由圖表和學習單，幫助讀者追蹤並理解出生圖中的行運週期。

我已盡最大努力讓本書方便好用。

你不必是職業占星師就能解讀行運！事實上，每當你注意到滿月或某人的生日時，就是在解讀行運。那表示，如果你擁有基本的占星知識，包括如何解讀星盤，找出行星、宮位、相位的準確位置，以及這一切的基本含義，你一定會因本書而獲益良多。在〈參考資料〉中，我推薦了幾本我最喜愛的占星學習書，去看看吧！

關鍵術語

這裡有一份簡短的詞彙表，列出本書常用的幾個占星術語。

四角（angles）：四個極為重要的宮首——上昇點（Ascendant，一宮）、天底（Imum Coeli 或 IC，四宮）、下降點（Descendant，七宮）、天頂（Midheaven 或 MC，十宮）。行運見到本命星盤的四角至關重要，因此你會經常看到這個用詞。

內行星（inner planet）：移動快速的行星——太陽、月亮、水星、金星、火星。

本命（natal）：與出生圖相關，或是與出生圖中的某一行星或其他點位相關。舉例來說，你的出生圖往往又叫做你的本命星盤（natal chart）；出生圖中海王星的落點稱為「本命海王星」（natal Neptune）。

外行星（outer planet）：移動緩慢的行星——木星、土星、天王星、海王星、冥王星。

根（radix）：為出生以外的某一特別時刻和地點制定的星盤，例如，專為某一事件推算的星盤。

回歸（return）：這一刻，行運行星返回到該行星在出生圖或根星盤（radix chart）上盤據的那個確切度數和星座。

假使本命星盤沒有見到……

占星師常說，假使某事不是你出生圖的象徵意義的一部分，那麼你永遠不會透過行運經驗到它。羅琳的出生圖包括涉及土星、木星、金星、天王星、冥王星，很可能還有月亮在內的非凡配置；那可不是尋常的土星啊！得與失兩種極端潛力並存在她的出生圖中，且可能有能力優雅而慈悲地掌控兩者。在涉及土星在內的重要行運期間，這份本命的潛力被觸發，於是大事發生。

在我的占星生涯中，如果說有哪一件事真正令我印象深刻，那就是，行運的結果時常與你的推想大不相同。當某位占星師、某本占星書或是某一占星網站，權威十足且斬釘截鐵地告訴你，某一特別的行運絕對會將某樣東西帶進你的人生，這時，請持保留態度——往往是瑕瑜互見啊。

有許許多多的因素影響某一特別行運的表現，一開始是非占星因素，例如年齡、性別、其他生活環境。而在占星學上，行運並不會憑空發生。在任何既定的時間，各種真正有趣且時常相互矛盾的行運，可能爭奪著要操控你的星盤。此外，還有其他的預測性因素，例如，次限推運法（secondary progression）[1]，可能減輕或放大某一行運的象徵意義。

就跟人生的其他領域一樣，最好尊重深諳占星學的專業人士，同時認清你是自己人生的專家。你必須了解自己星盤中敏感的滑稽天性，知道你自己的模式，以及你遇到某顆行運行星的特定歷史條件，才能判別什麼事將會真正降臨在你身上。我一直秉持著那樣的精神寫書，也將這點銘記在心。

並不是每一個人都注定會大富大貴，成為君王、總統或名人。但就連我們當中最微不足道的人，也擁有顯示有潛力達成驚人成就的星盤。理解你的行運可以幫你體認到自己人生的主要模式，協助你克服困難，同時好好利用屬於你的天賦禮物。

編注❶：根據月亮的變化推出人的人生變動。以一天代表一年，一般用來比較年與年的情況和人大運的變化。

第二章

如何規劃一年、一月、一天？

我坦承：我不太注意占星的每日變化。我的意思是，我以一種抽象感思考這事。我幫個案解盤，需要知道目前的行運行星在哪裡，或是，我想在臉書上貼些什麼，探討當天的占星調性。但我有辦法隨時告訴你所有行星目前在天空中的什麼位置嗎？難道匆匆出門辦事時，我還要查閱星曆表，才能在「對的時間」執行？不，絕不是這樣。

然而，並不是每一天都生而平等的。你在自己的床上醒來，做著平時做的那類工作，看見你平時看見的人，這樣的一天，截然不同於你在不熟悉的地方醒來、開始一份新工作、結婚，或是面臨重大手術的一天。平日，你可以安全地忽略占星學上的所有事情（雖然知道一些基本知識可以幫你把日子過得更平順、充實）。非比尋常的日子當天，你需要可以取得所有幫助。

寫下自己的每日星象

談到「每日星象」這個主題時，有許多可以闡述（好事少之又少），就是你在報紙上或最愛的占星網站上看到的那類文章。星象採用星圖中的太陽作為參照點，這並不是世界上最糟的點子。畢竟，太陽對地球上的生命來說十分重要，何況就象徵意義而言，你出生圖中的太陽對健康的自我和使命感十分重要。此外，大概每一個人都知道自己的太陽星座。

太陽儘管重要，卻不是天空或你的出生圖中唯一的天體。假使日常事物的評估只根據出生圖的某一特色，那一定是不完整的。那樣的狀況豈不成了世界末日？大部分的日子，你匆匆吞下早晨的咖啡，當時，幾乎沒有時間閱讀報紙上的一段文章，更甭提拿當天的完整行運對照自己的出生圖。

在那種非比尋常的一天，每日星象開始顯得有點魅力。在這樣的日子當天，你可能會欣然接受占星學的確切保證。以下就是最重要、該要好好推敲的每日行運。

月亮

行運月亮是每日占星的超級巨星，因為它移動的速度比其他星體快上許多。不到一個月，月亮就行遍整個黃道帶！因此，月亮反映日常生活的心情、調性、節奏。

第九章會詳細說明行運月亮，因此，細節可參照該章。同時，若要先行感受一下當天，以下是你需要知道的行運月亮。

● 目前的月相為何？那會告訴你，該是向前移動的時候（介於新月與滿月之間的漸盈月）？還是收拾殘局的時候（介於滿月與新月之間的殘月）？

- 今天的月亮星座為何？這會賜予你當天的心情感受、人們如何直覺地對情境做出反應甚至是該如何打扮。
- 月亮正與其他行星形成什麼相位？舉例來說，月亮即將與土星合相，這與月亮在土星統治守護的魔羯座，兩者所凸顯的事物有許多雷同之處。

太陽

行運太陽每天只行經某一黃道星座的一度，絕不是一路劃過天際。假使每日推算，便足以注意到，這顆行運太陽是否與另一顆行運行星形成主要相位，或是與你出生圖中的某顆行星形成主要相位。

太陽描繪生氣活力、自我尊重、全然享受生命。如果太陽與類型截然不同的行星形成相位，例如冥王星，你可能會覺得，彷彿你是一根蠟燭，被帶進幽深黑暗的山洞，你的火焰熄滅了。

太陽的每日移動量

思考一天的一個方法是：推敲太陽在什麼時間行經天空的每一部分。天空的各個區段，例如，靠近地平線的部分或頭頂正上方，指出十二宮圖的各個宮位，因此，太陽可預測的每日移動量便可以提供線索，指向最適合當天每一時段的活動。

太陽的移動，如星盤所示，是順時針方向的。這與行運的方向相反，行運是以逆時針方向通過星盤（除非行星逆行）。舉例來說，上昇點是星盤的日出點。如果你在日出後一分鐘製圖，太陽會在十二宮。大約兩小時後（依年度時間與你所在的緯度而定），太陽會在十一宮。

太陽跨越天空的移動，非常趨近於下述時間

上午六點至八點	十二宮	**晚上六點至八點**	六宮
上午八點至十點	十一宮	**晚上八點至十點**	五宮
上午十點至正午	十宮	**晚上十點至午夜**	四宮
正午至下午兩點	九宮	**午夜至凌晨兩點**	三宮
下午兩點至四點	八宮	**凌晨兩點至四點**	二宮
下午四點至六點	七宮	**上午四點至六點**	一宮

這是怎麼個有用法？它教導我們當天每一小時的本質、適合那些時辰的行動，同時幫助我們理解宮位本身。

● 早晨，想睡覺、未成形的雙魚座／十二宮自我機械式地移動著，幾乎無意識，準備迎接這個世界。

- 工作剛開始那段時間，我們照料寶瓶座／十一宮的社會性活動，問候同事，回覆電子郵件。
- 正午前兩個小時，也就是魔羯座／十宮期間，我們終於埋頭苦幹，完成了一些工作。
- 午餐時間，屬於射手座／九宮時段，我們準備放下例行工作，休息一下。享受著擺脫工作的良機，以及決定到哪裡用餐、吃什麼、跟誰一同用餐的自由。
- 天蠍座／八宮時段在下午三點前後，這是突破性出現的時候；可以的話，我們會打個盹兒，就這樣，不知不覺中便把問題解決了。
- 下午稍晚是天秤座／七宮時間，我們在這時做好需要完成的事，以求在關門打烊、離開去見重要他人之前，讓當天「平衡一下」。
- 華燈初上是獻給處女座／六宮的時間，屬於煮飯和吃晚餐、將待洗衣物扔進洗衣機、為隔天準備午餐便當、幫小朋友完成家庭作業等家務雜事的時段。
- 然後是獅子座／五宮時段，我們看電視、上臉書、來點樂子、輕鬆一下。多數人在巨蟹座／四宮時段上床睡覺，逐漸平靜下來，休息，避靜。
- 在雙子座／三宮初期，我們的心智仍舊活躍，尚未達到最深度的睡眠。深度睡眠在金牛座／二宮時段出現，有助於恢復生理健康，療癒身心。最後，黎明前的牡羊座／一宮時段，我們的頭腦強化重要的學識，牢牢記住新技巧，幫助我們警覺到目前是怎麼一回事。

其他精確的行星相位

假使其他的行運行星今天即將與另一顆行運行星形成精確的相位、即將變換星座或正值逆行或順行，那就值得注意。這類行星組合、變換星座或改變方向所產生的能量，將為這一整天增添色彩。

摘要：如何規劃一天

- 檢查月亮目前的盈虧狀態、所在星座、與其他行運行星的相位。
- 考量太陽與其他行運行星或出生圖中各個行星的相位。
- 明智地運用你的能量；讓太陽自然的周日運動（diurnal motion）引導你的活動。
- 注意行運行星正在變換星座、逆行或順行，或是與其他行運行星形成精確的相位。

你的每月記事本

month（月分）這個英文字的字根是moon（月亮），因此，「一個月」意指：月亮繞行地球一周的二十八天週期。但現代曆法根據的不是月亮，而是太陽耗費三百六十五天跨越黃道的路徑。現代曆法的月分是將太陽的週期切割成長度不等的十二個區間，因此，進行每月規劃時，注意一下太陽便有理可循。

請特別留意任何行星變換星座或轉成逆行或順行的日期，這些日子當天，你將會注意到，由該顆行星支配的事物，周遭能量起了重大的轉變。

月亮

留意新月與滿月的日期，尤其是個別的度數和所在星座，然後找出那些度數落在你的出生圖的哪些宮位。這將會告訴你，本月期間，人生的哪些領域預期會有新的開始（新月），以及預計要釋放的習性或行為（滿月）。

太陽

太陽每個月變換星座，通常在每月二十日左右的兩、三天內。參見第九章，可深入檢視太陽所在星座，以及與你本命行星的相位。太陽通常在每一個宮位度過一個月左右的時間，長短取決於出生圖中各個宮位的大小（如果你出生在夏季或冬季，出生在遠離赤道的高緯度區，那麼有些宮位可能比其他宮位大許多）。

水星：每隔幾週變換星座

在一個月的時間內，水星通常至少變換一次星座。例外情況是，當水星逆行時，會在某一星座多花一點時間。水星過境某一星座，帶來清新的想法與求新求變的渴望，同時鼓勵特別的溝通風格。這聽起來可能不太令人雀躍（多數人感興趣的是愛和金錢之類的東西），但請相信我：水星比你認定的重要許多，因它影響你對世界的看法，以及你如何架構眼前的環境。

金星：每個月轉換星座

金星的行運描述你如何尋求享受和歡愉，以及變動中的財務和關係需求。金星通常每個月至少變換一次星座，通常在那段時間過境你星盤的某一宮位。

要留意金星即將變換星座或進入星盤中另一個宮位的日子。假使金星本月逆行，要仔細留意逆行開始與結束的日期；在這段期間，宜避開大型採購和永久關係的改變。

摘要：如何規劃一個月

- 留意行星變換星座或改變方向（逆行或順行）的日期。
- 找出新月與滿月將會落在星盤的哪些位置。

- 考量太陽目前所在星座，以及正在過境出生圖中的哪一個宮位。

你的年度記事本

如果你跟許多人一樣，就會帶著決心、記事本，以及專供記載企盼未來一年實現事項的大局時間表，迎接每一個全新的日曆年度。假使你希望得到占星學的些許幫忙，以下是要牢記的相關週期。

太陽的年度週期

「一年」本身就是建立在太陽通過黃道帶的完整行程。太陽在每一個星座花費大約一個月時間。在這一年期間，要留意行運太陽出現下述情況的日子：

- 返回到你出生圖中的確切位置。這情況每年發生一次，出現在你生日前後一天之內，稱作「太陽回歸」（**Solar Return**）。
- 跨越（形成合相）星盤的四角——上昇點（一宮宮首）、天底（四宮宮首）、下降點（七宮宮首）、天頂（十宮宮首）。這些是強而有力的日子，很有可能可以認真移動你的周遭環境（上昇點）、住家（天底）、關係（下降點）、事業（天頂）（更多太陽行運和週期的相關資訊，請見第九章）。

日／月蝕

每六個月，太陽、月亮、地球的路徑恰好相交成一直線，於是我們看見日蝕，這通常伴隨一次月蝕，時間在前後兩週內。

日／月蝕大約在一年半期間，落在一組成對星座之中，這意謂著，日／月蝕也會影響你星盤中的一組成對宮位。當日／月蝕發生在——某一本命行星的合相、四分相或對分相大約四度之內的位置時，通常會在與該行星代表的生命領域見到某種危機或關鍵時刻。日／月蝕具有十八和十九年的週期（更多日／月蝕相關資訊，請見第九章）。

重要的逆行期

第一章中談過各個行星逆行期的意義。做年度規劃時，你會特別想要記錄的資訊是，水星的逆行期（持續大約三週，每年三次），以及金星和火星的逆行期（這不會每年發生）。出生圖中這些行運逆行期發生的宮位尤其重要，因為它們描繪出你將會在哪些地方經驗到與溝通（水星）、金錢和關係（金星）、工作（火星）相關的——延遲、障礙、誤解。

木星

木星大約一年過境一個黃道星座，要留意星盤的哪些星座和宮位將在今年接收到木星的探險精神。

大約每隔十二年，行運木星將會返回到它在你出生圖中的位置，展開另一次全新十二年的探險和學習週期。這聽起來十分甜蜜，但並不是所有的木星探險當時感覺起來都是快樂開心的。儘管如此，木星跨越你的星盤四角或行經你的太陽星座，或是某個你有許多本命行星的星座，都可能是你生命中最美好的時期之一。

土星、天王星、海王星、冥王星

土星大約花費兩年半時間，才通過黃道的一個星座。要時時追縱土星行運到什麼位置（通常不可能忽略）；知道土星是否即將轉換星座，或是移入星盤的新宮位，或是與你出生圖中的一或多顆行星形成合相、四分相或對分相，這相當有用。

同樣的，假使天王星、海王星或冥王星正在轉換星座，移入星盤的新宮位，或是與任何本命行星形成合相、四分相或對分相，便可預期可能會出現某些重大的人生變動。

摘要：如何規劃一年

- 留意行運太陽將與你的本命太陽、上昇點、天底、下降點、天頂合相的日期。這些時候，你的個人魅力尤其強烈。

- 找到當年的日／月蝕將會落在出生圖的哪些位置，包括宮位以及與本命行星的接近相位，如此便可發現，今年在人生的哪些領域可能且必定有所改變。
- 留意水星、金星、火星將會逆行的那些日期，據此規劃（見第一章以及附錄表二）。
- 留意行運木星、土星、天王星、海王星、冥王星所在星座以及目前的宮位配置，也要留意你是否正在經驗——上述行星之一正與它們在你出生圖中的位置形成主要相位（見第三至七章）。
- 留意木星、土星、天王星、海王星，或冥王星與星盤的四角之一形成合相的日期，這些日期的前後一個月左右都是關鍵期——而且有些可能是你一生中最重要的日子。
- 留意行運土星、天王星、海王星或冥王星，與本命太陽、月亮、水星、金星或火星之間的任何相位。

與命運相會

假使你想知道，何時可以期待人生的重大變遷期，那就好好推敲行運外行星的週期。這些行星與其本命位置形成相位的週期，不但非常豐富，而且一般人多少都能感受得到。每一個人都在二十八或二十九歲左右土星回歸；每一個人都在二十一和四十二歲忍耐天王星的身分危機；沒有人享受冥王星的四分相（年齡因人而異，取決於你出生時的冥王星星座，而且你將與同一年齡層一起經歷冥王星）。

概略勾勒出土星與其本命位置的四分相、對分相、合相。留意天王星的四分相和對分相。列出海王星的六分相、四分相、對分相。確定冥王星六分相、四分相（尤其重要）、三分相的日期。加上這些行星跨越星盤的四角，這將使你得到一個非常簡潔的架構，方便預測生命中的里程碑。

移動緩慢的行運行星其實是命運的行星。它們是老闆，它們的過境對你的人生具有深遠（且通常永久）的轉化效用。

每十二年一次的木星回歸，將你的人生劃分成一段段重要的擴展期。如果一切順利，木星回歸通常是好運降臨的年分。木星的對分相是週期的低點，代表遭逢重大挫折的年分。

當土星、天王星、海王星或冥王星跨越出生圖的四角時，生命之輪被急劇拉扯，於是你驟然轉入一個新方向。這些行星與星盤四角形成的其他相位也很重要，但合相最巨大、最明顯。將這些勾勒在一張紙上，給它們幾度的容許度，你將迅速瞥見即將經驗到的幾個最為關鍵的時刻。

最後，要留意土星、天王星、海王星或冥王星，將會與你星盤中的太陽和月亮形成合相、四分相或對分相的年分。當然，它們與其他本命行星的相位也很重要，但與太陽和月亮的相位特別關鍵，而且見到這些點位的重要行運通常會造就非常有意思的幾年。

摘要：長程規劃

- 根據每顆行星自然循環的週期安排一條時間線（見第三至七章），找出每一顆移動緩慢的行星來到其週期關鍵點的年紀。
- 留意木星回歸的年分，從你出生開始，這大約每十二年發生一次。
- 標出土星、天王星、海王星、冥王星將在哪些年分跨越出生圖的四角。正常情況下，土星每一角至少跨越兩次，兩次相隔二十九年。對活到八十四歲的人來說，天王星將跨越四角的每一角。在你一生當中，海王星和冥王星通常會跨越四角中的二、三角。
- 留意土星、天王星、海王星或冥王星，將與星盤中的太陽和月亮形成合相、四分相或對分相的年分。雖然這些外行星與其他本命行星的相位很重要，但它們與太陽和月亮的相位特別關鍵。

第二部

當行星過境十二星座

行運在兩個層次上運作。一是行運行星與你出生圖中個別點位的交互作用，二是行運行星彼此之間的互動。舉例來說，走筆至此，這一天，行運火星正與行運土星趨近於合相，兩者之間還差二度，因為火星每兩天移動大約一度，因此，大約再過四天，兩者才會精確合相。但它們目前落在彼此的容許度範圍內，於是今天，我的社群媒體回饋信箱擠滿了人，大家訴說著自己的挫敗、眼前的障礙或是工作上一事無成。

同時，火星和土星與我的本命太陽形成四分相。過去幾天，我一直與文思枯竭奮戰，這可是面臨截稿日的獅子作家最不需要的事啊！

究竟哪一個比較重要——行運行星此刻與天空中其他行星形成的相位？還是行運行星與你的出生圖形成的相位？答案是，大概同等重要，因為行運行星彼此形成相位，描繪每一個人想方設法正在面對的環境，而行運行星與你的本命行星的相位則表示，這不再是一種集體經驗，而是你非常個人的經驗。

當你的出生圖中，兩顆行星之間的配置被同樣兩顆行運行星複製了，那是值得留神觀看的事。

譬如，在你的出生圖中，太陽與海王星四分相。由於行運太陽每年行遍整個黃道十二宮，因此它每年將與行運海王星形成兩次四分相。這兩天應該會對你造成衝擊——即使行運太陽或行運海王星都沒有與你出生圖中的太陽或海王星形成相位。

天空中發生的事與地球上發生的事之間存在著某種同感。你是眾神的代表，眾神的行星在你的出生圖中彼此形成相位。當天空中的眾神吵架時，眾神在地球上的代表感覺到，彷彿有一隻狗介入那場爭鬥。

相位造成的差異

在本書中，我選擇探討成對的行星組合，不參照它們之間的特定相位。如果讀者從行運開始，我發覺，最好保持事情簡單，只考量兩顆行星的本質，以及當它們相聚時，可能會發生什麼事。

如果你偏愛使用相位，這裡有一份校準指南，方便你詮釋依據相位構成的行星組合：

合相：存在著全神貫注的能量，但兩顆行星之間八成有一場權力鬥爭。

六分相：有機會探索呈現的主題。

四分相：一股行事的衝動，強烈到無法忽略，或是與另一人的衝突升起。

三分相：事物暢行無礙。這通常是正向的，但不見得始終正向。

補十二分相：必須做出調整。

對分相：覺知開始出現，而且得到了對事物的客觀看法，時常是透過與另一人的互動而產生。

哪些行運最重要

過境星盤宮位的行星，好比來此逗留的訪客。行星的造訪期可能從幾天到三十年，取決於宮位的大小或行星的速度。

移動較為快速的行星（月亮、水星、太陽、金星或火星），行運就像有客留宿整個週末，或者最多像是款待交換學生度過一個學期。你因此意識到，你的客房好小，你的老舊管路系統實在不可靠，你的牆壁好薄，你烹調的餐點品項相當有限。某些這樣的觀察令你不舒服，某些日常作息的重新安排不可避免。但因為這個行運不會持續太久，這類觀察未必帶來永久的改變。

另一方面，移動較為緩慢的行星（木星、土星、天王星、海王星或冥王星），其行運猶如經歷一次住家大翻修（以天王星、海王星、冥王星為例，可能像是一次不全是你的選擇的翻修，例如，天然大災難之後的重建）。一開始是破壞毀滅、碎石瓦礫、生活全然崩解。最後，你得到不一樣的新東西，（但願）你喜歡，或是至少懂得欣賞。

在評估目前行運的過程中，要從移動緩慢的行星開始，那是忙著進行大翻修的地方。這些行運是你生命中不間斷的低階背景噪音，發生的其他每一件事，都是對主要行運做出反應，或是由主要行運加以定義。

具備了這樣的知識，知道你將處理那類行運一陣子，而且終將更加深刻且持續不斷地理解那些行運，那就可以轉而關注比較快速的行運，檢測每日和每月生活的溫度。

第三章

木星來了
信心大躍進

行星檔案：木星

繞行太陽一周所需時間：十二年
過境每一黃道星座所需時間：大約一年
行運相位的持續時間：大約三週
最強旺星座：射手、巨蟹、雙魚
居其間必須更加努力的星座：雙子、魔羯、處女
關鍵詞彙：學習、信念、意義、長途旅行、大、希望、風險、外國人、文化

一九七一年五月底的某個下午，母親出現在我就讀的小學門口，開著塞滿行李的家庭旅行車在校外等候。就是那天下午，我們把家從印第安納州的農場，搬遷到洛杉磯的郊區。

這不是什麼意外。幾近一年前，父親死於一場事故，那之後不久，媽就一直規劃著這趟搬家。媽的姊妹住在洛杉磯附近，而我們前往那裡，打算重新開始。

問題是，不論待在我們曾與爸共同生活的那間屋子感覺上有多恐怖，但好歹是在爸曾經滿懷愛心耕耘過的土地上，沒有爸，我不想離開。這是我唯一認識過的家，而我想要待在感到安全的地方。

當時我並不知道，在那個五月底的下午，行運木星與海王星正跨越我的本命上昇點，就在愛冒險、代表旅行家的射手座。上昇點是星盤的定向羅盤之一，這裡決定我們擁有某種特別的人生態度和地理環境觀。見到這個角度的重大行運往往帶來某一次大型移動。何況海王星可能談到悲傷，是的，還有哀痛。

傳統占星師說木星是「大吉星」（the Greater Benefic）。木星應該帶來祝福、豐盛、好運，而不是不情不願地離開故居祖厝，而且一定沒有眼淚。

假使當時，我曾在之前幾個月見過某位占星師，對方八成會誠心誠意地告訴我，前方有壯麗的探險和莫大的祝福。然後在我們前往加州當天，我一定會詛咒那位占星師，說她是不折不扣的騙子。

然而，往後的歲月裡，我會體認到那位占星師的看法實在是對極了。的確，我年輕時代最壯麗的探險就從那天開始。住在大都市打開了住在小農場上的女孩所難以想像的可能性。搬到更大的地方，面對更大的生活圈，絕對蛻變了我的世界觀以及我對自己的期許。

我一再說過，搬到加州是曾經發生在我身上最美好的事。假使我當時已經知道木星是怎麼一回事，可能會更快體認到——可能會信心大躍進，然後敞開心扉，擁抱我的全新探險。

身為占星師，我成天與大家談論各類情境。對方往往陷在莫大的痛苦中，需要鼓勵和希望。幸好，即使置身最糟的人生，處在最為艱辛的占星行運，生命中始終有木星存在某個地方。在那裡，探險招手示意，於是有理由期盼……即使起初看起來壓根兒沒什麼希望。

木星的本質

行運木星繞行太陽一周十二年，在每一個星座花費大約一年時間。它像一顆超大型太陽，具有類似太陽的十二個月週期以及在每個星座停留一個月的特性。想到太陽和太陽守護的獅子座時，我們會想像萬獸之王——但在占星術語中，把獅子想成王子比較恰當。因為在神話裡，朱彼特（Jupiter，即「木星」）或宙斯（Zeus）才是眾神之王[1]。

身為眾神之王，朱彼特能夠擁有他渴求的任何東西。他啪啪地打響手指，別人便急匆匆地照吩咐辦事。最美麗的女人，全境的一切財富，都聽令於他。他只受限於管轄國度的大小，於是他將擴展國度當作終生志業，要囊括更多的土地、人民、財富。

好國王將財富與自己的人民分享，他歡迎形形色色的意見，也支持教育、維護以個人方式從事宗教活動的自由（或是根本不信仰宗教），更提供開放空間，讓人們享受戶外生活。

木星行運的特徵通常是帶來好運，這時，你開始感覺，彷彿你是自己王國中的國王或女王，這時，只要你夠大膽，懂得宣稱，什麼都否定不了你。但這些行運也可能帶來挫折，通常肇因於判斷失誤或欲求不滿，想要更多可以征服的土地、更多的財富、更多的阿諛。你可能會飲食過量、花費過大，每一段對話都是一人大唱獨角戲，拒絕分享舞臺。木星的行運通常好得不得了，但也非常可能因此帶來撐大的腰圍、縮小的銀行帳戶、沒幾個朋友回你電話。

善用木星的週期

木星的行運需要深具信心和意願，才能征服全新的領域。但木星也是學習與智慧的行星，何況他的行運週期賜給我們十二年時間，去做出大膽的跳躍並從錯誤中學習。

木星週期可以劃分成四個區段，每一區段大約三年，且每一區段都代表這個週期（開始、耕耘、回顧、調整）的一個重要階段。當木星與星盤中的任何行星或重要點位形成合相時，探險於是展開，然而你可能尚未體認到。接下來，往後數，一次三年，同時仔細觀察故事如何開展。

木星是射手座的守護星，雙魚座的共同守護星（與海王星共同守護）。假使你出生時，太陽、月亮或上昇點落在這兩個星座其中之一，那麼木星的行運對你來說便意義非凡，而且對於木

譯注❶：希臘神話的天神 Zeus，在羅馬神話稱為 Jupiter。

星的十二年週期，你將特別心領神會，得以趁木星回歸時，在生活中做出引人注目的改變。

木星回歸

年齡：十二、二十四、三十六、四十八、六十、七十二、八十四、九十六歲

每隔十二年，木星返回到同一星座的同一度數。當木星再次來到出生圖中木星盤據的同一度數和星座時，我們稱之為「木星回歸」。每一次木星回歸都標明一個全新成長週期的開端，而本命木星的宮位、相位、星座，則代表成長週期發生在哪一個人生領域。

在塔羅牌中，「愚人」（the Fool）描寫一個隨遇而安的傢伙即將掉落懸崖。木星週期的開始差不多就是這種感覺。你即將踏到熟悉的懸崖之外，掉入未知，開啟一個全新的十二年週期，將你的生命故事再向前推進一些。

木星回歸每隔十二年發生一次，因此，凡是可以被十二整除的年紀，都是你將會展開一輪個人成長新週期的年齡，這時，你的一部分渴求突破舒適圈，擴展你的界域。

開啟中的木星四分相

年齡：三、十五、二十七、三十九、五十一、六十三、七十五、八十七、九十九歲

在木星週期的第一個四分相，你開始更加理解三年前著手的探險本質何在。現在是時候了，該要積極主動，決定未來的方向。

想像一下，木星位於你出生圖的十宮。你可能會期待木星回歸十宮（事業的宮位）可以帶來事業的飛黃騰達。但對我的個案湯姆來說，這個行運卻害他失去工作。接下來幾年，湯姆悵然若失，試圖設想接下來該做什麼。為了打發這段時間，他成立了一個網站，開始發布文章和消息。

三年後，當木星與他的本命木星形成四分相時，湯姆領悟到，他找到了自己樂在其中的行業，於是著手創辦值得信靠的諮詢業務。在新事業探險的本質成為湯姆的焦點，現在，他可以將自己的能量導入某個特定的方向。

木星對分相

年齡：六、十八、三十、四十二、五十四、六十六、七十八、九十歲

在木星對分相，該是仔細檢視進度的時候。你是否善用各種機運？關於事業，你還有更多待學習的嗎？其他同行的表現如何呢？木星對分相感覺像是這個週期的低點；即使你做對了每一件事，好運似乎就是不降臨。幸好，木星帶著樂觀和哲學的禮物到來。從這個觀點，你可以看見，其實還有更多你可以嘗試的事物。你更加理解沿途犯下的錯誤。來到這個週期的低點後，木星彈回來，於是你的樂觀（伴隨某些好運）也跟著彈回來。

閉合期的木星四分相

年齡：九、二十一、三十三、四十五、五十七、六十九、八十一、九十三歲

你可能感到準備要破繭而出。你快接近終點線，該是最後衝刺的時候。現在，有些人灰心喪志，放棄了，盡情發洩，破壞了他們成功的機運。但當木星出現時，就像俗話說的那樣，要麼放手一搏，要麼滾回老家。木星想要大大贏一把！不論你九年前開始的是什麼事，現在都不要放棄。

行運木星過境各星座

木星催促你成長、擴展、勇於冒險、尋求意義。通過黃道十二星座的木星行運指出種種途徑，讓我們每一個人同時從中尋求拓展視野的方法。木星過境對你的直接影響到底有多大，這將取決於過境的星座中有哪些行星，以及木星當時過境的宮位（行運行星過境星象十二宮位的探討，請見本書第三部分）。

♈ 行運木星在牡羊

信仰受到迫害，一群英國清教徒移民到新大陸。一家人在大蕭條時期失去一切，又眼見奧克拉荷馬州的家園遭沙塵暴襲捲，他們打包好一卡車的行李，朝西行去。拓荒者驅策自己投入未知，追求改善命運，更全然忠於自己的契機。

牡羊是拓荒者的星座，象徵個體百折不撓的火花。當木星在這個星座時，幸運眷顧勇者。聲張你的真我的時候到了，通常透過迎向挑戰性十足甚至是威脅性十足的環境。時候到了，該要掙脫任何使你不可能忠於自己的情境。要接受挑戰，即使你不確定自己是否有辦法迎向挑戰。行運木星在牡羊座的經驗法則是：如果你認為某事無法完成，一定要不惜一切，做就對了！

回饋最大的星座：牡羊、獅子、射手

有冒險壓力的星座：巨蟹、天秤、魔羯

具重大契機的星座：雙子、寶瓶

木星在牡羊（二〇〇〇—二〇五〇年）：一九九九年十月二十二日—二〇〇〇年二月十四日；二〇一〇年六月五日—九月八日；二〇一一年一月二十二日—六月四日；二〇二二年五月十日—十月二十七日；二〇二二年十二月二十日—二〇二三年五月十六日；二〇三四年四月二十一日—二〇三五年四月二十九日；二〇四六年四月四日—二〇四七年四月十三日。

♉行運木星在金牛

木星喚醒成長、探索、尋求意義的衝動。在金牛座，木星尋求增加繁榮、保障、愉悅的種種方法，也追求徜徉大自然、享受人間豐盛、體會感官知覺的意義。偏愛逐步、穩定的成長，勝過驟然、急劇的快速成長。

幾千年來，諸多文明向來崇敬牛，以其作為財富和土地豐盛的象徵。木星在金牛的祝福多

多：感受到凡事皆能、安全保障近在咫尺、愉悅充足豐沛。但木星對教條的尊重與金牛座的保守主義結合，具有潛在的不利面：不願意面對需要的改變。「聖牛」（基於印度教徒和其他文化對牛的崇敬態度）一詞意指，被認為對提問或批評免疫的東西。木星在金牛座的時候，不論多麼不方便，多麼過時，甚至是有害，都不可能重新思考根深柢固的態度或政策。

要對木星式的努力奮發做出承諾，例如，教育或寫作，那需要金牛的耐性和毅力，投資知識，栽種一座花園，徜徉在大自然中，好好擁抱一頭牛。

回饋最大的星座：金牛、處女、魔羯

有冒險壓力的星座：獅子、天蠍、寶瓶

具重大契機的星座：巨蟹、雙魚

木星在金牛（二〇〇〇—二〇五〇年）：二〇〇〇年二月十四日—六月三十日；二〇一一年六月四日—二〇一二年六月十一日；二〇二三年五月十六日—二〇二四年五月二十五日；二〇三五年四月二十九日—二〇三六年五月九日；二〇四七年四月十三日—二〇四八年四月二十二日。

♊ 行運木星在雙子

木星在雙子座是處於劣勢。乍看之下，這兩者有許多共同點：熱愛旅行、學習、溝通，但刮掉表層，你將會發現，他們從對立的視角接近這個共同點。木星主宰高等教育，但雙子偏愛自我導向的學習以及實用的知識和技巧。木星眷顧遊覽奇鄉異地的長途旅行；雙子偏愛開車、搭火車

或步行便可抵達的短途旅程。

木星過境雙子時，你可能不確定到底該讀完手中的小說，還是寫信給朋友，或者，到底該去申辦護照，還是購買火車聯票。然而，有一件事是確定的——木星過境雙子是絕佳的社交良機。你可能有機會與多年不見的親朋或素未謀面的網友聯繫。

回饋最大的星座：雙子、天秤、寶瓶

有冒險壓力的星座：處女、射手、雙魚

具重大契機的星座：牡羊、獅子

木星在雙子（二〇〇〇—二〇五〇年）：二〇〇〇年六月三十日—二〇〇一年七月十二日；二〇一二年六月十一日—二〇一三年六月二十五日；二〇二四年五月二十五日—二〇二五年六月九日；二〇三六年五月九日—二〇三七年五月二十三日；二〇四八年四月二十二日—九月二十三日；二〇四八年十一月十二日—二〇四九年五月五日。

♋ 行運木星在巨蟹

傳統占星家認為，旅行兼探險的木星進入象徵住家和家庭的巨蟹座時會特別強旺，這可能看似古怪。但仔細想想，一旦你旅遊過某個外鄉異地，或是住過某座遠離出生地的城市，你在人世間又多掙得了一個感覺熟悉的地方。花些時間與來自不同世界的人們聚餐，你會逐漸明白，這些人其實跟你沒有太大的差異。

「旅遊是增廣見聞。」古諺如是說。的確如此，但不是因為造訪陌生異地、吃著怪誕飲食帶來的新奇經驗。旅遊是增廣見聞，因為它擴大了使你感到安全與熟悉的邊界。當木星過境巨蟹時，要打開家門，敞開心扉，冒險踏出去，聲張更多的領地。世界看得愈多，你愈覺得人間就像自己的家，而世間人也愈來愈像自家人。

木星在巨蟹座也可能是擴充住家或翻修的好時機（但要留意預算）。也可能會發現，由於生育或結婚，家庭有新成員加入。

回饋最大的星座：巨蟹、天蠍、雙魚

有冒險壓力的星座：牡羊、天秤、魔羯

具重大契機的星座：金牛、處女

木星在巨蟹（二〇〇〇—二〇五〇年）：二〇〇一年七月十二日—二〇〇二年八月一日；二〇一三年七月二十五日—二〇一四年七月十六日；二〇二五年六月九日—二〇二六年六月二十九日；二〇三七年五月二十三日—二〇三八年六月十二日；二〇四八年九月二十三日—十一月十二日；二〇四九年五月五日—九月二十七日。

♌ 行運木星在獅子

木星像優秀的瑜伽老師，催促你擴展觸及範圍、完成更多你想像不到的事、放膽信任。這一年的瑜伽課是要你敞開創意十足的獅子面向。長大成人往往意謂著，滿腦子盤算著養家糊口之類

的嚴肅課題，很容易忽略玩得開心和忠於自己的價值。何況一心堅持展現、賭賭看是否被他人拒絕，這也是有風險的。但不理睬自己童心未泯的那一面，危險性可是遠遠大過可能遭到斷然回絕、忽視或揶揄，因為一旦停止帶著創意投入，你就與死人相差無幾。

當木星在獅子座時，撣掉舞鞋上的灰塵，調好吉他的音調，將那些壓克力原料從櫥櫃中挖掘出來，然後說說你的故事。要投入藝術的表達，與信任的人分享，也許甚至與不認識的人分享。不要害羞；不是每一個人都會喜愛你的努力成果，但我總是發現，只要如實溝通，發自內心，最後一定會找到你的觀眾。

展現你的最佳外貌、忠於自己、戮力以赴，然後鞠躬謝幕。當你張開雙臂，抬起頭，我敢說，你一定會聽見如雷的掌聲。

回饋最大的星座：獅子、射手、牡羊

有冒險壓力的星座：金牛、天蠍、寶瓶

具重大契機的星座：雙子、天秤

木星在獅子（二〇〇〇—二〇五〇年）：二〇〇二年八月一日—二〇〇三年八月二十七日；二〇一四年七月十六日—二〇一五年八月十一日；二〇二六年六月二十九日—二〇二七年七月二十五日；二〇三八年六月十二日—十一月十六日；二〇三九年一月十六日—七月七日；二〇四九年九月二十七日—二〇五〇年一月十三日；二〇五〇年五月二十二日—十月十八日。

♍ 行運木星在處女

在北半球，太陽在處女座是收穫期。當木星的恩典觸碰到處女座的收穫能量的一年之中，潛在的回報比十多年來的回報更加豐富。

處女是工作和健康的星座，但更重要的是，它象徵工作和健康背後的程序和習性。有人曾說：「工作是愛的具體表現。」處女是工藝的星座，象徵對工作的精確與熱愛，而在這個木星週期期間，你受到召喚，要好好檢視手上的工作。你的成長快過你的工作嗎？當你必須透過工作呈現給世人的其實是非常盛大的事物時，你是否一直想得太小？又或許，你十二年前播下了一顆種子，那是木星上一次過境處女座，而現在，種子長得十分強壯、茂盛青蔥，結滿許許多多的果實，於是你準備退休，向其他領域邁進。

當木星在處女座時，要享受勞動的成果，與尚未結出果實的種子和平相處。要種植新作物，因為你現在更明白哪些作物適合你、該如何栽種。要熱愛你的工作，改善技能，進一步詳述個人簡歷。謹慎地照管你的田地，便可期盼下一次木星過境處女座的大豐收。

回饋最大的星座：處女、魔羯、金牛

有冒險壓力的星座：雙子、射手、雙魚

具重大契機的星座：巨蟹、天蠍

木星在處女（二〇〇〇—二〇五〇年）：二〇〇三年八月二十七日—二〇〇四年九月二十四日；二〇一五年八月十一日—二〇一六年九月九日；二〇二七年七月二十五日—二〇二八年八月二十三日；二〇三八年十一月十六日—二〇三九年一月十六日；二〇三九年七月七日—十二月十二日；二〇四〇年二月十九日—八月五日；二〇五〇年十月十八日—二〇五一年二月二十六日。

♎ 行運木星在天秤

太陽系最幸運的行星過境夥伴關係的星座——對尋覓快樂、承諾關係的人們來說，這可是最美好的時光，對吧？

哦，是的……但幸福的婚姻可不是你在購物廣場意外撞見、當禮物包裝好、隨時準備帶走的東西，它是你一步一腳印建構起來的。它是幫助你成長的關係，也是你因成長而融入的關係。

也許當木星在天秤座時，你對婚姻的信心會大幅躍進（我就是這樣）。但如果你所處的關係不讓你探索、不讓你擁有你一心嚮往的探險，那麼也許該是跳船逃生的時候。也許愛根本不會出現在功能選單上；那並不意謂著，你今年不會透過關係成長。你最親愛的朋友和公開的競爭對手將會提供大量機會，勾勒出你想與什麼人交往、你對最親近的人有何欲求、對方對你有何欲求——以及如何平衡這一切。

回饋最大的星座：天秤、寶瓶、雙子

有冒險壓力的星座：牡羊、巨蟹、魔羯

具重大契機的星座：獅子、射手

木星在天秤（二〇〇〇—二〇五〇年）：二〇〇四年九月二十四日—二〇〇五年十月二十五日；二〇一六年九月九日—二〇一七年十月十日；二〇二八年八月二十三日—二〇二九年九月二十三日；二〇三九年十二月十二日—二〇四〇年一月十九日；二〇四〇年八月五日—二〇四一年一月十一日。

♏ 行運木星在天蠍

你以為你結婚了，只因為曾站在合法的證婚人面前說過「我願意」，或是新婚之夜已過。但我在這裡告訴你，除非你將銀行帳戶與另一個人結合，否則，你並不是「真正」結婚。

好吧，那是誇張的說法。許許多多的夫妻保持財務分開，而且認定彼此相安無事，兩人是真的結婚了，感謝大家關心。但我要表達的更大重點是：除非家是各自獨立的，否則在某個時候，財產共有與財務合併的主題還是會躍上檯面——而你管理共享資源的動力，大大地決定關係中真正親密和誠實的程度。

當木星在天蠍座，所需要的信心大躍進帶領我們進入分享的核心。天蠍座因多疑甚至是偏執而聞名，而且城府頗深。噢，當生活中有人開口向你借錢時，你感覺如何？或者，向你借車？借一雙你最愛的鞋？甚至是借一本書？借你最重要的財產——你的身體，你有何感受？

當木星出現在天蠍座，該是冒險一試並信任他人的時候。這並不意謂著，你必須傻乎乎地信任素昧平生之人；而是表示，時候到了，該要回報一直陪伴你的人、對你忠心誠實的人、得你心的人。

回饋最大的星座：天蠍、雙魚、巨蟹

有冒險壓力的星座：金牛、獅子、寶瓶

具重大契機的星座：處女、魔羯

木星在天蠍（二〇〇〇—二〇五〇年）：二〇〇五年十月二十五日—二〇〇六年十一月二十三日；二〇一七年十月十日—二〇一八年十一月八日；二〇二九年九月二十三日—二〇三〇年十月二十二日；二〇四一年一月十一日—二〇四二年二月八日；二〇四二年四月二十四日—十月四日。

♐行運木星在射手

又陷在某個冗長乏味的對話中嗎？對方絮絮叨叨地獨白，訴說著他的寵物，言語間盡是誇大而好鬥的自以為是。

當行運木星在射手座時，不要成為那樣的人，而是要學習更多，要去到沒去過的新地方。這一年，持續將自己置於不是權威的情境，處在那些你可能甚至不會說當地語言的地方。

如果你一直對探險怯步，今年將是送給你的一份大禮。新經驗是健康的：它們使你不相信自己無所不知；它們使你不至於成為那樣的人。

回饋最大的星座：射手、牡羊、獅子

有冒險壓力的星座：雙子、處女、雙魚

具重大契機的星座：天秤、寶瓶

木星在射手（二〇〇〇—二〇五〇年）：二〇〇六年十一月二十三日—二〇〇七年十二月十八日；二〇一八年十一月八日—二〇一九年十二月二日；二〇三〇年十月二十二日—二〇三一年十一月十五日；二〇四二年二月八日—四月二十四日；二〇四二年十月四日—二〇四三年三月一日；二〇四三年六月九日—十月二十六日。

♑ 行運木星在魔羯

木星在魔羯並不是表現最好的時候。木星天生熱情洋溢、浩瀚豪爽的本性感覺上被嚴肅的魔羯囿限了、壓制了。

但那未必表示，這不會是一個好年。事實上，這可是了不起的一年……對魔羯座的相關事物而言，例如，事業、成熟度、組織、長程規劃。舉例來說，假使你正考慮開業或擴展生意，木星在魔羯座正是你需要的投資人。假使你初為人父或人母，木星可以賜給你自信（以及絕佳的產前送禮會的禮物），幫助你入門。

話說回來，如果你這一年耗在平白空轉、浪費時間、閒蕩徘徊，等待別人來肩挑重擔，那麼木星在魔羯會使事情變得令你難安，甚至是恥辱。因此，結算帳本，抬頭挺胸，盡一切努力改善

情境！

回饋最大的星座：魔羯、金牛、處女

有冒險壓力的星座：牡羊、巨蟹、天秤

具重大契機的星座：天蠍、雙魚

木星在魔羯（二〇〇〇—二〇五〇年）：二〇〇七年十二月十八日—二〇〇九年一月五日；二〇一九年十二月二日—二〇二〇年十二月十九日；二〇三一年十一月十五日—二〇三二年四月十一日；二〇三二年六月二十六日—十一月二十九日；二〇四三年三月一日—六月九日；二〇四三年十月二十六日—二〇四四年三月十四日；二〇四四年八月九日—十一月四日。

行運木星在寶瓶

就連我們中間最合群的人，也有感到格格不入的時候。當行運木星在寶瓶座時，通常會發生下述兩件事之一：一是，你發現跟你同類的人——你覺得真正隸屬的朋友和團體；二是：你仍是局外人，但學會欣然接受這個身分，讓它為你服務。

不論是哪一種，你都將成為更快樂的人類。

木星在寶瓶是讚賞他人、也讓他人讚賞你的一年。這未必意謂著，你必須與對方結婚，甚或是那麼的喜歡對方，只是你的能力成長了，懂得讚賞他人的本性，並與對方和平共存。

讓自己置身在最可能遇見志同道合者的情境，即使你是個極端的獨行俠，也要設法找到某個社團或聚會，探討你鍾愛的某項興趣。今年，喜悅與好運來自於，認清：雖然你就是你自己，但同時成為社會的一份子並沒有什麼不對。

回饋最大的星座：寶瓶、雙子、天秤

有冒險壓力的星座：金牛、獅子、天蠍

具重大契機的星座：射手、牡羊

木星在寶瓶（二〇〇〇—二〇五〇年）：二〇〇九年一月五日—二〇一〇年一月十七日；二〇二〇年十二月十九日—二〇二一年五月十三日；二〇二一年七月二十八日—十二月二十八日；二〇三二年四月十一日—六月二十六日；二〇三二年十一月二十九日—二〇三三年四月十四日；二〇三三年九月十二日—十二月一日；二〇四四年三月十四日—八月九日；二〇四四年十一月四日—二〇四五年三月二十五日。

♓ 行運木星在雙魚

你愛評斷嗎？你對受苦之人缺乏同情心嗎？你發現很難陪伴生病和受苦的人嗎？與窮人或少數族群在一起，你感到不安嗎？

這是你克服上述限制的機會。木星在雙魚座時，可針對接受、寬恕、慈悲、同理進行實驗。你不必下半輩子致力於這些事，只要嘗試一年即可，而且就像蘇斯博士（Dr. Seuss）[2]著名的聖誕

鬼靈精（Grinch），感覺你的心長大了三倍。

準則如下：（一）不要評斷；（二）盡可能赤足；（三）捐錢給街友——我知道，許多街友只會花錢買酒，那無關緊要，這麼做就是了；（四）不要批判。批判等於評斷。今年，我們不做那樣的事。（五）經常小睡。剛剛小睡醒來，你不可能脾氣暴躁。

回饋最大的星座：雙魚、巨蟹、天蠍

有冒險壓力的星座：雙子、處女、射手

具重大契機的星座：金牛、魔羯

木星在雙魚（二〇〇〇—二〇五〇年）：二〇一〇年一月十七日—六月五日；二〇一〇年九月八日—二〇一一年一月二十二日；二〇二一年五月十三日—七月二十八日；二〇二一年十二月二十八日—二〇二二年五月十日；二〇二二年十月二十七日—十二月二十日；二〇三三年四月十四日—九月十二日；二〇三三年十二月一日—二〇三四年四月二十一日；二〇四五年三月二十五日—二〇四六年四月四日。

譯注❷：一九〇四—一九九一年，原名Theodor Seuss Geisel，美國著名的作家兼漫畫家，常用「蘇斯博士」作為筆名，最出名的作品是童書。

行運木星與本命行星及四角的相位

木星每週在黃道上的移動速率大約是一度左右。一般而言，木星過境在大約三週內被最強烈地經驗到：精確相位之前一週、精確相位當週、精確相位之後一週（影響較小）。

木星與本命行星的四分相、對分相、補十二分相，可能暗示過度自信、過度揮霍、不明智的冒險、在飲食方面過度放縱。同樣情況也可能發生在木星過境形成合相、三分相、六分相時，但害處通常較小。一般而言，木星與本命星盤形成和諧相位其實是好消息，不過，起初看起來有時並不是那樣。

行運木星與本命太陽的相位

這些行運最適合出風頭、探索創造力、得到應得的關注，且通常玩得開心。這些是展現自己的良機，有時機會來得莫名其妙；整體而言，你更有自信，感覺更受歡迎，而且願意冒險。但要有些小心謹慎。木星與太陽結合可是十分美好的事！千萬不要變得過於自滿。要將一些注目焦點分享給應該得到關注的其他人。在需要自信和運氣支撐的領域，木星行運見到太陽對你最有裨益；在你自然而然地得到祝福的地方，木星可能會造成過勞。

行運木星與本命月亮的相位

時候到了，該要撬開你的住家以及生活中的其他私密空間。這些是最為有利的行運，尤其適合旅遊、款待來家過夜的訪客、在家中舉辦教育或哲學之類的聚會。假使你現在決定著手住家改善計畫（這是很有可能的），要確定這些計畫是真正需要，同時你的預算實際可行（在數位時代，可以將這則建議用在——譬如建立新網站或新的應用程式）。

假使你天生注重隱私、享受安靜的生活，那麼行運木星與月亮形成相位恐怕會令你不知所措。這段行運期間家中的熱鬧和忙亂的日常生活，通常意謂著，你需要練習開口拒絕。將自己的生命想像成可無限擴展固然誘人，但你必須尊重自己的極限。這個行運將更多形形色色的事物帶到你面前——人們、金錢、全新的機會和經驗；是否邀請這一切進門，完全由你決定。

行運木星與本命水星的相位

對我來說，這類行運的作用似乎總像倒立的漏斗：有那麼多的點子和印象出現，感覺上，這些不可能全都是從通向你腦袋的那個微小開口壓榨出來的。

撰寫本書時，我經歷了這樣的行運，然後發現，景物的更迭有助於啟發靈感，幫助整理思緒。我展開了一趟自費的美國國鐵住宿行，沿鐵路旅遊好幾天，在火車上寫作！木星熱愛旅遊，歡迎探險，因此，只要讓自己接觸啟發靈思的新東西（例如一邊工作，一邊凝視著窗外的太平洋），就能敞開心靈，使出渾身解數。

行運木星與本命金星的相位

這類行運的設計，旨在提供更多為你帶來愉悅和滿足的事物。一開始，你的注意力可能會被召喚到你所欠缺的事物上，或是已然擁有卻不樂見的狀況。在這個行運期間，你可以補救這些。但一如既往，凡是遇到木星，重要的是：要判定，多少好事算太多。金星象徵我們享受的事物，但不見得是需要的東西，兩者是有差別的。雙手掛滿購物袋離開大型購物商場，同時刷爆了信用卡，這種人最能體會後悔買太多帶來的沉重感。當行運木星與金星形成相位時，要學習讚賞真正使你感覺美好與快樂的事物；擁有某些自己想要的事物，並在過程中不犧牲太多金錢、空間或心靈的平靜，這通常是一種平衡。

行運木星與本命火星的相位

即使你天生不具競爭力，這個行運還是可能喚醒你的征服欲望！自信、活力、主動性處於高峰，你可以邁出大步，朝向特定的目標。這可是絕佳時機，適合展開認真看待的鍛鍊計畫或是參與某些運動，因為你願意督促自己變得更強壯、更迅速、像賽馬一樣飽滿充沛。當木星和火星與你共度時，單是動動身體就會感到非常愉快，只要小心不要逼得太緊、催促得太快即可。

木星的誇張傾向可能在這些行運期間造成問題，尤其如果你不太懂得管理憤怒和挫敗，這類傾向將會小題大作、誇大其詞。雖然堅持自己的主張、追求心中嚮往並無不妥，但可別忽略了運動家精神與慷慨待人的重要性。

行運木星與本命木星的相位

你已經抵達了木星成長與學習週期的重要位置。如果是合相，你正在經歷木星回歸，展開新的十二年週期。三分相和六分相支持你對旅遊、宗教、教育的秉性和信念；四分相和對分相則是透過衝突，讓你看見另一個觀點的時刻（更多相位的相關資訊，參見前文「善用木星的週期」）。

行運木星與本命土星的相位

充滿挑戰與平順流暢的相位，同樣允許木星的樂觀和喜悅，得以減輕土星的責任繁重和擔憂傾向。在某些案例中，這會從誇大土星的悲慘開始，直到我們領悟到那是多麼荒謬，於是讓自己好好放鬆為止。

就事業成就而言，這些可以是啟發靈感的行運，哄騙你勇敢脫離原本細心規劃的職業道路，冒險探尋其他機會。假使你為自己設定的門檻過低，木星將會鼓勵你擘劃更大的事。

行運木星與本命天王星的相位

想像你在監牢中，配有一枚可以助你逃脫的炸彈，但沒有點燃引線的火柴。天王星是那枚炸彈，而木星巴不得提供那根火柴。這時，工作、關係或生活情境可能會有戲劇性的突破。最後，結果八成是最好的，但木星在說服你縱身跳躍之前，並不會特別仔細觀看。

木星與天王星都酷愛自由。木星憎恨局限，天王星厭惡現狀。當兩者齊聚星盤之中，便握有得以解開幾乎任何門鎖的鑰匙。只要確定，當你走過選擇開啟的那扇門時，你正邁向更大的美好，而不只是脫離某份壓迫。

行運木星與本命海王星的相位

面對你的恐懼的時候到了。你努力隱藏的所有祕密和失望，全都被帶到光天化日之下，然後木星將會幫助你與這一切和諧相處，療癒它們，通常更會克服它們。

你的恐懼可能是你最大的氣力來源，當行運木星以任何相位觸碰到海王星，你就更趨近於聲張那份氣力。你可能感覺到，彷彿被扔進海洋，卻不知道自己會不會游泳。划水划得太用力，反而會下沉。現在該是停止掙扎、漂浮一下的時候。

行運木星與本命冥王星的相位

你可能自然而然地成為壯志凌雲、精力集中、決心強大的人。然而，假使情況並非如此，你可能會有些震驚，訝異自己在這些行運期間變得多麼可怕。木星的強大信念與冥王星的無情決心，促使這個行運成為統帥你的力量並完成驚人事蹟的絕佳時間。

要小心謹慎：冥王星的決心可是憂喜參半。你可能心想事成，接著遺憾懊悔。此外，木星與冥王星結合可能會熱衷到狂熱的地步。假使你發覺自己堅信——你的觀點是可能正確的唯一見解，那麼你可能正在步入險境。要小心翼翼，明智掌管自己的力道，不過度執著；總是有其他看待世界的方法，何況不論你相信與否，那些方法可能跟你的觀點一樣有效。

行運木星與本命月亮交點的相位

幾年前，在行運木星與我的本命月亮交點形成相位當天，我正與老公在新奧爾良享受著絕美的週年晚餐。幾天前，我首度在一場具影響力的大型占星會議上發表演說。當時，我和摯愛就置身在我嚮往已久的美妙城市，而且剛剛在事業上達到重大的里程碑。加上晚餐後我們共享的三道甜點，那實在是一次巔峰體驗。

許多行運是困難的，就連木星行運也並非總是易如反掌。但在占星學上，行運木星與本命月亮交點的相位幾乎是下注鐵定獲利。因此，要暫停片刻，欣然接受眼前的事。好好讚賞這些帶來希望、表示你朝著正確方向邁進的瑣碎訊息，也讓你的心大聲呼喊：「多多益善，麻煩囉！」

行運木星與本命上昇點的相位

這些行運可能有些勢不可擋；你可能覺得，彷彿剛從黑暗的電影院走出來，走進明亮、刺眼的陽光裡。一次太多的自由與變化可能令人無所適從。

木星想要帶你踏上探險之旅。你很可能搬家，或許是搬到遙遠的某地（尤其如果天王星、海王星或冥王星同時與你的上昇點形成相位）。行運木星與上昇點形成相位總是呼求重新再造。該是在異地他鄉重新開始的時候了，何況這是個契機，可以成為有希望更快樂的全新的自己。

行運木星與本命天頂的相位

不論是哪一種相位，這個行運都會引領你到贏家俱樂部。時候到了，該要聲張長久以來與你無緣的事業機會與榮譽。你的名望提升了；宛如應邀進入英王亨利八世的宮廷，造成一時轟動。但謹記：安・寶琳（Anne Boleyn）❸也曾在亨利八世的宮廷掀起軒然大波，最終卻落到人頭落地。在這個行運期間，切莫因貪功躁進和過度攫取而失去原本該得的。

譯注❸：十六世紀英王亨利八世的第二任妻子，英女王伊麗莎白一世的母親；亨利八世因她而脫離羅馬天主教會，自創英國國教。安・寶琳因紅杏出牆，最後被亨利八世以女巫和叛國罪送至倫敦塔砍下腦袋。

第四章

土星來了

回應的能力

行星檔案：土星

繞行太陽一周所需時間：二十九點五年

過境每一黃道星座所需時間：兩年半

行運相位的持續時間：大約六週

最強旺星座：魔羯、寶瓶、天秤

居其間必須更加努力的星座：巨蟹、獅子、牡羊

關鍵詞彙：成熟、智慧、紀律、工作、權威、精通、局限與邊界

一位非裔美籍女孩，出生在一九五〇年代中葉赤貧的密西西比州鄉下，母親是十多歲的未婚少女，她是童年遭到性虐待的倖存者，十四歲那年產下一名出生幾天後便死去的寶寶。她從事的

第一份電視播報工作以被解雇收場，因為老闆宣稱，她「不適合上電視」。

就在歐普拉・溫芙蕾（Oprah Winfrey）的土星回歸之前，她成功進駐了自己的晨間脫口秀節目。三十二歲那年，她成了百萬富翁。到了土星過境她的天頂、她退出《歐普拉脫口秀》（*The Oprah Winfrey Show*）的時候，她持有二十九億美元的資產淨值，擁有自己的有線電視網，經常被譽為全球最具影響力的女性之一。

歐普拉出生時，太陽與土星形成接近相位，她是女性自力更生的楷模。她的堅韌、渴望成功、決心克服逆境，全都是成功回應土星的標誌。因為天生的硬體連線並不期待生命是輕易的，因此她努力工作。當土星行運將她推進充滿挑戰的情境時，她擋了回去。那正是關鍵，得以贏得土星的尊重。

土星的本質

土星行運的開端有點像生活在雲霧繚繞、陰雨綿綿、陽光永遠照不進來的地方。當你發現，每天疲憊地醒來，沒什麼令你興奮雀躍，一切感覺上困難重重，耗費太多的努力，這時，你知道土星正在對你進行全面檢修。

假設宇宙是個仁慈的地方，可以確信，溫柔必定藏在這個嚴厲的土星表面底下。土星想從你這裡得到什麼呢？他想要勞動和成熟、勤勉與責任；他想要看見你坐在人生的方向盤後方，兩眼盯著馬路，腳踏油門；他還想要你查詢過GPS（全球定位系統）才上路。換言之，他想要你的生活有規劃，他想要那份規劃就是你今生帶來的計畫（小姑娘！一定要盯好屬於你的那張紙喔）。

我沒騙你——土星行運可以帶來挫敗、剝奪、寂寞。然而，這些是達到目的所採用的手段，不是目的本身。土星可沒興趣將你丟棄在絕望的坑洞中；更確切地說，這些行運教導你，是什麼造就了你，是什麼強迫你創造出更加滋養和支持真我的人生。

歷盡艱辛感覺上並不好。那好痛，而且「應該要」痛！痛是有理由的，就如同身體感覺痛也是有理由的一樣：為了警告你，某事正危及你的福祉，某事不對勁，如此，你才能避開或修復。所以，那與你的內心和你的靈魂有關：假使你疼痛，那是因為，當你的人生往錯誤的方向移動時，你「應該要」疼痛。

善用土星的週期

來到人間時，你承繼了許多境遇：一對特別的父母；某種社會經濟狀況；戰爭、和平、繁榮或貧窮的世界；導致某種特殊疾病或缺陷的遺傳素質；與生俱來的才華。

這些元素構成你所棲息的結構，直至你年紀大到足以明白，這些並不代表人類經驗的全部。這些外在結構也被強加於你的內在，建立起權益、局限、期待的迷宮，全然鏡映外在的世界。你是熔化的黏稠物質，來到人世間尋找形相。誠如兒童發展專家喜歡說的，孩子需要結構。在某種層次上，人們甚至感激早年功能失常的形相和結構，同時期望從那些結構中尋得自己的本性和可能性。

人生是一段讓自己擺脫這些早年模式的漫長過程。就像從平底鍋中取出的蛋糕，你被製作成某種特別的形狀，用特定的原料製成，但還是有許多空間能夠發揮，可以改變風味、配置、外觀。蛋糕上可以覆蓋糖霜，加些裝飾，切成各種形狀，用可愛的盤子裝盛，或是直接從冰箱拿出來當宵夜吃。好吧，我們是特定餡料製成的蛋糕，但我們的人生是一段創造的過程，從我們的基本組成創造出有趣的形狀和樣貌，以及美味的提供。

每當天空中的土星來到與你的出生圖共振的某個黃道角度，你變得不滿意自己人生的形狀。人生似乎需要些什麼，或許是新的一層，或許是不一樣的糖霜。你如何回應這個不滿意、這個挑戰，主要取決於你被教導成如何回應。對於起而行，你害怕嗎？抗拒嗎？生氣嗎？還是興奮雀躍？

土星回歸

年齡：二十九、五十八、八十七歲

土星回歸發生在象徵成熟、責任、事業、局限的這顆行星，回到你出生圖中土星的所在位置時。這樁重大事件每隔二十九年才發生一次，它是你後退一步，冷峻而認真地看待自我人生的時候。你滿意自己的事業嗎？你意識到人生正朝著對的方向邁進嗎？你感覺自己像是長大的成年人嗎？當土星回歸到它的本命位置，你不安地覺察到，你終將死去；生命是有到期日的。於是驚慌升起：現在才打算做自己想做的事是不是太遲了呢？

在土星回歸初期，你首次領悟到，有些事已然太遲。「奧運體操選手」或「天才兒童」對你是完全行不通了。但其實土星首次回歸是一記當頭棒喝，出現在步入黃金時期之際——時間還早，來得及在這場遊戲中改弦易轍，即使你的確必須調整自己的某些期待。

土星第二次回歸，大約在五十八歲或五十九歲，開始過渡到傳統認定的「退休期」。這並不表示，一定不會有什麼表現；我們不需要多少時間就能舉出實例，證明在晚年造就細緻佳作的顯赫人物。晚年的真正意涵是，你最重要的角色變成了老師、族群中的長者。在現今的美國，不像其他文化那樣尊敬長者，視之為智慧的守護者，因此，這個角色的定義並不明確，甚至不那麼受尊重。

你必須找到方法，讓轉換成長輩的過渡期變得優雅而有意義。人到中年，很容易對未能成就之事感到悲傷，而且很難接受我們可能永遠達不到專業的頂峰。但沒有人年屆五十還沒學到大量教訓，後半輩子幸福的關鍵，是在學習新知與分享所長之間取得平衡。因此，五十幾歲時，事業的整體概念變得與十年前截然不同。焦點比較不在於努力奮鬥，而在於與人分享。

開啟中的土星四分相

年齡：七、三十五、六十三、九十一歲

這些是理性的年紀，這時，因某樁外在事件的催化，責任、成熟、難免一死的覺知變得更加凸顯。人生逼迫你，而你必須擋回去，用力地，才能開啟下一篇章的大門。達成特別的某事並不是重點；單是認真努力地向前邁進便足以滿足土星。

土星對分相

年齡：十四、四十二、七十、九十八歲

一切清晰明確；在山頂，舉目望去，一百英里。當行運土星與你的本命土星形成對分相時，你已來到了成熟週期的中間點。你可以看見你從哪裡啟程，而且隔著這樣的距離，你可以精確定出，假使繼續沿路而下，終點將在哪個位置。這是權衡選擇的時刻：該是修正路線的時候嗎？

閉合期的土星四分相

年齡：二十一、五十、七十八歲

第一個閉合期的土星四分相在二十一歲，與第一個行運天王星四分相吻合，因此，這是一個被巨大張力標註的年紀，掙扎於融入社會與反叛所知一切的衝動之間。第二個閉合期的土星四分相在五十歲，假使你曾經朝著某個特定目標努力，這時可能帶來事業成就的頂峰，但當然，你同時開始感覺到自己年事已高。在第三個閉合期的土星四分相，你可以重新審查自己的生涯、好好考慮自己的傳承、指導他人繼續你的工作。

行運土星過境各星座

土星不想聽藉口，重要的是結果。土星的星座不僅與風格有關，還關係到指派給我們的工作性質。

處理土星過境任何星座的第一步是：不要驚慌，但要清點存貨。估算出你的人生中已被忽略的結構，然後草擬一份撐起這些結構的計畫。這不必在一夜之間發生。土星只要求我們承認責任（決定能夠用什麼方式回應某個情境），然後盡己所能去改善。

♈ 行運土星在牡羊

有人將自己的失敗與不幸怪罪在他人身上，然而也有人有所成就。

當土星過境牡羊，很容易成為第一種人。我們可以引經據典，說明他人與殘酷的境遇如何牽絆我們。要是我長得更好看些、出生在富有的家庭、和高中時代的甜心成婚就好了。要是別人公平對待我、不把一切都給別人就好了。要是，要是，要是……

真正的「要是」應該像這樣：**要是我有勇氣追求心中的欲求。要是我有魄力在每次失敗時不斷嘗試。要是我好好對待他人，將心比心，同時努力掙得我感到應得的好運，**

當土星在牡羊座，我們負責接受自己人生的全部個人責任。土星是不接受藉口、抱怨或責咎的。你是自己人生的作者，因此要以你所欲求的方式撰寫你的人生，然後將這本書轉變成你想要活出的電影。

最具挑戰性的星座：牡羊、巨蟹、天秤、魔羯

有所回饋的星座：獅子、射手

有晉升機會的星座：雙子、寶瓶

土星在牡羊（一九五〇—二〇五〇年）：一九六七年三月—一九六九年四月；一九九六年四月—一九九九年三月；二〇二五年五月—二〇二八年四月。

♉ 行運土星在金牛

你與物質世界的關係如何？你是否慎重而尊敬地對待你的財產？你如何對待你的金錢？你的身體？

當土星過境牡羊座時，生存是當務之急。隨著土星進入金牛，一切呈現出「熵」（entropy）[1]

譯注❶：化學與熱力學所指的「熵」，是一種測量在動力學方面不能做功的能量總數。

的無望狀態。不論土星過境哪裡，土星的季節原是致力於強化你的地位。當土星在金牛座時，你一定需要努力工作，才能確保已經得到所需的一切，而且一切運作有序。

假使你向來懶得整理住家、結算帳本、做運動或是定期將座車送去維修，那麼土星會對你有點嚴厲。要建立新的目標和作息，致力於使生活井然有序，如此才能支持你踏上未來之路。

最具挑戰性的星座：金牛、獅子、天蠍、寶瓶

有所回饋的星座：處女、魔羯

有晉升機會的星座：巨蟹、雙魚

土星在金牛（一九五〇—二〇五〇年）：一九六九年四月—一九七二年二月；一九九八年六月—二〇〇一年四月；二〇二八年四月—二〇三〇年六月。

♊ 行運土星在雙子

完美無缺是土星的明確特性。它是嚴厲的內在任務大師，堅持我們可以做得更好、成為更好。就像你最愛的學校老師一樣，土星期待你學有所成。而且當土星過境雙子座時，你被期待精通雙子的相關事物——溝通、學習新事物、建立社交網絡。萬一你拒絕投入這些事情，土星將會毫不猶豫地拿直尺敲擊你的指關節，要你未來兩年留校察看。

土星在雙子提醒我們，看重並尊敬純粹雙子的過程和技巧，竭盡所能以誠信回應這一切。但不要想像你需要耗費接下來的兩年時光，沉悶地仔細關注，放手做吧——要善於交際，要成為

能言善道的談話專家，好好溝通交流！而且做好研究，才能提出適當的問題。

用你的話成為完美無缺的土星，同時採納雙子的機智天賦。要迅速回覆電話和電子郵件；審慎寄送感謝卡和確認生日；要保有清楚的待辦清單，切實完成清單上的事項；要定期維護你的坐車，要當個好鄰居、好手足；請生活中的長者講講他們的故事，他們已經等了好久，等人開口詢問；要回到學校學些新東西。兩年足以完成好事佳作，但若被留校察看，兩年可是好長一段時間！

最具挑戰性的星座：雙子、處女、射手、雙魚

有所回饋的星座：天秤、寶瓶

有晉升機會的星座：牡羊、獅子

土星在雙子（一九五〇—二〇五〇年）：一九七一年六月—一九七四年四月；二〇〇〇年八月—二〇〇三年六月；二〇三〇年六月—二〇三二年七月。

♋ 行運土星在巨蟹

當土星過境巨蟹座，你可能感覺到被淹沒，包括巨蟹對家和家庭的責任，以及你對保障的需求。那份沉重摜壓的感覺是因為，醒悟到我們要為這些事承受巨大的責任，於是自然產生這樣的結果。

這裡的衝動是，拚命建造船艦，以挽救每一點一滴的保障，對抗貧脊與乾旱時期。人很容易

將自身幸福的責任委託給他人，但土星絕不同意將責任委託出去。是否保護你自己和你的摯愛，由你決定。

千萬不要用力過度。保障很重要，但自由和呼吸的空間也很重要。要當心，別在保護摯愛的渴望中扼殺了對方。

最具挑戰性的星座：巨蟹、天秤、魔羯、牡羊

有所回饋的星座：天蠍、雙魚

有晉升機會的星座：金牛、處女

土星在巨蟹（一九五〇—二〇五〇年）：一九七三年八月—一九七六年六月；二〇〇三年六月—二〇〇五年七月；二〇三二年七月—二〇三五年五月。

♌ 行運土星在獅子

當土星過境獅子，該是與衰老和難免一死的現實達成協議的時候。忽然間，自我慶祝且專注於美好生活的獅子派對結束了：年華逝去的花花公子發現自己不再吸引最年輕、最有魅力的女子；揮霍無度、有滿櫃鞋子的敗家女領悟到自己一文不值。

沒有好好回應土星挑戰的獅子變成了蠻橫的孩子，揮舞著雙臂，以無力的憤怒呼喊著。對領袖而言，這是個棘手的行運。取得顯著的地位需要巨大的「小我」（ego），何況這類小我並不樂見因大眾利益而被擱置在旁。這對藝術家也不容易，因為獅子是與創意的自我表達最相關的星

座。儘管冷漠、批判、障礙，但土星在獅子還是堅持我們有創意地表達自己。

這個行運的最大挑戰在於：釐清如何真正忠於自己、尊重你的身分、讓自己優雅地老去。看似自在自得的人以及輕鬆大笑的人，就是成功的獅子座。

最具挑戰性的星座：獅子、天蠍、寶瓶、金牛

有所回饋的星座：牡羊、射手

有晉升機會的星座：雙子、天秤

土星在獅子（一九五〇—二〇五〇年）：一九七五年九月—一九七八年七月；二〇〇五年七月—二〇〇七年九月；二〇三四年八月—二〇三六年十月。

♍ 行運土星在處女

處女座像個好編輯，接納獅子座狂野、由衷的衝動，將文法和標點符號整理清楚。假使獅子是毫不保留地表現，那麼處女的職責就是駕馭你，讓事情嚴謹起來。

土星是世界上最嚴厲的老闆，他的教導和紀律實在難以忍受。將土星置於像處女這樣的星座（處女原本就容易為了把事做得更好而操勞過度），於是你有了對付嚴苛行運的處方。

因此，要輕鬆對待自己。你不會在兩年半之內變得完美——或者永遠不會完美。土星在處女的目標是要教導你體認到品質，同時朝著這個方向邁進。當你達不到自己的標準時，要原諒自己，但不要降低標準。對細節的一切關注看似瑣碎，但卻促使你朝崇高偉大的方向邁進。

最具挑戰性的星座：處女、射手、雙魚、雙子

有所回饋的星座：金牛、魔羯

有晉升機會的星座：巨蟹、天蠍

土星在處女（一九五〇—二〇五〇年）：一九四八年九月—一九五一年八月；一九七七年十一月—一九八〇年九月；二〇〇七年九月—二〇一〇年七月；二〇三六年十月—二〇三九年九月。

♎ 行運土星在天秤

土星在天秤被認為是「顯赫」的，也就是說，他在此完成自己的某些最佳作品。天秤是公平、均衡、協同合作的星座。土星過境天秤用實例闡明什麼是公平、什麼是不公平，還有你的生命哪裡失衡了、最親近的關係哪些地方出錯了。

天秤帶出凡間最美好的土星，提問質疑一心一意的野心：假使無人與你分享，成就又有什麼好處呢？即使當情況已對你指出，你的野心正對關係造成不利的衝擊，或是你的缺乏彈性正使你提前老化，還是很難修正方向嗎？

最了解我們的人（不管是因為對方疼愛我們，還是因為對方曾走過同樣的路）所發出的強大反對聲音，更需要好好檢查是否有上述傾向。此外，婚姻上的伴侶關係和事業上的夥伴關係，尤其必須好好強化，否則，就像古老建築，「使之符合法規」，以免完全崩毀。

最具挑戰性的星座：天秤、魔羯、牡羊、巨蟹

有所回饋的星座：雙子、寶瓶

有晉升機會的星座：獅子、射手

土星在天秤（一九五〇—二〇五〇年）：一九五〇年十一月—一九五三年十月；一九八〇年九月—一九八三年八月；二〇〇九年十月—二〇一二年十月；二〇三九年九月—二〇四二年七月。

♏ 行運土星在天蠍

好消息是，土星在天蠍鼓勵我們形成親密、分享、支持的關係，信任自己的判斷，學習讓他人對我們付出。壞消息是，土星的特殊鼓勵形式往往有些粗糙。「你到底有多想形成親密、分享、支持的關係呢？」他問道，「我們先扔掉眼前路上每一個可能的障礙物，再看看你還想不想要那些關係？」或是常見的說法：「何不做個真正超爛的決定——信任你其實不應該信任的某人，然後看看你是否還能夠信任自己的判斷？」

當外行星過境天蠍座，東西成「真」，用糖衣包覆是沒用的。但每一個星座有它的祝福，也有它的詛咒，而天蠍座給予那種因知道自己、他人、世界運作的相關真相而得來的實力。從那裡，我們最終向前邁進至——土星在射手座建構出有助於將一切放在更大視角下觀看的信念系統。

土星過境天蠍，有一件事讓人大膽放心，亦即，擁有支持你的朋友和摯愛的價值，以及在需要時學習優雅而謙遜地接受對方支持的價值。土星在天秤，讓你看見誰是你的朋友，也讓你好好看清你的敵人。現在，該是信任那些朋友的時候，同時也該留意內心深處的小小聲音，它告訴你，看見酷斯拉踩向你的心臟時，務必逃跑。

最具挑戰性的星座：天蠍、寶瓶、金牛、獅子

有所回饋的星座：巨蟹、雙魚

有晉升機會的星座：處女、魔羯

土星在天蠍（一九五〇—二〇五〇年）：一九五三年十月—一九五六年十月；一九八二年十一月—一九八五年十一月；二〇一二年十月—二〇一五年九月；二〇四一年十一月—二〇四四年十月。

♐ 行運土星在射手

你知道什麼？怎麼知道的？當土星過境射手，這股壓力好大：要去「知曉」事情，要有意見，可能的話，將你的意見立法，成為這塊土地的法律。通常，當土星過境射手，輿論扭曲成非常保守，舉例來說，一九五〇年代末期和一九八〇年代末期，土星過境射手座，美國的文化和政治最為保守。這些時候，固執己見的人主導媒體，種種定罪似乎令人反感。

千萬不要讓這類現象阻止你擁有「你的」信念。當土星行經天蠍，你看見人類幕後的本性，

而且許多並不漂亮。但這也使你的地位更加強固，可以為自己決定你的信念和你所代表的身分。當土星過境射手時，要草擬出你自己認定的道德準則。請牢記你是人類，容易犯錯：你偶爾也會達不到自己的標準。

我記得曾經讀過，印第安納瓦霍族（Navajo）的編織者，會刻意在自己的設計中留下稱為「靈性線」（spirit lines）的小小不完美。有人解釋說，這樣的靈性線讓編織者的靈魂得以逃脫織物，於是，她在編織其間感受到的任何負面情緒，都不會傳遞給織物的擁有者。同樣的，當土星在射手座時，要編織信念的美麗織錦，但要包含一個供不完美逃脫的閥門。

最具挑戰性的星座：射手、雙魚、雙子、處女

有所回饋的星座：牡羊、獅子

有晉升機會的星座：天秤、寶瓶

土星在射手（一九五〇—二〇五〇年）：一九五六年一月—一九五九年一月；一九八五年十一月—一九八八年十一月；二〇一四年十二月—二〇一七年十二月；二〇四四年二月—二〇四七年十月。

♑ 行運土星在魔羯

土星在魔羯威力最強大，因此，在這類行運期間，他屈曲肌肉，毫無保留地追求主宰世界。許多人在土星過境魔羯初期，感覺像個失敗者，無法擁有自己的生活。若要超越心中被誤導的不

足想法，可從魔羯的山羊圖騰找到線索。魔羯緩緩地、刻意地攀登不可能爬上的山頂，一蹄一印。看起來好像哪裡也去不成，但他專心致志、拒絕放棄，最終抵達峰頂。魔羯不斷長途跋涉，循序漸進，等到魔羯離開自己的地盤時，可能便擁有一份全新的事業，又或許，只是在目前的行業中贏得更高的地位和更多的尊敬。

最具挑戰性的星座：魔羯、牡羊、巨蟹、天秤

有所回饋的星座：金牛、處女

有晉升機會的星座：天蠍、雙魚

土星在魔羯（一九五〇—二〇五〇年）：一九五九年一月—一九六二年一月；一九八八年十一月—一九九一年二月；二〇一七年十二月—二〇二〇年十二月；二〇四七年一月—二〇五〇年一月。

♒ 行運土星在寶瓶

天王星發現之前，土星被視為是寶瓶座的守護星。事實上，許多占星家仍舊這麼認為。因此，我們可以假設，土星在寶瓶是非常強旺的，幾乎與在魔羯座一樣強旺。

不過，寶瓶的目標超出凡世間的成就。你可能會努力工作，在這個行運建立某個事業，但更重要的是，你正在建立一份傳承。空氣中瀰漫著改變的氣氛，但有些改變是表面的——新的櫥窗裝飾，為的是掩蓋舊的想法。若要成功地穿越這個行運，不僅要挑戰社會的規矩，更要挑戰你

自己的規則。

最具挑戰性的星座：寶瓶、金牛、獅子、天蠍

有所回饋的星座：雙子、天秤

有晉升機會的星座：牡羊、射手

土星在寶瓶（一九五〇—二〇五〇年）：一九六二年一月—一九六四年十二月；一九九一年二月—一九九四年一月；二〇二〇年三月—二〇二三年三月；二〇五〇年一月—二〇五三年一月。

♓ 行運土星在雙魚

記得小時候，媽媽聽到你說別人的壞話的情景嗎？希望你的媽咪當時讓你領悟到同理心的價值，鼓勵你在評斷之前，先站在對方的角度好好想一會。

這就是土星過境雙魚發生的事。長大成人後，我們被評斷，而且理當如此，就像我們對待比自己弱小的人那樣。於是有個不少人知道的祕密：我們根據自己的恐懼和不足評斷他人。假使你因他人的衣著、膚色、體重、性取向或對方駕駛的車子而嘲笑他人，那麼你就是個沒安全感的垃圾，你是在尋找代罪羔羊。

在雙魚座的時候，土星打算結束這樣的無理取鬧。成年後的雙魚仁慈對待他人，在這方面，他們也知道何時該讓自己休息一下。

最具挑戰性的星座：雙魚、雙子、處女、射手

有所回饋的星座：巨蟹、天蠍

有晉升機會的星座：金牛、魔羯

土星在雙魚（一九五〇—二〇五〇年）：一九六四年三月—一九六七年三月；一九九三年五月—一九九六年四月；二〇二三年三月—二〇二六年二月。

行運土星與本命行星及四角的相位

行運土星每月的移動速率大約是黃道帶的三度。土星行運一般在大約六週內被最強旺地經驗到——假使土星在某本命行星的幾度之內逆行，時間會更長一些。

土星與本命行星的合相、四分相、對分相、補十二分相，可能暗示掙扎、阻礙、耗竭的時期，以及感覺到彷彿太多責任已被置放在你的肩上。同樣情況也可能發生在土星的行運三分相和六分相，但這類行運同時帶來一種感覺，使你感到正在取得讓遊戲進階至下一關的機會，尤其在專業方面更是如此。

行運土星與本命太陽的相位

這可是個產量豐富、陶冶品格的行運，但很少是快活的。你通常會感覺到，彷彿自己雙肩扛

負著土星本身的重量。此外，你將感覺到，並沒有因舉起這一切重擔而獲得好評；相反的，他人可能責怪你太煞風景。一般人容易說，土星與本命太陽的三分相或六分相並不是那麼糟糕，但其實，那些行運也不是感覺上那麼的美妙。假使你正在尋找需要自信與人氣才能大展鴻圖的好行運，這並不是那樣的行運。

因此，土星／太陽行運有什麼好處呢？就打造實力與忍耐力而言，就向自己證明你可以在艱困時期脫穎而出來說，這類行運是無與倫比的。經歷過這些行運，你將會發展出可以持久的實力與品格，因為那已被真正掙得。所以，出席吧，在位子上坐好，低下頭，好好完成你的工作。

行運土星與本命月亮的相位

土星是嚴厲的爹地，堅持你要盡最大努力，而且在你失敗時，並不表示同情。月亮是你內在的媽咪——當某人害你傷心或因你的午餐錢而痛打你時——你會投奔的那個人。當行運土星與你的本命月亮形成相位時，媽咪和爹地商量著讓你自我管教的最佳方式為何。

假使土星與你的本命月亮形成合相、四分相或對分相，那麼對話是粗糙的，因為土星堅持你需要強硬起來，而月亮主張你需要被保護。在這類行運期間，你的生活中往往有個權威人物（上司、教練、父親或母親）使生活困難。假使相位是比較溫和的三分相或六分相，兩者之間比較容易達成令人滿意的折衷辦法。總之，這個行運強力要求你學到保護自己的重要教訓。通常，學到的教訓是在關係中建立更健康的界線，架構起使你成長同時仍舊感到安全的生活方式。

行運土星與本命水星的相位

這個行運通常發生在行運土星與本命太陽形成相位的幾週之內，那使得其他一切黯然失色。但行運土星見到太陽的相位，與行運土星見到水星的相位，兩者之間卻有明顯的差別。太陽說的是你是誰或你正在學習成為什麼樣的人；水星截然不同，它說的是你「告訴自己」你是誰，你如何架構你個人發展的史詩傳奇。當行運土星與水星形成相位，要依序檢查事實：關於你自己、你的目標、你的人生，你說的是實話嗎？你是不是太努力編織現實，以致於你不再知道真相為何？關於自己，每一個人都有寧可忘記的故事。有時候，土星見到水星的行運提供重新造訪這一切的機會，或許帶著更新過的觀點與理解。與兄弟姊妹和鄰居的關係是水星的管轄範圍，這些關係可以幫助你在這些行運期間更清楚地了解自己。

行運土星與本命金星的相位

當這個行運開始（尤其是合相、四分相或對分相），你可能會感到不被愛，或是彷彿你的錢永遠不夠。

但土星是有計畫的。土星要你自我感覺良好，真正的好，千真萬確的好。他要你有個財務目標，有個願景。他正在逼迫你進入這個人生領域的駕駛座，他在說：「別再假裝你無力抵抗海妖之歌那類沒腦筋的戀情或破產人訴說的悲傷故事，別再用金錢疏離自己與他人。」

所以，擬定計畫，然後採取必要的步驟好好落實。要更明智地管理你的財產。當人生變得棘手時，有時候最負責的行為是呼求幫助——向家人、朋友甚至是宇宙。如同占星家凱洛琳・凱西（Caroline Casey）說的，宇宙想要幫忙，但靈界的成規需要我們開口要求。儀式就是一種有禮貌地向宇宙呼求幫助的方式，甚至可以簡單到點一根蠟燭，同時陳述自己未來一個月的意圖。有時候，土星行運出現的最佳好事不過是清楚明白，我們需要什麼以及我們想要什麼。往往，單純地理解你需要什麼，明白到你有能力開口要求，就是非常強大、非常土星風格的魔法。

行運土星與本命火星的相位

當行運土星與本命火星形成相位時，你內在的看門狗突然活躍起來，使勁拉扯著鏈條，逃出後院的圍欄，恫嚇著鄰居。在一次相對和善的六分相期間，我在學校遇到了一位講師（土星權威人物），他針對我的一篇論文寫了貶損的評語，且針對根據史壯克（William Strunk）與懷特（E. B. White）合著的《英文寫作風格的要素》（*The Elements of Style*）所言，就已經完全正確的文法做出「修正」。我怒不可遏。

這個行運的電影配樂是鮑比・富勒五（Bobby Fuller Five）❷的老歌〈我對抗法律（*I Fought the Law*）〉（而法律贏了）。土星最後會贏；性急的火星只是被制服了，而且撐得比較久。但你

譯注❷：一支倫敦的三人樂團。

可以選擇從這些行運中帶走什麼教訓：你將更能控制和修煉自己的脾氣、衝動、生理驅動嗎？還是你要沉迷於長期的憤怒，對抗電影《紳士密令》（*The Man*）中的「那個男人」？

行運土星與本命木星的相位

這個行運組合涉及的相位類型造就出極大的不同。行運土星與本命木星形成強硬相位，可能使你覺得像是全世界最倒楣的人。不過，宜人的三分相或六分相可能使你實現盲目相信的希望，因為土星可以為木星天馬行空的夢想帶來形相與結構。

當行運相位是合相、四分相或對分相時，木星只是經驗到土星很掃興。土星方面則是已經對木星的奇思妙想與欠缺貫徹完全失去耐性，開始變得有點脾氣暴躁。

還好，木星夠聰明，知道他的龐大野心需要一些紀律和實用性才能成真。而土星熱愛的莫過於捲起袖子，將亂七八糟分門別類。因此，兩者之間的三分相或六分相會使你的夢想成真。

行運土星與本命土星的相位

這些行運是里程碑，標示你這一生有土星同在的演化行程。要好好尋找喚醒你的野心、責任、權威的事件、人物、境遇。

在成熟、責任、權威構成的土星週期中，你已經達到了某個重要點位。假使相位是合相，你正在經驗土星回歸，開始另一趟二十九年的新週期。三分相和六分相支持你對事業、聲譽、成就的自我紀律和態度；四分相與對分相代表，經由衝突，你在那些時刻取得促成更成熟的觀點（關於這些相位的更多資訊，請見前文「善用土星的週期」）。

行運土星與本命天王星的相位

每一個人都有一個部分——不想順從或依循另一個人的規矩生活；我們把這個部分稱作「天王星」。有一份同樣強制的衝動，要被社會尊重和認可、要達到高度水準；那份衝動叫做「土星」。當兩者抵觸時，我們必須決定到底該遷就哪一方，還是找到折衷之道。在合相或四分相期間，你可能感覺像是無望的被放逐者；身旁每一個人似乎都正在達成你掌握不到的里程碑。有趣的是，對分相似乎具有相反的效果，讓你得以在不失去個體性的情況下順從。而三分相和六分相可能使你感到廣受歡迎，彷彿你與眾不同的古怪品牌突然間在社會上找到了地位。

行運土星與本命海王星的相位

土星與海王星形成三分相或六分相，標示某種現狀感覺起來妙不可言的蜜月期。當土星與海王星形成對分相或四分相時，蜜月期結束，雲朵消散，嚴酷的現實被揭露出來。兩者之間的合相是相當困難的：當你迴避不了現實時，會發生什麼事情呢？這就像飽受睡眠不足、刺耳音樂始終嘎嘎作響的折磨。

假使你年紀不輕，且一直不曾好好照顧自己，這是你的健康小精靈可以回家歇息的時候。假使你年輕，十分健康，那麼比較可能經驗到對人生中的某事或某人產生嚴重的幻滅。最終，這個行運的目的是要使我們面對現實，認清自己的極限；只有到那個時候，我們才可能開始理解到事物潛在的美在於「如其所是」。

行運土星與本命冥王星的相位

有時你會發現，你已經攀登至人生的下一階段。你完成了某種成功，達到了某個重要的發展里程碑，於是你自我感覺良好，直到突然間你不這麼認為。有些人見不得他人的成就；在網際網路上，我們稱這種人是「網路小白」（troll，意思是「山怪」，意指這人白目，白爛），這些可憐蟲自己沾了一身腥，卻在部落格的評論中惡言謾罵。

你的內在也有個「小白」——這個下流的小東西低聲說著，你無足輕重，家人、你自己、很可能全人類都對你深度失望。當行運土星見到冥王星時，這個小白被喚醒了。你要讓自己成功嗎？還是，你要讓他人摧毀你，因為你不相信自己配得成功？

行運土星與本命北月交的相位

我們學過，土星的行運使我們否認自己的一切欲求，以此作為一種陶冶品格的練習。有時候的確是這樣；但有時候，通常出現在我們經過掙扎和努力且犧牲了好長一段時間之後，土星行運為我們帶來非常珍貴的東西，尤其是與月亮北交點相關的土星行運。

北月交代表某種銅鈴（成功機會），如果你伸手去拿，它便傳送出深邃的快樂。土星行運見到你的北月交，可以帶來真正改變生命的成功。有時候，你以自己預見的方式成功，就連最不可能的細節也如你所想；有時候，成功以你無法想像的形式出現，但事後看來意義非凡。無論如何，假使你一直致力於促使內心歌唱的事，那麼這是一個將為你打開門戶的行運，你只需要走過去即可。

行運土星與本命上昇點的相位

上昇點象徵你與世界其他部分之間的門檻；上昇點是身體，定義你成為個人，有你自己的外貌與名字；上昇點是你拼湊在一起的風格與人格，以此讓他人留下印象、使你鶴立雞群、應對人世間投向你的一切。上昇點甚至是你不折不扣的門檻，它是通到你家的前門，你首次走到戶外所看到的事物。

當土星與本命上昇點形成相位，你的門檻做出了重大調整。你可能搬到新家、改變你的外貌或名字，或是採用新風格；所有這一切通常都是出自土星的本質：認真的、經典的、成熟的。

可能會有失落或是難免一死的感覺。土星主宰的身體部位（亦即關節、骨骼、牙齒）可能會受苦。當土星來到你門前，他並不是要兜售雜誌或宗教，他是在竭盡所能提醒你，沒有人永生不死，人生在世，只有你能為自己創造你所欲求的環境。

行運土星與本命天頂的相位

當行運土星與天頂形成相位時，可能會顯得，你為自己設定的俗世目標遙不可及，或是不可能為你帶來你所企盼的諸多快樂。你可能在某個片刻發現，你認為最親近的朋友似乎對你不聞不問。你可能感到疲累而厭煩、挫敗、被職責所束縛。每一個人都有極限，而你可能深刻感覺到，你已達到了自己的極限。

等到這個行運近尾聲時，你將領悟到，你生命中的重點仍舊安然無恙地活著。你學到了什麼對你是行不通的。你正在學習，愈是尊重自己，愈會吸引到同樣尊重你的人。人生中的真正成功並不仰賴你所做的事，而是你的做法——包括高尚、榮耀、自我尊重、熱情、尊重他人。

第五章

天王星來了

流星

行星檔案：天王星

繞行太陽一周所需時間：八十四年

過境每一黃道星座所需時間：大約七年

行運相位的持續時間：大約三個月

最強旺星座：寶瓶、可能還有天蠍

居其間必須更加努力的星座：獅子、可能還有金牛

關鍵詞彙：覺醒、發明、原創力、科學、未來、電力、革命、叛逆、突發事件、天災

你是平庸、笨拙的中年婦人，住在小村莊，過著稍顯寂寞的安靜生活。就在某一天之後，你的非凡歌聲使你一夜成名。突然間，你受到幾百萬人的愛戴，不僅是因為你動人的嗓子，更因為

你樸實無華的魅力與毫不矯飾的勇氣。但現在，壓力來了。你將只是曇花一現嗎？一種標新立異嗎……還是，你可以建立起真正的事業，用真正的耐力？

這是童話故事的內容，但卻真切地發生在歌手蘇珊・波伊爾（Susan Boyle）身上。就在波伊爾四十八歲生日之前，她站上舞臺，成為〈英國達人秀〉（*Britain's Got Talent*）的參賽者。波伊爾穿著過時的連衣裙，滿頭捲髮，脂粉不施，與大家分享心中成為百老匯明星的夢想，當時，評審和觀眾不由得竊笑。接下來她張開嘴，開始演唱，這時沒人笑了。等她唱到歌曲第三行，觀眾們忙著喝采。當她演唱完畢，現場無不熱淚盈眶。

不到三分鐘，一位不裝腔作勢但勇敢堅定的蘇格蘭女子，突破了世間的冷嘲熱諷，她贏得了關注、喚醒了真心、激勵了大眾。

節目播送當晚，行運天王星（驚奇和改變的行星）正與波伊爾的本命上昇點（星盤中象徵身體外貌和人格的點位）形成四分相。不論她的歌聲多麼動人，假使波伊爾曾被打扮得更優雅，或是照慣例更迷人些，那麼她的表演所造成的衝擊就不會那麼大。是她神奇的歌聲與觀眾對她平庸外貌的預期造成的懸殊反差，令群眾大為震驚。蘇珊・波伊爾這般相貌之人，不應該天賦異稟；她應該是被人忽略的。

行運天王星並沒有使蘇珊・波伊爾成為明星。假使天賦才華沒有經過多年練習的淬鍊，她的表演勢必平凡無奇、得到更多的訕笑、然後便沒沒無聞。行運天王星所做的是，預示某個時刻、某個契機，讓整體裝扮怪異、奇妙的蘇珊・波伊爾得以突破，出其不意地震驚全世界。

占星家通常說，天王星的行運帶來改變和突發事件。這番說法並非不真，但如果我說每一個天王星行運都是正向的，那我可就不誠實了。因為就連正向的改變，也來得錯綜複雜。被人注意並非總是那麼容易面對，因為被認定是獨一無二，以及感覺上不合時宜，兩者之間僅一線之隔。當天王星出現時，你可能感到寂寞，可能覺得怪異。蘇珊．波伊爾在電視上首次亮相之後的幾個月內，她因情緒壓力而入院治療。這是天王星行運的極端後果，不過當時，她遇到的可是戲劇性的天王星行運！

天王星行運可能有陰暗面，但這些陰暗面幾乎總是提供機會，使你破繭而出，得以活出某種不同的人生，同時重新改造自己。

天王星的本質

早期占星師仰賴一套簡單而雅致的系統，由現有行星、太陽、月亮構成。土星代表我們太陽系的「城市極限」，因此，它的出現象徵種種邊界，甚至是死亡的邊界。然後在一七八一年，這套雅致的系統因為一顆新行星——天王星——的發現而引起騷動。天王星不僅衝撞十分排外的一方，而且並不嘗試融入。天王星不像一顆循規蹈矩的體面行星，它側躺著繞行太陽。天王星的英文名字（Uranus）至少有三種不同的發音，而且是在企圖中斷以神話人物命名行星的傳統幾度失敗後，才確定了這個名稱。

在這些關於天王星的簡單事實中，我們看見天王星的星象符號的許多關鍵面向：

- 天王星與打破規矩以及瓦解既定秩序相關。
- 天王星與不融入的人們相關。
- 天王星代表傳統與革新之間的張力。

在你的出生圖中，天王星象徵你與眾不同、革新、或許有點叛逆的方式；你融入或不融入的程度；以及你與傳統和規矩共存的程度。行運時，天王星通常指出，你被要求去改變、革新或考慮是否融入。

但那聽來枯燥而且不夠好，「被要求改變」聽起來好像宇宙送給你一份邀請函，邀你出席一場意想不到但通常宜人的社交聚會。事實是，天王星的瓦解其實可以令人十分雀躍而愉快，這取決於你的氣質和此一瓦解的本質。但往往天王星的行運反覆無常，攙雜著令人振奮的雀躍和令人不安的迷惘。它們在提醒你，你不是靜態的，你不是一尊雕像。你可能忘了這些，把自己想像成固定不變的東西。天王星在此是要喚醒你、提醒你，萬物無常，所以你也可以改變。

善用天王星的週期

天王星行運需要重新改造自己的意願，不惜以自己的保障和舒適為代價。天王星八十四年週期的四季描述了那番重新改造的過程。

天王星週期可以劃分成四個區段，每個區段大約二十一年。每一區段都代表這個（開始、耕耘、回顧、調整）週期的一個重要階段。這是一則不滿現狀的故事，訴說著如何學著去慶祝桀傲不馴、古怪反常、獨一無二的你。

在你出生的當天，以及你人生中發生任何重要大事的當天，天王星都占據了某一特殊星座的某個特定角度。大約每隔八十四年，天王星會返回到同一星座的那個角度，稱作天王星回歸。

在塔羅牌中，高塔牌（Tower，許多高塔牌都與天王星相關）顯示，某城堡塔樓遭閃電擊中。那就好比天王星週期初啟時出現的隱喻，你的世界突然間上下顛倒。顛覆你的環境可能是天災或車禍、令人關注雀躍的新戀情、突如其來的名聲或是中年危機。不論襲擊高塔的事件本質是什麼，必備條件都相同——需要你即興創作、創造革新、適應新的現實。

第一個天王星四分相

年齡：二十一歲

二十一歲時，我們每一個人都經驗到行運天王星見到本命天王星的第一個四分相，於是多數人變得有點瘋狂。我們剪了極端的髮型，搬到離家很遠的地方，捲入了不良的關係，參與了鬼祟的行為。此時往往有心神不寧的感覺，不再知道自己是誰，或是想從人生得到什麼。

但在職場上，這裡也有一股正向的衝動：渴望甩掉從前培養的規矩和束縛，聲張屬於你的獨特生命。一切看似可能，過去的約束被你雙手拋卻，而且只要你願意，就可以創造出迥然不同的人生，有別於承繼自父母的生命。

天王星對分相

年齡：四十二歲

經驗到行運天王星見到本命天王星的對分相時，你將是四十二歲左右，真正來到中年。叛逆的需求仍舊強烈，但要大肆宣洩的壓力或是宣洩的方法通常與從前截然不同。二十年來循規蹈矩一路走來的人們，可能會擺脫束縛，演出悲傷的中年危機——拋棄年長的配偶，換個年輕的伴侶，弄來一輛紅色跑車，諸如此類。但多數人都興起一種較安靜的覺醒，訴說著：「天啊！我真的不再年輕了，是嗎？」

遇到天王星對分相時，我是某州立大學的四十二歲大二學生，成天與當時天王星四分相的同學們一起坐在講堂上聽課。就中年危機而言，這其實是完美的場景，因為天王星行運要求好好檢視哪些方面格格不入，而我當然與那裡格格不入。但天王星對分相不同於二十一歲的天王星四分相，這時，你知道你是誰；你只是不知道是不是「想要」繼續當那個人。

第二個天王星四分相

年齡：六十三歲

當你六十三歲左右，行運天王星與本命天王星形成最後一個四分相。傳統上，這是多數人開始步入退休的年紀。今天，許多人選擇留在職場，繼續工作到六十幾歲甚至七十多歲，或者基於財務考量，或者只是因為覺得自己還有充沛的能量與智慧可以貢獻。

假使你的確在這個年紀退出職場，新得到的自由可能會令人不安。不按照慣常的作息、規矩、社會基礎架構過生活，這可是一大調整。不論你的生活多麼局限，以自己選擇的任何方式度日所帶來的自由，起初都會令人不知所措。既然天王星也與社交網絡相關，那麼此舉可能是有益的：培養至少一或兩個以團體為中心的活動，幫助你保持連結和參與。

天王星回歸

年齡：八十四歲

天王星返回到它在本命星盤中的位置，一生只有一次，這時，你年屆八十四。近年來，平均壽命不斷向上攀升，才使得經驗到天王星回歸的個人愈來愈普遍。假使你運氣夠好，來到了天王星回歸的年紀，這可是你最後一次重新改造自己的時機，尤其如果你享有合理的健康與財務的保障。這一次，追求自由的衝動，顯化成拒絕社會上對遲暮之年的先入之見。可能有必要為你的獨立和自由而戰，爭取自食其力，或者至少按照你的條件過活。

行運天王星過境各星座

天王星催促改變，以及從使生活鈍化的束縛中解脫出來；天王星過境黃道十二星座，指出每一個人穿越、同時尋求更多解放、自治以及革新契機的途徑。天王星行運直接影響你的程度，將取決於你在每個星座中遇到的行星，以及天王星行運的星盤宮位（見第三部分）。

以下是天王星最近一次和下一次過境各個星座的年分，包括天王星可能短暫回到前一個星座的逆行期。

♈ 行運天王星在牡羊（一九二七—一九三四年；二〇一〇—二〇一八年）

牡羊具有勇於嘗試的精神，以及在面對社會劇變甚至是革命時繼續生存的能力。不過，牡羊可是一個極度關注自己且積極進取的星座。走筆至此，正值天王星過境牡羊座，明顯的是某種開拓蠻荒西部的精神，以及不惜強調個人的隱私。「我優先」，而且事實上，「只有我」才是這個時期的精神。

動盪星座：牡羊、巨蟹、天秤、魔羯

覺醒星座：獅子、射手

有意外契機的星座：雙子、寶瓶

♉ 行運天王星在金牛（一九三四—一九四一年；二〇一八—二〇二五年）

一九三〇年代，天王星過境與金錢密切關聯的金牛座，反映成「經濟大蕭條」，那是一次經濟和社會穩定的毀滅性崩解。不過，有些人主張，當太多資源集中在極少數人的手中時，這類崩解可能是必要的。天王星過境金牛座的後果，可以是更平均地分散整個社會的財富和資產，第二次世界大戰後的美國就是這樣。

動蕩星座：金牛、獅子、天蠍、寶瓶

覺醒星座：處女、魔羯

有意外契機的星座：巨蟹、雙魚

♊ 行運天王星在雙子（一九四一—一九四八年；二〇二五—二〇三二年）

前一次天王星過境雙子座，在雙子座主宰的科技和交通運輸方面，都見到革命性的進步。雙子座也主宰社區社群和街坊鄰里，而在二戰後的美國，郊區的出現創造了汽車文化，瓦解了當時的社區，產生了更加疏離而破碎的社會。雙子是與心靈相關的星座之一，在天王星過境雙子時，激進的意識形態可能蓬勃發展。

動蕩星座：雙子、處女、射手、雙魚

覺醒星座：天秤、寶瓶

有意外契機的星座：獅子、牡羊

♋ 行運天王星在巨蟹（一九四八—一九五六年；二〇三二—二〇四〇年）

天王星在巨蟹座時，家庭、食物、國家主義，全都開始變形。科技影響我們滋養自己的方式；革新使日常家務變得更加輕易，照管者從而得到解放。

最近一次天王星過境巨蟹，是在一九四〇年代晚期至一九五〇年代中葉，期間歷經了傳統家庭單位澈底重新配置。節育使女性有辦法控制生育，幫助開啟走出家門的新契機。飛至郊區的航班，以及多代同堂的數量下降，改變了我們對家庭和社區的想法。

動蕩星座：巨蟹、天秤、魔羯、牡羊

覺醒星座：天蠍、雙魚

有意外契機的星座：處女、金牛

♌ 行運天王星在獅子（一九五五—一九六二年；二〇三九—二〇四六年）

天王星在獅子座的特點是，在流行文化界掀起驚人的動蕩、採取非正統的態度養育兒女和對待年輕人、叛逆地擁抱個人主義和自我表達。天王星最近一次過境獅子座引進了披頭族（beatnik），也為藝術革命揭開了序幕。雖然主流文化仍舊聆聽爵士大樂團（Big Band）年代的歌手低聲吟唱，但滿頭亂髮的詩人以及毫不光鮮亮麗的音樂家、電影明星、作家所構成的豐富次文

化卻四處綻放。班傑明・斯波克（Benjamin Spock）[1]當時備受爭議的育兒觀點，被期盼將子女培育成更堅強的個體的父母親所採納。

動盪星座：獅子、天蠍、寶瓶、金牛

覺醒星座：射手、牡羊

有意外契機的星座：天秤、雙子

♍ 行運天王星在處女（一九六一——一九六九年；二〇四五—二〇五二年）

天王星過境象徵工作、健康、服務的處女座，將戲劇性的調整導入職場和日常生活科技。天王星在一九六〇年代過境處女座，那是美國近代史上最為紛亂的時期之一。民權運動瓦解了政治議程，造成美國內戰以來北方與南方之間最深刻的分裂。同時，科技變成了日常生活的一部分，由於更多的婦女和少數族群加入，勞動力重新改組，而且愈來愈明顯的是，機械化終將解放——或者更駭人的是，取代——許多勞工。

動盪星座：處女、射手、雙魚、雙子

覺醒星座：魔羯、金牛

有意外契機的星座：天蠍、巨蟹

♎ 行運天王星在天秤（一九六八—一九七五年；二〇五一—二〇五九年）

上一次天王星過境天秤（關係與平衡的星座），遇上性革命和婦女解放運動的崛起。節育的普遍，以及美國最高法院在「羅訴韋德案」（Roe vs. Wade）❷之中使墮胎合法化的判決，轉化了性愛關係；女性現在可以探索性的自由，因為意外懷孕的可能性大幅降低。一九七二年，平權修正案（Equal Rights Amendment）獲得美國國會兩院的批准，然而卻沒能得到夠多州政府的承認，這顯示，權力的平衡從男性主導轉移至更趨於兩性平等。離婚率遽升，同時破紀錄的女性人口投入職場。

動蕩星座：天秤、魔羯、牡羊、巨蟹

覺醒星座：寶瓶、雙子

有意外契機的星座：射手、獅子

♏ 行運天王星在天蠍（一九七四—一九八一年；二〇五八—二〇六五年）

天王星要求解放，而天蠍知道所有的禁忌躲藏在哪裡；難怪這個行運帶來形形色色從社會各式櫥櫃湧出來的醜事。天蠍座主宰兩性的親密行為，而天王星最近一次過境天蠍座始於性解放達

譯注❶：一九〇三—一九九八年，第一位通過研究精神分析來理解孩子需求與家庭活力的美國兒科醫生。

譯注❷：一九七三年做出的一項標誌性判決，針對婦女墮胎問題，美國聯邦最高法院承認，婦女的墮胎權受到憲法私隱權的保護。

到高峰時。這個行運結束於致命的愛滋病不成比例地影響到男同性戀者。許多人對男演員洛赫遜死於愛滋感到震驚，而他的去世也導致主流媒體討論愛滋疫疾與同志文化。

天王星過境天蠍座也被普遍認為是電影藝術的黃金時代，有勇敢的戲劇，正視越南的恐怖以及對越戰軍人造成的影響，還有形形色色以太空為背景的壯觀故事，探討在地球之外生活的可能性。在紐約，剛萌芽的龐克搖滾樂運動於一九七〇年代末期爆發，在主流觀眾眼裡，這是既震驚又醜陋的。

動盪星座：天蠍、寶瓶、金牛、獅子

覺醒星座：雙魚、巨蟹

有意外契機的星座：魔羯、處女

♐行運天王星在射手（一九八一—一九八八年；二〇六五—二〇七二年）

當天王星過境射手座時，可期待教育、宗教、長途旅行出現澈底的改變。天王星上一次過境射手座見到了電視布道的崛起，當時，美國聯邦通訊委員會（Federal Communications Commission）准許電臺接受為宗教節目打廣告。同樣由射手座主宰的航空旅行在這個時期經歷轉變，包括：放寬航空公司的管制以及解散空中交通管制員工會。在教育方面，出現改善和轉離標準公立學校的呼聲，許多家庭選擇獨立的特許和宗教學校以及在家自學。

動盪星座：射手、雙魚、雙子、處女

覺醒星座：牡羊、獅子

有意外契機的星座：寶瓶、天秤

♑ 行運天王星在魔羯（一九〇四—一九一二年；一九八八—一九九五年；二〇七二—二〇七九年）

當天王星過境魔羯座時，全球具長遠結果的可量測方法有所變更。趁著政府和其他機構願意豎耳傾聽時，告別已然確立的秩序。最近一次天王星過境魔羯（當權體制的星座）見到了柏林圍牆倒塌與冷戰結束；黑色星期五股市崩盤；首度電視全程播出軍事衝突（第一次美軍入侵伊拉克）；殘酷對待羅德尼・金（Rodney King）的警察們被判無罪之後，引發種族不安與洛杉磯暴動；尼爾森・曼德拉（Nelson Mandela）獲釋出獄，南非種族隔離政策終止；奧克拉荷馬市爆炸案；天安門廣場暴動。之前一次天王星過境魔羯，產生了受歡迎的電影、揭示了愛因斯坦的相對論、見到了舊金山被有史以來的地震和大火夷為平地、迎接了福特（Ford）的T型車、將「不沉的」鐵達尼號帶入大海中。

動蕩星座：魔羯、牡羊、巨蟹、天秤

覺醒星座：金牛、處女

有意外契機的星座：雙魚、天蠍

♒ 行運天王星在寶瓶（一九九五—二〇〇三年；二〇七九—二〇八七年）

天王寶瓶被認為特別強健，因此，這些往往是科技大幅進步與偉大革命思想發展的年分。出現的科技（例如，網際網路就是最近一次天王星過境寶瓶帶來的實例）可以連結整個世界，善惡全包。世界變得更小，存取資訊更加大眾化，於是，因身體甚至是意識形態距離遙遠而分隔的人們，彼此之間的社交和業務聯繫成為可能。

這些也是強調崩解的行運，例如，戰爭和全球傳染病、激進的政治運動蓬勃、棘手的意識形態被強化了。有些人並沒有更加彼此諒解，反而更頑固地陷入自己的世界觀。

動蕩星座：寶瓶、金牛、獅子、天蠍

覺醒星座：雙子、天秤

有意外契機的星座：牡羊、射手

♓ 行運天王星在雙魚（二〇〇三年—二〇一〇年；二〇八七—二〇九五年）

天王星在雙魚，促成遺傳學和物理學的創新突破，但也可能出現種族主義、極端的國家主義、激進的宗教運動。雙魚與疾病有關，可能出現廣泛的傳染病爆發（如同二〇〇九年的流感），或是帶來社會的劇變（一九一八年西班牙流感的結束和餘波）。

雙魚是信仰的星座，代表我們相信的事物，甚至是在證據缺乏之下。最近一次天王星過境雙

魚，邏輯和科學往往被漠視，轉而支持創造自己的實相。已被根除的疾病重新出現，因為父母親謝絕為孩子接種疫苗。

雙魚座主宰少數旅群，在天王星最近一次過境雙魚時，美國許多州都合法化了同性伴侶的婚姻，同時美國選出了第一位非裔美籍總統。

動蕩星座：雙魚、雙子、處女、射手

覺醒星座：巨蟹、天蠍

有意外契機的星座：金牛、魔羯

行運天王星與本命行星及四角的相位

天王星以每個月不到黃道一度的速率移動，它的行運一般在大約三個月期間被最強旺地經驗到：精確相位之前一個月、精確相位當月、精確相位之後那個月。

不過，天王星每年會逆行近半年。很可能如果行運天王星與某顆本命行星或四角之一形成相位，它將會重複那個相位幾次：一次是順行，然後是逆行，第三次是再次順行。你非常可能一整年不斷經驗到某個行運天王星相位。

天王星與本命行星的合相、四分相、對分相、補十二分相，顯示叛逆、戲劇性崩解、事業或關係突然終止、不穩定。同樣的狀況也可能發生在天王星的行運三分相和六分相，但這兩種相位

可能同時帶來你將得到雀躍新生的感覺。

行運天王星與本命太陽的相位

太陽與天王星提供全然不同且相互敵對的功能：太陽象徵強旺而健康的我執，而天王星行運通常強烈要求你將自己重新改造到某種程度。敞開自己，迎向新的存在方式，這當然可以是自由解放的，但也可能因此無所適從。

這十分仰賴出生圖中太陽與天王星之間的關係。假使兩者形成不錯的相位，甚或是落在同一星座，你可能會真正享受到這些行運的樂趣，感覺元氣恢復了，有能力在之前使你不舒服的環境中好好運作。彼此相位不佳時，可能會觸發長期的掙扎，使當事人徬徨於滋養個人的身分感，以及避免變得太無彈性而失去令人雀躍的機會之間。

行運天王星與本命月亮的相位

在這個行運期間，對於居住的地方和最深刻的關係，你八成有所渴求。你的處境可能使你覺得沒保障、情緒上感到不安全，或是沒有足夠的隱私。你與他人連結的正常模式不再行得通。你可能在這些行運時搬到某個新的地方，假使沒搬家或搬不了家，你至少也想要而且往往將會多花額外的時間離家，或是設法大大改變自己的住家。

假使月亮與出生圖中的任何其他行星（尤其是天王星）形成許多挑戰相位，那麼你的安全保障感便不斷受到威脅。天王星行運見到月亮所帶來的壓力，使你有機會掙脫這些往往無意識的模式，同時使你興起動機，去發展更多內在的保障，不再仰賴外界環境。這不見得是一條輕易之路，但長期而言，卻是一條讓人極度解脫的途徑。

行運天王星與本命水星的相位

當行運天王星與本命水星形成相位，你可能會覺得很難讓別人聽你說話。你可能有口難言，因為感到與周遭人不同，或是可能住在鄰居都不認識的新地區。但這些行運也可能是你生命中的占卜師期，這時，你的話對他人造成巨大的衝擊，你有許多機會讓自己被聽到。

約翰．甘迺迪出生於水星與天王星形成四分相，在歷任美國總統當中，甘迺迪被認為是最能激勵人心的演說家之一。他的著名演說之一是在總統就職典禮上發表的，當時，他的敦促令人難忘：「不要問國家能為你做些什麼，要問你能為國家做些什麼。」就職當天，行運天王星差四度便與他的本命水星形成精確的四分相。

行運天王星與本命金星的相位

金星是關係和金錢的行星，但更普遍的情況是，它是「欲求」（相對於月亮代表的「需求」）的行星。當行運天王星與本命金星連結時，你可能會發現，你興起了要達成更多財務自由的動機，或是被這類動機所激發。在如此影響下開啟的關係可能是不合常規、出其不意或是觸目驚心的。長期關係會受到損害，肇因於雙方渴望更多的自由，或是以極端的案例而言，就此斷然離去。親近的友誼可能會中斷，然而你的整體人氣卻可能達到高點，因為你發覺自己被相處時使你真正有歸屬感的人們所接納。

由於似乎會人氣大增（某些案例則是更加惡名昭彰），因此，假使你一直設法要他人關注你的風格或藝術才華，那麼這個行運很可能帶來你所嚮往的突破。

行運天王星與本命火星的相位

這些行運喚醒自我保護的衝動。假使你安全無虞，基本需求得到滿足，這將是個使你生出競爭精神的行運。你可能在職場上得到升遷（或是更多）。科技與人際技巧將會對你的事業方向造成重大影響。

火星的象徵意義是生理的與性慾的，你可能在這些生活領域經驗到新的感受或變遷。你可能突然對某種特別的運動產生興趣，你的性覺知或性行為的層次可能有所改變。在極端情況下，天王星與火星的結合也可能表示意外事故，因為慣常模式的改變遇上了增強的衝動性和肆無忌憚的情況。

行運天王星與本命木星的相位

木星是空間（包括住所和心靈）完全開放的行星。行運天王星與木星的相位喚醒你的渴望，使你的生活變得更大、擴展你的視界，同時尋求意義。在這些行運期間，你在他人眼裡可能顯得魯莽而衝動；說你長久以來一直感到無聊或備受局限，通常更符合事實，而現在你有機會自由，你將毫不猶豫地掌握機會。

在這些行運期間，你可能會旅行，尤其如果你是那種通常喜歡待在住家附近的人。你可能決定追求某個學位或證照，也可能體會到突然改信另一宗教或離開某個教會的宗教經驗。這一切全都是使你放下自我強加的局限、從而得到更多自由的方法。

行運天王星與本命土星的相位

想像一下，你人生大半輩子都待在監牢，然後突然間，某人帶著鑰匙和政府的特赦令出現，讓你自由。

天王星見到土星的行運，可能是你將體會到最欣喜若狂的經驗之一。土星代表你最深層的不安全感和對失敗的恐懼，而天王星行運使你有機會看見，沒有這些，人生會是什麼模樣。在這個行運期間，你可以感覺到真正擺脫束縛，而這類束縛往往是自我強加的，使你感覺像是自己生命中的囚徒。

假使你已經完成了土星要求你的工作，例如，追求值得投入的生涯目標或其他野心，在與人往來時成為有聲譽且負責任的，那麼天王星的行運可以讓你自由的繼續邁進至人生的下一階段。即使當這個行運結束時，你終將失去一些自由感，但你的雙眼已經睜開了。現在你知道，握有牢門鑰匙的人就是你。

行運天王星與本命天王星的相位

這些行運是里程碑，標示你這一生有天王星同在的演化行程。要尋找喚醒你的叛逆性、反傳統，以及渴望自由的事件、人物和環境（更多資訊，請見前文「善用天王星的週期」）。

你已經來到了天王星個人化週期的重要點位。三分相和六分相支持你的渴望，使你擺脫從眾，探索新的途徑；四分相和對分相代表，在這些時刻，你透過衝突看見能夠鼓勵更大個人自由的另一個觀點。

行運天王星與本命海王星的相位

如果你是音樂家、藝術家、舞者、玄祕學家或是靈修求道者，這可是使你成為眾人焦點的好行運，也可能出現突發的失落或意外的靈性覺醒。在行運天王星見到我的本命海王星的六分相期間，我在中斷許久之後恢復音樂演出、開啟了我的職業占星生涯、發現了我擁有一份完全意想不到的通靈天賦。

海王星也象徵渴望退出人生的重重困難，往往透過酒精和毒品之類具潛在破壞性的逃脫方式。天王星行運見到海王星可能促使你踏上這類有危害的旅程，但也可能喚醒你，使你意識到否定帶來的毀滅特性。這可以是成癮者的「觸底」行運。天王星是解脫的行星，假使你冀望擺脫自我毀滅的行為或關係，天王星行運見到海王星可是十分好用。

行運天王星與本命冥王星的相位

在這些行運期間，你的叛逆可能會造成非常嚴重的永久性後果。你絕對拒絕屈服於他人的掌控；有時候，這是一份癡迷（某種緊張的關係，或許是某種成癮），卻成為解放自己的工具。假使你很難面對自己性格中比較陰暗的一面，這個行運很可能會改變這點。自我覺知成為掙脫自我挫敗的行為和情境的關鍵。

朋友群、專業網絡或是興趣相關的協會和社團，尤其是與玄學、科技或科學有所關聯者，都可能喚起不安全感、妒嫉吃醋、爭奪掌控和權力的戰鬥。你將會覺察到，這些困難的情緒究竟牽絆你到什麼程度，使你無法做出將在未來幫助成功的各種有益連結。

行運天王星與本命北月交的相位

你有夢想。有些日子，你的夢想感覺上實在遙不可及。你嘗試性地針對它採取行動，但有東西阻撓你，或是感到失望，或是你最終因為缺乏目的地而停滯不前。

月亮的北交點代表你的夢想，那個似乎永遠搆不到的銅鈴（成功機會）。當行運天王星與本命北月交形成相位時，你再次伸手出去，冀望這次夢想將會成真。而且經常令人驚訝的是，夢想的確成真。

那是因為，天王星專門打破成規，他拒絕苟同你的內在化信念，拒絕相信不可能達成夢想的原因。你可能沒有領悟到，整個夢想會準確地按照你的想像成真。有時候，你只是抓住別的神奇東西，你從不動身尋找，然而那東西卻自行出現。但伸手觸及夢想意謂著你愈來愈靠近夢想，當你終於到達目的地時，天王星將會為你喝采。

行運天王星與本命上昇點的相位

我有幾個最親愛的朋友一直是言語直率、有點古怪的老女人。八、九十歲時，你可以說些沒人敢說的事卻不必受罰。大家心想但沒人會說出口的難堪事，你卻隨心所欲地脫口而出。

這是我對天王星行運見到上昇點的看法。上昇點象徵你的人格，社會認可你戴上的面具。天王星釋放你，使你擺脫拘束感，讓你卸下面具。但有附帶條件：愈是要成為你自己，就必須要願意犧牲你的舒適圈。當你走進有許多不認識的人的派對時，躲藏在一張面具後方感覺上相當不錯。你可以想要是什麼身分，就假裝成什麼身分，沒人會知道真相。不過一旦天王星打開瓶子，真正的你傾瀉而出時，那就收不回去了。

行運天王星是自由解放的。你可以是據理力爭、堅持己見的前輩，喜歡說什麼就說什麼，因為說真的，他需要給誰留下好印象？但成為自己就像空中飛人的高空鋼索表演，需要極大的勇氣，才能在底下沒有防護網的狀況下演出。

行運天王星與本命天頂的相位

行運與天頂形成相位，就同時與天底（四宮宮首）形成相位。天王星行運見到這個軸線象徵有機會，可在事業上晉升、追求可能不同於他人對你期望的召喚或是調整生活，使事業與家庭生活更加同步，或是單純地符合你內心的要求。

反抗你的歷史，同時邁向明亮的新未來，這是行運天王星與天頂形成相位的承諾。這個行運可以促使你離開家族事業，進入自己的事業，或是步入退休。你可能會搬家，或是對住家做出重大的改變。對你的父母親來說，這恐怕是一段難以面對或克服的時期。整體而言，這些行運通常使你與之前一直（或自認為）操控你生活的當權派針鋒相對。

第六章

海王星來了

潮起潮落

行星檔案：海王星

繞行太陽一周所需時間：一百六十五年

過境每一黃道星座所需時間：大約十四年

行運相位的持續時間：大約兩年

最強旺星座：雙魚

居其間必須更加努力的星座：處女

關鍵詞彙：靈性、悲憫、無條件的愛、感同身受、藝術、通靈靈敏度、疾病、失落

一九七六年，二十八歲的史蒂芬．喬治歐（Steven Georgiou）差點在加州馬里布（Malibu）海外溺斃。生死掙扎之際，他記得自己大喊：「上帝啊！如果祢救了我，我將為祢工作。」

三年後，一九七九年十一月二十二日當天，喬治歐以凱特．史蒂文斯（Cat Stevens）的藝名演出最後一場音樂會。前一年，喬治歐改信伊斯蘭教，採用了尤瑟夫．伊斯蘭（Yusuf Islam）這個名字，而且決定放下十三年來民謠歌手與詞曲作者的成功生涯。他要將接下來的二十七年時間（以及唱片的版稅收入）獻給慈善和教育事業。

凱特．史蒂文斯從流行偶像戲劇性地轉變成尤瑟夫．伊斯蘭的故事，發生在行運海王星與他的本命木星合相的三年期間。海王星是為我們施洗、使我們以靈性觀點看待世界的行星，當靈性使命的行星（海王星）與宗教教義的行星（木星）會聚時，經歷深刻的宗教性體驗便不足為奇了。然而，受洗和改變信仰很少如此說一不二。

有些海王星行運可能是不著痕跡的，宛如被刺破的輪胎慢慢洩氣。或許你發覺，有點難以全神貫注，你的能量和動機低落。其他海王星行運的表現可能像海嘯，洗掉你前世的所有殘餘，將你帶到外海。你的海王星行運可能不像凱特．史蒂文生那樣戲劇化，但它們將會以某種方式將你的生命過往擦拭乾淨。

海王星的本質

海王星的行運宛如一趟海灘之旅。你如己所願地擺好海灘椅、撐起海灘傘，準備好音樂、書本、點心。然後潮水襲來，將形形色色意想不到的可愛珍寶沖到沙灘上：海玻璃和瓶瓶罐罐，以及來自你未曾造訪過的遙遠州縣的車牌。但當潮水退去，它帶走一些東西，例如，你的海灘毛巾、手機或是你的車鑰匙。

海王星告訴我們：「看哪：生命帶給我們禮物，閃閃發亮的珍寶，擁有我們永遠想像不到的美。但它也從我們這裡帶走東西。大海就是這樣；生命就是這樣。」

在海王星行運期間，事物進來，然後許多事物又會出去。「不要執著」是海王星的教訓，秉持這則教訓，同時學會在潮水退去後從沙中篩選，看看可能留下了哪些閃閃發亮的小珠寶。

在海王星行運期間，逃避的誘惑可能很強烈。吃太多或喝太多、看幾小時的電視，甚至是強制性閱讀，全都可能是迴避現實的方法。你可能感到茫然困惑、頭腦不清，你的身體能量可能低落。占星家凱洛琳．凱西喜歡將海王星行運比作這樣的熟悉經驗：走進某房間，然後意識到你不知道自己進來是為了什麼！

當行運海王星與本命行星形成相位時，你可能經驗到欠缺焦點和關注。健忘可能表示，海王星正在乞求終結否認，同時歡慶為你的生命帶來意義的靈性價值。

善用海王星的週期

因為海王星花很長的時間才完成繞行黃道的旅程，所以你有生之年並不會經驗到它的完整週期。不過，你可以合理地期待，可以經驗到行運海王星與本命海王星之間的四個主要相位。

海王星的週期以「演化的靈性覺知」為特色。這方面的催化劑因人而異，但可能與失落、疾病或情緒煎熬相關。海王星的行運時常與朦朧隱晦相關，暗示你將會夢遊般地度過這些行運。當然，前面的路可能不清楚，但或許，那是因為海王星正在召喚你走一條不熟悉的路徑，這條路既不筆直又不明確，儘管如此，卻通到你需要造訪的地方。

海王星六分相

年齡：二十七歲

行運海王星與本命海王星六分相發生在二十七歲左右，就在土星回歸前一或二年。這個六分相是一個機會相位；在這個年紀，你可以選擇接受或拒絕邀請，這邀請促使你更清楚了解自己、人世間以及你在人間的席位。二十七年來逃避現實的衝動已以悲劇告終（例如吉姆．莫里森〔Jim Morrison〕❶、珍妮絲．賈普林〔Janis Joplin〕❷、吉米．罕醉克斯〔Jimi Hendrix〕❸，這幾位全都死於用藥過量）。若要成功地橫渡這個行運，就要掌握機會，避開日常生活的壓力。不過，逼近的土星回歸（二十九歲）帶來的張力，可能使人難以踏出旋轉木馬並給予自己一些安靜的時間。

譯注❶：一九四三—一九七一年，美國創作歌手兼詩人，洛杉磯搖滾樂隊門戶樂團的主唱。

譯注❷：一九四三—一九七〇年，美國歌手、音樂家、畫家兼舞者。

譯注❸：一九四二—一九七〇年，著名的美國吉他手、歌手、音樂人。

海王星四分相

年齡：四十二歲

這是會聚在四十一和四十二歲左右的主要行運相位之一，占星師們稱之為「中年危機」相位。由於這個行運需要相當痛苦地重新檢視你向來奉為神聖的信念，於是造成對信仰的質疑。對某段關係、某位導師或靈性領袖幻滅，也可能是對事業幻滅。這可能是一個無所適從的行運，但根據新的資訊或人生經驗檢視信念卻是健康的。

行運海王星與本命海王星三分相

年齡：五十五歲

這個三分相並不會出現信心危機，但你可能會發現，必須泰然面對自己目前的成就，同時放掉沒能實現的夢想。三、四十歲時熱切追求的世俗成就，逐漸失去了魅力；回饋同行和所在社區，開始變得似乎比購買第二間房子或新車更加重要。你覺得，將自己的人生置於靈性背景的時候到了，何況這可是探索宗教、哲學或玄學的好時機。藝術、靜心、旅行可以幫助你連結，使你感覺到自己是某個更偉大、更持久的事物的一部分。

海王星對分相

年齡：大約八十二歲

假使你優雅而有意識地度過前一個海王星行運，那你一定抵達了個人的靈山。你的智慧和知見處於高峰；你啟迪年輕小輩和比較缺乏自信的人們。但還是有功課要向海王星學習，而這可能是生理和心智挑戰開始在日常生活中加重戲分的年紀。接受生理和心智活力日益下降的事實，這使你懂得欣賞因其他機能耗弱而益發強健的靈性。

行運海王星過境各星座

什麼將會拯救世界？哪一類型的音樂和藝術激勵人心？怎麼樣才不會感到那麼孤獨？海王星通過一個星座大約需要十四年，這指出每一世代「盛行的夢想」（以及這個世代潛在的錯覺）。以下是海王星最近一次和下一次過境各個星座的年分，包括海王星可能短暫回到前一個星座的逆行期。

♈ 行運海王星在牡羊（一八六一—一八七五年；二〇二五—二〇三九年）

海王牡羊的夢想是：個人，或許是國家，可以拯救世界。但由於過度強調個人，領土主義可能會破壞人類建立社會和共同合作的天性。缺乏平衡與洞見的迷思妄想，是典型的海王星在牡羊座，總是任憑某些人拿起武器來解決問題。

幻滅的星座：牡羊、巨蟹、天秤、魔羯

靈性覺醒的星座：獅子、射手

探索靈性的星座：雙子、寶瓶

♉ 行運海王星在金牛（一八七四—一八八九年；二〇三八—二〇五二年）

這時的夢想是：美好人生的財富、奢華、藝術、所有金錢回報，將會帶來幸福快樂以及安全保障。但這些行運最終淪為：用實例示範安全保障的虛幻本質，以及隨著社經階層失衡而出現的社會不穩定現象。

幻滅的星座：金牛、獅子、天蠍、寶瓶

靈性覺醒的星座：處女、魔羯

探索靈性的星座：巨蟹、雙魚

♊ 行運海王星在雙子（一八八八—一九〇二年；二〇五一—二〇六六年）

海王雙子的夢想是：假使我們都能說同一種語言，可以輕易地從甲地到乙地，那麼人類的所有問題將會得到解決。這是世界語（Esperanto）創始人柴門霍夫（L. L. Zamenhof）[4]的夢想，他設想了一種統一世界的通用語言。以世界語寫成的第一冊著作於海王星上一次過境雙子時出版。

然而，這些行運的幻滅是覺知到，語言和身體的距離通常是分隔我們彼此最微不足道的問題。

幻滅的星座：雙子、處女、射手、雙魚

靈性覺醒的星座：天秤、寶瓶

探索靈性的星座：獅子、牡羊

♋ 行運海王星在巨蟹（一九〇一—一九一五年；二〇六五—二〇七九年）

海王巨蟹的幻覺是：家庭和國家將會保護我們的安全，為我們的生命帶來意義。不過，誠如第一次世界大戰在上一次海王星過境巨蟹座期間所示範的，安全是幻相。然而，這個行運的裨益是：共享戰爭經驗所促成的團結力量，令某些國家感覺起來更像家族。

幻滅的星座：巨蟹、天秤、魔羯、牡羊

靈性覺醒的星座：天蠍、雙魚

探索靈性的星座：處女、金牛

♌ 行運海王星在獅子（一九一五—一九二九年；二〇七九—二〇九三年）

獅子座的海王星把人生夢想成一場不散的宴席，有光彩、魅力、自由流動的香檳、不間斷的

譯注❹：一八五九—一九一七年，波蘭籍猶太人。

招待。這個行運是文學的黃金時代，同時電影藝術將晃動影像的魔術帶入主流。但隨著全世界發現一九二九年的市場崩潰，派對結束了（有時是突然告終）。實際情況是：人生不僅只是玩樂、魅力和放縱。

幻滅的星座：獅子、天蠍、寶瓶、金牛

靈性覺醒的星座：射手、牡羊

探索靈性的星座：天秤、雙子

♍ 行運海王星在處女（一九二九—一九四三年；二〇九二—二一〇七年）

在這個夢想中，凡是努力工作且力行儉約和自立自強的人，人生多少可以有些成就。但在海王星過境處女座的經濟大蕭條時期，現實情況是：許多人找不到工作，而且到了無可犧牲的地步——直到許多人在第二次世界大戰犧牲了性命為止。

幻滅的星座：處女、射手、雙魚、雙子

靈性覺醒的星座：魔羯、金牛

探索靈性的星座：天蠍、巨蟹

♎ 行運海王星在天秤（一九四三—一九五五年；二一〇五—二一二〇年）

和平盛行，經濟的極端狀況緩和了，有禮貌戰勝一切。如果不搖晃小船，所有人都會安然無

恙。但如此客氣、和平的平等，卻是以激烈的個人主義與壓制討厭的現實為代價換來的。

幻滅的星座：天秤、魔羯、牡羊、巨蟹

靈性覺醒的星座：寶瓶、雙子

探索靈性的星座：射手、獅子

♍ 行運海王星在天蠍（一九五六—一九七〇年；二一一九—二一三四年）

海王天蠍的夢想是：只要人人「面對現實」，人世間就會是更好的地方。假使我們公開且直率地談論性愛、死亡以及其他被視為禁忌之事，我們的祕密將不再能操控我們。但奪走人們的神聖幻相卻沒有提供替代方案，於是終將看到許多憤世嫉俗的痛苦人民。

幻滅的星座：天蠍、寶瓶、金牛、獅子

靈性覺醒的星座：雙魚、巨蟹

探索靈性的星座：魔羯、處女

♐ 行運海王星在射手（一九七〇—一九八四年；二一三四—二一四八年）

夢想讓大眾擁有無限的可能性與自由解放，這是一九七〇年代和一九八〇年代早期，海王星過境射手座的特徵。似乎一九六〇年代真正引進了愛、接納與自由的新紀元。這個行運結束於對大眾領袖和政治過程的幻滅，還有某種可怕的疾病促使這個自由愛戀的紀元戛然而止。

幻滅的星座：射手、雙魚、雙子、處女
靈性覺醒的星座：牡羊、獅子
探索靈性的星座：寶瓶、天秤

♑ 行運海王星在魔羯（一九八四—一九九八年；二一四八—二一六二年）

海王魔羯的夢想是：金錢等於成功，認為「貪婪是好的」（套用這時期的知名電影《華爾街》〔*Wall Street*〕片中哥頓．蓋柯〔Gordon Gecko〕說的話），而且自由交易和全球化將會拯救世界。一九八七年股市下滑，幻滅隨之而來，更因中產階級的經濟機會逐漸減少而增強。

幻滅的星座：魔羯、牡羊、巨蟹、天秤
靈性覺醒的星座：金牛、處女
探索靈性的星座：雙魚、天蠍

♒ 行運海王星在寶瓶（一九九八—二〇一二年；二一六一—二一七六年）

寶瓶座的海王星夢想科技將會拯救世界。自動化必會使我們擺脫單調乏味的工作，每一個人都可以遠距離工作，電腦和其他科技將是偉大的均衡器，為大家提供機會。但最近一次行運卻結束於：擔心收入不均、大規模失業、科技危及隱私。

幻滅的星座：寶瓶、金牛、獅子、天蠍

靈性覺醒的星座：雙子、天秤

探索靈性的星座：牡羊、射手

♓ 行運海王星在雙魚（二〇一二—二〇二五年；二一七五—二一九〇年）

海王雙魚的夢想是：整個世界是「一」，國家將會和平團聚，找到了某個可以治療全球所有疾病的療法。但已出現在這個行運的特徵包括：否認造成不便的現實、仇外心理增強、責怪弱勢者導致社會耗竭的文化。

幻滅的星座：雙魚、雙子、處女、射手

靈性覺醒的星座：巨蟹、天蠍

探索靈性的星座：金牛、魔羯

行運海王星與本命行星的相位

接電話前，你正在爐子上熬一鍋燉品。等掛上電話，轉身回到燉品前，只見一堆黏稠、燒焦的髒東西。你可能很想整鍋丟棄。結果，你用水注滿鍋子，然後走開。幾小時後，那些髒污將會流入下水道。

海王星就像水一樣強大，但需要時間才能展現魔力。行運時，海王星一整年只行進兩度。這

意謂著，行運海王星見到出生圖中某顆行星或四角之一的相位，可以持續很長一段時間——至少兩、三年。

生活中，我們製造髒污，心臟的髒污、心智的髒污、工作的髒污，就連住家也會變得髒亂。每隔一定的時間，我們便被一切髒污所淹沒，於是不由得納悶，該如何清除過往，重新來過。

然後海王星出現，提醒我們：只要將海王星應用到那個黏稠的髒污就行了。不一會，髒污將會全數流入下水道。

海王星的行運通常在兩年左右被最強烈地經驗到。它與本命行星和四角形成的合相、四分相、對分相、補十二分相，強調幻滅、否認、困惑、某些類型的疾病，以及難以處理的日常事物。在海王星的行運三分相和六分相時，這一切都是可能的，但這些也可能透過宗教、藝術或服務他人帶來靈性的覺知。

行運海王星與本命太陽的相位

每一個人都需要一位可以景仰的某人。小時候，對象通常是父母親；及長，可能景仰在專業領域有所成就的人士，他們飛黃騰達、光鮮亮麗，或是總是顯得仁慈親切的有德之人。我們想像，在身外某處有一位救星。

當行運海王星與本命太陽形成相位時，尤其是四分相或對分相，你將會發現，這些人也有致命的弱點。人人都有弱點；通常，聖人並不存在人世間。犯下錯誤，有時是當眾犯下。凡是人，都會令你失望——政治家、宗教領袖、你雇來替你重建網站的那個傢伙。就連平時親切、支持你的那些人，也隱藏著毫無魅力的一面，因為他們只是凡人。

仰慕別人無妨，可以被對方的才華和振奮人心的信息所激勵。但當行運海王星與你的太陽形成相位時，你發現，沒有人知道所有的答案，沒有其他人可以帶領你到應許之地，讓你的人生和世界多少成就些什麼便落在你的肩上。你必須是自己的英雄，創造自己的夢想。

行運海王星與本命月亮的相位

人是習慣的動物。我們擁有不曾仔細檢視的需求和渴望，執行著自己幾乎沒有注意到的瑣碎程序。在某些人旁邊，我們覺得不舒服，卻不太清楚為什麼。在你的星盤中，所有這些無意識的習慣和直覺都是由月亮所代表。

難怪最親近的人都以某種方式與我們的月亮需求和習性連結。我們將月亮投射到對方身上，好讓自己得以客觀地看見，然後全力應對。

當行運海王星與你的本命月亮形成相位，尤其是在年輕的時候，你非常可能遇到似乎具體表現你所有的渴求、希望和夢想的某人，你覺得生活中絕對少不了對方。一個人可以成為另一個人的一切，這個想法很誘人，就好像在漫長而累人的一天結束時，全身栽進羽毛床上那般令人難以抗拒。

當然，這個迷人生物是人類同胞。現實介入的那一天將會到來，這時，海王星的魅力往往讓位給幻滅——但要記得，海王星也提供悲憫作為一個選項。

行運海王星與本命水星的相位

海王星像海綿，而水星是快樂的小小收集家，專門採集字詞、意象、經驗。現在，你聆聽的音樂、閱讀的書籍、觀賞的電影，都將長時間與你同在。因此，要好好留意你所吸收的事物。

對極端理性、實際的人格來說，這些行運可能頗為惱人。假使你的工作要求敏銳的分析和邏輯，你將會感到挫敗。但這些行運也會提高直覺力，讓必要的突破性進展成為可能。

在這些行運期間，創作音樂、將字詞化為詩歌、拍些動人的照片或是畫些什麼，諸如此類的衝動是強旺的。有時候，你會以邏輯的方式處理經驗，但有時候，你必須定下心來，等待狂野的臆測。當海王星行運見到本命水星時，「萬一……怎麼辦？」是完全合理的提問；而你要用一首歌、一個意象、一首詩回答。

行運海王星與本命金星的相位

有一次，行運海王星與我朋友的本命金星形成對分相，當時，她瘋狂地愛上一位完全不適的男人。她根深柢固地誤解了自己的魅力和價值，因此浪漫而悲慘地耗費了好幾年時間學習，方才澈底明白，她配得更好的關係，而不是與生活一團糟的男人維持無望的親密關係。

並不是所有海王星行運見到金星都那麼糟糕，但伴侶關係（由金星主宰）往往的確處於挨打狀態。通常，那是因為其中一方進入關係時，對你們的需求或眼前之事存有太多的幻相。有時候，滿懷真誠踏入的關係煙消雲散，因為一方或雙方意識到，兩人就是變了，無可挽回地改變了。

通常，你與金錢的關係也將受到審查。當我因行運海王星見到本命金星而形成三分相時，我放掉了十年來一直是我事業主幹的收入來源。放棄向來可觀的收益比例絕對是嚇人的，但我發現，到了當年年底，我掙得的財富就跟前一年一樣多。我放不下的想法，結果變成了幻相。

一切的金星問題都始於對自己缺乏信心。海王星決意要療癒這點。在海王星見到金星的行運結束時，你將會知道自己的價值，你將會放掉耗竭你的人事物，以及不欣賞你的那些人。

行運海王星與本命火星的相位

整體而言，火星是相當自私的行星。不妨把他想成你的私人保鏢，護衛你的身體和情緒安全，還有你的小我。當行運海王星與你的本命火星形成相位時，就好像有人下了藥一樣。

這些可以是基於某個美好緣由讓你的火星技巧有所發揮的好行運。你可能會奉獻幾年時間，自願服務最愛的慈善團體，或是擔任某一弱勢兒童運動團隊的教練。這些可以是有實際效果的行運，只要致力於將靈修、藝術或馴服的影響力，帶入你的工作或物質追求，例如，練習靜心或瑜伽，或是參與舞蹈。

這些行運不適合追求需要強旺驅動力或極度關注的事物，或是多數時候僅有利於你的事物。

假使你試圖在這個行運期間在事業上大有進步，那麼很可能會遭遇失敗。倒不如將能量用在追求對你的專業有所「回饋」的事物，或是建立社群感的事物。假使你決定為了某個需要氣力和耐力的運動接受培訓，那麼很可能出現兩方面均有所短缺。替代之道是：培養彈性，知道何時該後退，休息一下。

這些不見得是負面的行運，但你必須帶著正確的心態面對。現在不是讓你達到壯大個人目標的時間，而是該要對所在社區、社會、星球的改善有所貢獻。

行星海王星與本命木星的相位

赫瑞修，天地如此遼闊，
許多事情豈是你的哲學想像得到的。
——《哈姆雷特》（*Hamlet*）中，哈姆雷特對赫瑞修（Horatio）說

海王星與木星有許多共通處。他們就像兩個經營相同圈子的傢伙，出現在許多同樣的會議和派對上，彼此的朋友會說：「哦，木星啊，你跟海王星一定是很要好的朋友！」事實上，有點像占星家和天文學家。

但他們之間有些基本上的差異，這足以使海王星見到本命木星的行運演變成從尷尬到悲慘。

兩顆行星都與信念相關，但木星是神學迷，而海王星偏愛信仰。木星的信念通常奠基於教義、研究或哲學；而海王星就像哈姆雷特，了解宇宙還有更多，不只是可以被傳統方法加以解釋的。

在這些行運期間，海王星扮演哈姆雷特，努力說服赫瑞修／木星，生命握有難以形容的奧祕，那是科學、學術界、宗教所無法解釋的。海王星慶祝這點——它讓生活變得更加撲朔迷離，但也更加美麗；但木星是「知曉」迷，不只是相信。

在這些行運期間，可預期你會懷疑自己的信念，而且被迫轉而倚賴信仰。懷疑是不少經驗帶來的——失敗、幻滅、疾病、悲痛，甚至是首度造訪一個不同的國家，領悟到，信念是奠基於人世間的狹窄經驗，它們是多麼的有限啊！

行運海王星與本命土星的相位

土星與海王星之間的舞蹈，調性類似於電影《綠野仙蹤》（*The Wizard of Oz*）裡龍捲風結束之後的那個片刻，當時，桃樂絲打開住家的前門，而她在堪薩斯州生活的黑白影像，神奇地被蛻變成蒼翠繁茂的色彩。土星以黑白看待事物，雖然那可能美不勝收，但也可能單調乏味。當你受夠了土星時，注入海王星可能是不錯的，那是一種器質上引致幻覺的經驗，使一切暫時變得更漂亮、更有趣。

但海王星的靈性承諾並不是逃離或讓自己對日常生活免疫，反而是：在最荒涼的景觀中，美可以被看見。恩典可以被人從最枯燥和最平凡的日常事物中開採出來。

由工作、學校、事業成功、聲望、權威構成的土星世界，是非常令人敬畏的，它不斷威脅海王星與靈界的想像連結。你可以感覺到這棟失衡建築，當你發覺自己忘記名字、事實、細節時，當你發現自己愈來愈被無助的受害者絕對激怒時，當你因相約中午一同用膳的朋友遲到而發飆時。對時間、行程、瑣事的苛求正是土星專制之處，而海王星行運的設計就是要罷黜這位專制君主，讓你的世界變得可愛些。

行運海王星與本命天王星的相位

你的內在有個輕率、叛逆、不安的地方，占星家將這裡與天王星聯想在一起。即使最溫和的人，對現狀的某個部分也有些意見。那份同樣的叛逆面，與你獨自參加派對可能升起寂寞而格格不入的感覺有關，兩者都是天王星的特質。

海王星行運見到天王星往往是既迷惘又痛苦的。有一份比平時更強烈的感受，覺得你與同儕不太契合。你不想失去使你獨一無二的氣質，但感覺像個無家可歸的流浪漢實在很痛啊！

當海王星過境你星盤中的這個位置時，他邀請你停止為了成為某一種人而奮力掙扎，改而順流前行。往往，海王星提供音樂、藝術、舞蹈、靈性探索，或是（較不正面的）毒品和酒精之類的東西，作為感覺較不單獨的方法。海王星行運的目標是要敞開自己，成為蒐集靈性能量的導管，但你必須在這些行運期間明智地選擇你的逃脫方法，同時提防有些提供歸屬感的機會。

這些行運是里程碑，標示你這一生海王星靈性成長的演化行程。要尋找喚醒你的悲憫與謙遜的事件、人物、環境（更多資訊，請見前文「善用海王星的週期」）。

行運海王星與本命冥王星的相位

你掌控著自己的人生嗎？如果答案是肯定的，那麼你的星盤中八成有一顆非常強旺的冥王星。當然，我們可以掌控許許多多，但絕對有事情是我們應付不來的，而且終將面對這一切。這類行運通常將幾樁這樣的事帶到你面前。

對於人事物，你「能夠」確實掌控你所選擇的看法和反應方式。這些行運有助於帶領你尋求無法被操控的靈性背景。煩惱如何幫助你成長？尤其是在同情他人時？你該如何訓練自己的心智和靈性，使之超越痛苦、恐懼或暴怒？

有時候，在這些行運期間，你會興起狂想，冀望逃離生活，重新來過，去到遙遠的某處，或許隱姓埋名。說實在，多數人不會這麼選擇。但在艱困中尋求意義，同時在那層意義中培育信仰，卻是人人均可取得的選項。

行運海王星與月亮交點的相位

月亮交點代表兩者之間的張力，一是舒服、熟悉的模式（南月交），一是有動力拿取具挑戰性卻有回報的事物（北月交）。在行運海王星與月亮交點形成相位期間，你面對的抉擇是：該隨著所謂的安全漂浮，還是該主動揚帆，進入未知的水域。

當你受到召喚，要採取一系列特別的行動，要以有意義的方式重新打造自己的生活，這時，恐懼是完全合理的回應。追尋有意義的人生可能是一件寂寞的事。在這些行運期間，信仰是你最大的盟友。你不確定自己的作為是否行得通，唯一可以肯定的是，對你來說，在時間中的這個片刻，感覺好像就是該走這條路。

行運海王星與本命上昇點的相位

在上昇點時，我們發現了所有的煙霧與鏡像和花招，你向來精通這些，以此影響世人對待和回應你的方式。當海王星與這個位置形成相位時，就好像浪潮拍擊海岸，沖走了你留在沙灘上的所有腳印，你再也無法循著自己的腳步回家。

你的人格現在是易變的，猶如熔化的金屬，接觸到什麼，就形成什麼形狀。你正在重新創造自己。當然，感覺上並不全然是這麼一回事，只是好像所有的老梗都不再管用，徒留你赤裸無遮蔽，被沖刷得像海玻璃一樣光滑。一連串的危機像巨浪連續衝擊你，你一站起來便被打倒。你不再奮力掙扎著讓腦袋浮在水面上，反倒更深地潛入海中。那是唯一的方法，可將過去一筆勾銷，使你不至於太快硬化成錯誤的形狀。

行運海王星與本命天頂的相位

有一次，媽在翻查舊衣箱的過程中，找到了一份我小學二年級描述未來志向的學校作業。其中一個問題問道：「長大以後，你想要做什麼呢？為什麼？」我答道：「祕書，因為祕書打字很快。」

媽挖掘出我童年夢想的證據當時，我事實上就是執行祕書（而且打字奇快）。但我早已不記得小二時到底為什麼想要當祕書。我覺得自己的事業抉擇一直是個錯誤，只是糊口度日的工具，直到我可以當個音樂家或占星師為止。

我生於處女座在天頂（星盤的事業宮）時。我想讀者可能會說，我的命運是：擁有參與組織和幫助他人的事業。但有許多方法可以達成這個目標。我並不是只因為小二的我曾對《豪門新人類》（*The Beverly Hillbillies*）電視劇中德萊斯戴爾先生（Mr. Drysdale）的祕書印象深刻，就注定要待在一份我不喜歡的工作。

幾年後，當海王星與我的天頂形成具支持作用的三分相時，我離開了我的祕書工作，成為占星師，而且不曾回頭。

當海王星與你的天頂形成相位時，你可能會對自己的事業幻滅。這是該要構築新夢想的時候，不論你年紀多大，都該想想，長大以後你想要成為什麼樣的人呢？

第七章

冥王星來了

暗潮洶湧

行星檔案：冥王星

繞行太陽一周所需時間：大約兩百四十八年

過境每一黃道星座所需時間：長短不一，介於十四至三十年間

行運相位的持續時間：長短不一，但至少好幾年

最強旺星座：天蠍

居其間必須更加努力的星座：金牛

關鍵詞彙：權力、操控、轉化、執迷、隱藏的事物、獨裁、產生、再生、退化

每一位占星師最愛的冥王星關鍵詞似乎都是「轉化」（transformation）。但我認為那是一種委婉說法，是安慰獎，頒給堅忍不拔的冥王星行運。「哦，太棒了。你將得到轉化！」但不論你

我，誰會向宇宙要求轉化呢？我們想要金錢、性愛，還有歡呼喝采！

我們被冥王星的行運轉化了，這樣說並非不正確，只是有點不完整。那是因為人類是相當頑固的生物，通常要歷經某些相當戲劇性的人生體驗，才能促使我們又踢又叫地朝個人進化邁進。我們會喜歡那些結局，但方法可能令人生畏。

有些人天生的硬體連線便足以對付冥王星。已故的瑪雅．安吉羅（Maya Angelou）❶出生在太陽、月亮、水星、金星、木星全都與冥王星形成接近相位，她對轉化有所了解。在八十六年的人生當中，她將自己轉化成令人喝采的詩人、作家、維權人士，以及全球最受推崇的女性之一。

但那並不是故事的全貌。還有父母親離婚，八歲時遭母親的男友性侵。還有這位加害人在安吉羅指證他犯下罪行之後，遭人謀殺。還有令人痛不欲生的罪疚，基於對方的死而自責，尤其責怪自己發聲陳述。還有唯恐其他人死亡，因而五年完全不開口說話的沉默期。

在朝畢生事業邁進的路途上，安吉羅結了幾次婚，生了一個心愛的孩子，幾度擔任即興諷刺歌謠歌手、妓女兼老鴇、舞者、舊金山的第一位黑人女性纜車列車長。

她有引人入勝且震撼人心的故事可說。一九六八年，行運冥王星與她的本命水星（說書人的行星）對分相，她得到了把故事說出來的機會。在友人小馬丁．路德．金恩（Martin Luther King

---

譯注❶：一九二八—二〇一四年，美國作家兼詩人。

譯注❷：一九二九—一九六八年，美國牧師、社會運動者、人權主義者、以及非裔美籍民權運動領袖。

Jr.）[2]牧師遭到謀殺之後，安吉羅因飽受深度沮喪的煎熬，起初抗拒一切。但當她的回憶錄《我知道籠中鳥為何歌唱》（*I Know Why the Caged Bird Sings*）隔年出版時，卻啟動了一段輝煌的文學生涯。更重要的是，這示範了曾經懼怕自己聲音的力量的女孩，現在卻全然掌握著自己的故事。她的獨特作品與她的沉著泰然，在接下來的四十五年間鼓舞了其他人。

冥王星的行運相位並不是為心臟無力的人設計的。有時候，壞事發生，有時候，只是一段憂鬱期；其他時候，則是了不起的成功自我表述。懼怕冥王星可能會帶來什麼，那是徒勞的，倒不如聚焦在冥王星想從你這裡得到什麼（始終是誠實，而且首重誠實）。冥王星的行運揭示出我們是什麼打造的，包括善惡好壞。它們讓我們別無選擇，只能成為比自己認定更強壯、更勇敢、更坦率、更真誠的自己。冥王星將會全權代表。

冥王星的本質

占星家凱洛琳．凱西曾將冥王星行運描述成具有三個階段。第一是你的世界完全瓦解，第二是茫然無知，第三是真我浮現。

與此同時，有山谷，有山洞。抽離世界的渴求在冥王星行運期間非常強旺，強旺到可以付諸行動的程度。你正在隱退，以求適應發生在你身上的事。悲痛是生理的過程以及情緒的過程，而最大的悲痛莫過於血脈至親的死亡。要給自己時間和空間，與你的處境達成協議。

行運冥王星過境各星座

完整通過黃道十二宮的所有行星當中，冥王星耗費的時間最長，大約兩百四十八年。它的行進軌道不規則，而且在某些星座逗留的時間遠大於其他星座。你這一生將會經驗到冥王星過境四至六個黃道星座。

冥王星跟天王星和海王星一樣，在單一星座逗留的時間很長，因此，同一段十四至三十年期當中出生的每一個人，都將共享同一個冥王星星座。影響力大過其他行星的冥王星，似乎以整個世代為特色．從「最偉大的世代」[3]到嬰兒潮，到X世代。每一世代都面對它自己截然不同的挑戰，護送人世間在文化習俗、政治趨勢、科技進步、社會價值觀各方面度過滄海桑田的巨變。

以下是冥王星最近一次和下一次過境各個星座的年分，包括冥王星可能短暫回到前一個星座的逆行期。

♈ 行運冥王星在牡羊（一八二二—一八五一年；二〇六六—二〇九七年）

牡羊座代表堅忍不拔的個人主義、勇氣、拓荒者精神，而這些行運是不計代價地更進一步探

譯注[3]：指大約出生於一九〇一至一九二四年、青壯之年為美國打第二次世界大戰的一輩。

索。冥王星前一次過境牡羊座是在十九世紀早期，遇上危機四伏的美國西部殖民、工業革命、引進達爾文進化論。但當冥王牡羊促使產業、運輸、探究更進一步前進時，也揭露出衝動自私的暴力、種族屠殺、剝削利用的陰暗面。

檢驗現實的星座：牡羊、巨蟹、天秤、魔羯

賦能的星座：獅子、射手

具深度洞見的星座：雙子、寶瓶

♉ 行運冥王星在金牛（一八五一—一八八四年；二〇九五—二一二九年）

這個年代從農業的黃金期跨越至十九世紀末的「鍍金時代」（Gilded Age）[4]，見到了巨大的財富與特權地主的安逸。然而，這往往來自於犧牲他人的自由。舉例來說，印度反英暴動導致統治權移轉至英國皇室，紐西蘭移民針對財產所有權掀起了一場對抗原住民毛利人的戰爭，而美國經歷了內戰和血腥的重建，以求解決少數特權是否可以決定多數人不幸的問題。

檢驗現實的星座：金牛、獅子、天蠍、寶瓶

賦能的星座：處女、魔羯

具深度洞見的星座：巨蟹、雙魚

♊ 行運冥王星在雙子（一八八二—一九一三年）

自動化促使電話和汽車被廣泛採用，轉變了旅行、通訊、商業的型式。科技的提升將電力逐步引進住家。

檢驗現實的星座：雙子、處女、射手、雙魚

賦能的星座：天秤、寶瓶

具深度洞見的星座：獅子、牡羊

♋ 行運冥王星在巨蟹（一九一二—一九三九年）

這些年見到了第一次世界大戰、一次全球性流感、經濟大蕭條。惡化的經濟狀況促成了法西斯主義的崛起，最終導致第二次世界大戰。這個年代的特徵是：為黨派和國家的生存與保障而戰。

檢驗現實的星座：巨蟹、天秤、魔羯、牡羊

賦能的星座：天蠍、雙魚

具深度洞見的星座：處女、金牛

譯注❹：指一八七〇年代至一九〇〇年左右，許多人在這個時期成為巨富，因此過著金色的生活。

♌ 行運冥王星在獅子（一九三七—一九五八年）

這個年代囊括了第二次世界大戰、核子時代的誕生還有嬰兒潮。這些年間出生的這一代，順勢搭上了強勢青年文化的風潮，強調個人的至高無上與青春永駐。負面的影響包括，嬰兒潮一直被烙印成：只顧自己，不願接受傳統的成人責任與無可避免的衰老。

檢驗現實的星座：獅子、天蠍、寶瓶、金牛

賦能的星座：射手、牡羊

具深度洞見的星座：天秤、雙子

♍ 行運冥王星在處女（一九五六—一九七二年）

這些年見到了：中產階段的崛起、適合勞工的良好條件、針對老人和窮人擬定的社會計畫、努力修正遲遲不消失的種族不平等、開始覺察到環境課題。然而，災難性的越戰、世代之間的文化隔閡、對政府的幻滅，也都對這個世代造成深遠的影響。

檢驗現實的星座：處女、射手、雙魚、雙子

賦能的星座：魔羯、金牛

具深度洞見的星座：天蠍、巨蟹

♎ 行運冥王星在天秤（一九七一—一九八四年）

定義這個行運的是：為衝突（包括戰爭、政治醜聞、逐步擴大的兩性平等之戰）協商公平公正的決議所帶來的挑戰。離婚愈來愈普遍，影響整個世代的兒童都將離婚視為幾乎是不可避免的。代表權力的冥王星來到金星統治守護且與女性關係密切的天秤座，見到了英國選出第一位女性首相瑪格麗特・柴契爾，以及第一位女性太空人莎莉・萊德（Sally Ride）。

檢驗現實的星座：天秤、魔羯、牡羊、巨蟹

賦能的星座：寶瓶、雙子

具深度洞見的星座：射手、獅子

♏ 行運冥王星在天蠍（一九八三—一九九五年）

愛滋病在一九八〇年代初期進入主流意識，為一九七〇年代末期的「自由戀愛」年代劃下了可怕的標點符號。在此之前，性愛從不曾攜帶如此的死亡宣判。在性慾、墮胎、宗教議題上分裂美國人的文化戰爭浮現。錄影帶與有線電視將之前的禁忌主題帶給更廣大的觀眾。

檢驗現實的星座：天蠍、寶瓶、金牛、獅子

賦能的星座：雙魚、巨蟹

具深度洞見的星座：魔羯、處女

♐ 行運冥王星在射手（一九九五—二〇〇八年）

射手是全球旅遊的星座，而這個行運的特色是網際網路的爆發和普遍，那改變了我們對世界和自己所處位置的看法。維護隱私變成了一大挑戰。射手也主宰信念。這個行運還見到了：宗教狂熱的崛起、不信任非我族類之人、政見不同的團體各走極端。

檢驗現實的星座：射手、雙魚、雙子、處女

賦能的星座：牡羊、獅子

具深度洞見的星座：寶瓶、天秤

♑ 行運冥王星在魔羯（二〇〇八—二〇二四年）

撰寫本書時，正值冥王星進入魔羯座六年，魔羯代表政府和大型企業，而且這個行運的故事仍在進行中。目前為止，這個行運的特色是：破壞性的金融崩潰、政府的祕密和間諜活動曝光、美國最高法院決定將無限制政治選舉資助的權利——授予法人以及大眾普遍不信任政府和大公司。

檢驗現實的星座：魔羯、牡羊、巨蟹、天秤

賦能的星座：金牛、處女

具深度洞見的星座：雙魚、天蠍

♒ 行運冥王星在寶瓶（一七七八—一七九八年；二〇二三—二〇四四年）

上一次冥王星過境寶瓶座遇上了美國獨立戰爭和建立共和政體，那個年代結束於法國大革命。下一次冥王星過境寶瓶座，看來可能同樣會出現國家的叛亂與變遷。在冥王星過境魔羯座之後，似乎注定要拆解當時的社會結構，這將是重新改造社會和國家的時候。

檢驗現實的星座：寶瓶、金牛、獅子、天蠍

賦能的星座：雙子、天秤

具深度洞見的星座：牡羊、射手

♓ 行運冥王星在雙魚（一七九七—一八二三年；二〇四三—二〇六八年）

冥王星上一次在十九世紀的前四分之一過境雙魚座，見到了拿破崙戰爭以及大英帝國和俄羅斯帝國的崛起、大規模遷移、科學和運輸的重大進展。雙魚是與移民和少數族群相關的星座，所以很可能是另一次全球人口大移動將會發生在冥王星過境雙魚座之時，有可能是因為氣候變化、疾病或污染造成的後果。

檢驗現實的星座：雙魚、雙子、處女、射手

賦能的星座：巨蟹、天蠍

具深度洞見的星座：金牛、魔羯

善用冥王星的週期

冥王星週期的特色是覺知到現實並接受現實。這方面的催化劑因人而異，但可能與失落、疾病、情緒煎熬或社會範型的戲劇性轉變有關。

冥王星擁有令人敬畏的聲譽，而且當之無愧。回顧你這一生最具戲劇性的里程碑，你將會發現，冥王星就在附近。並不是每一個冥王星行運都會帶來災難；有時候，冥王星造訪時，還有可觀的紅利。但如果與本命行星形成的相位不佳，那麼老實說，這類行運可能是你一生中最具挑戰性的行運。

因為冥王星花費好長的時間才完成一圈黃道之旅，所以你這一生並不會經驗到完整的冥王星週期。不過，你可以合理地期待得以經驗到——行運冥王星與本命冥王星形成六分相、四分相、三分相，或許還有對分相。冥王星在某些星座逗留的時間長許多（在巨蟹座待二十七年），有些星座較短（在天蠍座還好只待十二年），因此，你擁有這些行運相位的年紀，將與同在幾年內出生的其他人相同，但可能與其他世代的人截然不同。

行運冥王星與本命冥王星六分相

年齡：大約二十五歲

如果你願意下點工夫，行運冥王星與本命冥王星六分相可以提供機會。假使不願意，那麼這些行運恐怕是失落的幾年，而這時的你，還經得起有點鬱悶以及否認自己正逐漸老去的事實。那個選項會在幾年後你的土星回歸啟動時消失。不過，假使你願意下工夫（而在這個年紀，通常包括不忍受他人的惡劣對待），那麼在距離現在大約十年後的冥王星四分相時，你將會處在更好的位置，感覺得以掌控自己的人生。

行運冥王星與本命冥王星四分相

年齡：大約介於三十五至四十五歲之間

這是在中年的戰場射出第一砲。有時存在著具破壞性的外在事件帶來危機，並讓人高度覺知到難免一死——某位長者的死亡、某段婚姻的終結、某場嚴重的疾病、某個孩子離家。對有些人來說，冥王星四分相就像陰暗、潮濕的霧氣滾滾而來，耗盡生命的色彩與能量。很難下床；一切似乎毫無意義，乏味的抑鬱凝結。在冥王星四分相時，我們冷眼看待年輕時的夢想、理想和野心，判定自己是傻瓜，才會認為這些具有任何意義。這是嚴峻、困難的通過儀式，往往導致當事人做出蠢事，好對自己證明還活在世上。

最後，這個行運過了，雲朵散開，太陽再次開始照耀，但榴彈穿過的地方始終還是有些傷疤。

行運冥王星與本命冥王星三分相

年齡：五十出頭

你處在個人權力的高峰。假使你已在支持真我的誠實生活、事業、關係中，找到了自己的定位，在這個行運期間，你將會打動世人，感覺得到尊重和讚賞。

話說回來，假使你設法壓制占星學上的中年危機噪音，那麼這個行運非常可能是使你跪地求饒的行運。這個四分相不是隱微不顯的，假使你非常剛強、十分固執，很可能有辦法堅定原則、度過暴風雨的考驗。但三分相是悄然降臨的。嘲笑你變老的生日卡片其實帶了刺。你被已然失去的一切和擦肩而過的所有機會糾纏著。

只有一個方法可以擺脫這個處境：臣服。要讓自己被改變。你的生命尚未結束，假使你可以讓自己活得更誠實而真心，那麼剩下的歲月將會更值得活下去。

行運冥王星與本命冥王星對分相

因為冥王星的軌道飄忽不定，所以不是每一個人都長壽到足以看見行運冥王星與本命冥王星對分相。然而，假使你真的活到這把年紀，應該八十多歲了，而這可是個強而有力的行運。你不再有什麼可隱藏，對自己，你毫不虛偽，你的生命澈底誠實。你面對著難免一死，但不害怕，因為最嚇人的不是世間向我們投擲過來或從我們這裡取走的東西，而是我們試圖隱瞞自己的事物。在你人生的這個時間點，你無所隱瞞，因此也無所畏懼。

行運冥王星與本命行星及四角的相位

所有行運行星中，冥王星的移動速度最慢，有幾年它的淨移動其實是負一或負二度。假使冥王星與你星盤中的某顆行星或四角之一形成主要的行運相位，那就要找到與其和平共處的方法，因為它將逗留好長一段時間，在接近相位容許度的範圍內耗上幾年。

冥王星見到本命行星的合相、四分相、對分相、補十二分相，這些時候很難見到隧道盡頭的光。你感覺猶如上鉤的魚，扭動著，摔打著，毫無逃脫的希望。同樣的情況也可能發生在冥王星的行運三分相和六分相時，但這些行運也可能帶來某種感受，讓你有機會更深度理解自己和你的動機，或許還有你被賦予的權能。

這在很大程度上取決於本命冥王星與本命行星之間的相位關係。舉例來說，假使你有本命太陽與本命冥王星四分相，那麼行運冥王星與本命太陽的相位，通常將會引發更加強烈的反應。

行運冥王星與本命太陽的相位

我們看見冥王星沿黃道而下，朝我們緩緩而來，它的壞名聲令我們懼怕。有時候，困難的冥王星行運與你生命中困難的外在事件聚合；這類情形最常發生在冥王星接近你出生圖中的四角之一時，或是與四角形成困難相位時。往往，冥王星是在比較安靜、比較心理的層面上被經驗到。當冥王星與本命太陽連結時，感覺上可能像是你人生電視上的色彩和對比被調低了。可能很難覺得非常投入，難以找到意義或人生目的。

我們將抑鬱與土星聯想在一起，但我把土星想成處在痛苦的狀態；而抑鬱則是：麻木感覺。小小的灼傷，疼痛難耐，刺痛好幾天。威脅生命的深度灼傷可能不會造成任何覺受，因為所有神經全死了。冥王星帶給我們的就是這一類灼燒。

因為我本身是木星型人，因此，總以為針對每一個行運，宇宙都有些什麼要賜給我們，而不是只讓我們飽受煎熬。以冥王星的行運來說，這是讓我們擺脫虛偽的良機，這是機會，可以甩脫不再需要的一切。當冥王星與太陽連結時，死去、不再適用的自我被焚毀了。放掉廢棄物其實是淨化；無所隱瞞便是賦能培力。

行運冥王星與本命月亮的相位

「月亮」在占星學中是安全保障的簡寫，一個可以喚起如下圖像的詞彙：老婦人舒服地躺在搖椅中，大腿上蓋著編織毛毯，貓咪在腳邊打盹。假使你年紀輕輕、愛冒險，甚至有點輕率魯莽，那麼安全保障對你來說恐怕無足輕重。

讓我重新界定月亮的概念，以其象徵你所倚賴的人事物。即使當你大膽地闖蕩人生，活出自我，你還是有所依侍的。可能是愛你的家人等著你回家、銀行裡的存款，或是生理和心理的健康。或許你從不曾受到嚴重的威脅，總是有安全的家或真正的朋友。

直到我們失去自己向來倚賴的某物或某人，才可能明白，是什麼一路支撐著我們。在《亂世佳人》（*Gone with the Wind*）中，甚至凶悍的郝思嘉也發現到，她最仇恨的敵人其實就是她最親愛的朋友兼支持者。不過，直到這名女子❶在病榻前彌留，理所當然地認為，郝思嘉就是她（韓美蘭）的力量來源，這時，郝思嘉才幡然醒悟。

冥王星行運見到本命月亮可以奪走你所倚賴的某樣東西，而且這是永久的失落（那是挺嚇人的景象）。有時候，這份失落可能使你對生命與人性的信心起疑。你可能失去一個人、一個地方、一樣東西甚至是你的匿名隱私權，因為有些人可能因這個行運而聲名大噪。不論你失去什麼，挑戰都在於：運用剩下的去重建堅強、真實的人生。

行運冥王星與本命水星的相位

水星象徵我們的想法和溝通方式，以及如何界定發生在自己身上的事情。冥王星見到水星的行運相位，可能影響我們以最糟的條件看待自己的人生。

我的樂觀面想要鼓勵讀者抱持正向思維，如此，你才能創造比較振奮人心的實相，但這就忽略了冥王星行運的必要性，因為那猶如一場森林大火，對更新森林的成長而言，無可避免。

所以，我反而會這麼說：多年來，你一直告訴自己關於自己和他人的許多事，全都是錯誤的，要麼一開始就出錯，要麼久而久之出錯了。有一段時間，當冥王星行運遇見到水星時，你將無法隱瞞這些真相。

譯注❶：《亂世佳人》中的韓美蘭。

我發現，不斷重複、引人入勝的健康活動是這些行運的最佳出口。編織、拼圖、跑步，若非如此，冥王星的執迷特性可能會帶來不健康的追求、偏執、成癮。

行運冥王星與本命金星的相位

幾年前，行運冥王星與我的本命金星形成對分相。當時已熟悉一連串冥王星行運的我，焦慮地看著這個行運降臨，認定我將會失去所有的金錢，或者，老公會與比我年紀小一半的對象私奔。

結果反倒是，我的營業收入大幅增加，而且著迷地愛上了所有粉紅色（與金星相關的色彩）的東西。我的婚姻一帆風順。總的來說，那是個相當美好的行運。

金星是金牛座與天秤座的守護星，代表人生的享樂和歡愉，以及我們與其他人的連結。冥王星是天蠍座的守護星，象徵人生無常的知識，以及那部分的人生正在學習如何斷離我們已然失去的。當這兩個符號碰撞時，挑戰在於如何調和兩者截然不同的信息：該如何熱愛生命和他人，即使我們知道人生無常，一定會變，以及該如何讓自己在悲痛失落之時，不喪失對人生美好面向的讚賞。

你可能發現自己在財務上備受挑戰。金星主宰我們所看重的事物，以及我們為了感到有保障而蒐集到自身周圍的事物。在這個腳本中，冥王星鼓勵我們將自己的安全感和價值感，與財產和美貌及財富之類的東西分隔開；有時則讓我們經驗到財務上的打擊，例如，事業挫折、財產損失或是沒有結果的投資，藉此達到這個目的。

當然，你可能會發現，你在男女關係中備受挑戰。當親近的人變了，這代表什麼——我們仍持有能與對方保持關係的合約嗎？關係的失去意謂著我們比較無價值、比較不可愛嗎？發現某人有缺陷，容易出現可怕的行為，我們還能愛對方嗎？還是，發現自己容易虐待所愛的人，我們還能愛自己嗎？

行運冥王星與本命火星的相位

火星的功課是原始的求生功課。求生意謂著保護自己免於威脅，同時有自信與其他人競爭同一資源。當冥王星與火星相聚時，在你追求欲求的過程中，有可能變得冷酷無情。

然而，能量和野心假使沒有健康的出口，你可能會經驗到無能和信心不足的感覺。盤旋不去的問題是：你是否擁有成功所需要的條件？還是，就像本命行星與冥王星形成相位時經常發生的那樣，你會直接放棄？占星家唐娜．康寧漢（Donna Cunningham）說過，冥王星出現的地方，正是我們往往「因怨恨而失敗」的人生領域。有時候，放棄感覺像是重新取得掌控權的唯一方法。假使你的努力完全無法造就不同，很容易讓人直接拎起玩具回家——至少這時，你掌控了遊戲的結束方式。

這些行運時常帶來事業困境，通常與職涯轉換或是使職場難以容忍的棘手老闆有關。火星也主宰你生命中的男性，因此，伴侶、父親或其他重要的男性，可能會遭逢信心危機或事業挫折。

冥王星的行運一如既往，傳達的訊息與你個人權能的極限有關。不論火星多麼的努力奮戰、你多麼的暴跳如雷，或是多麼的賣力工作，有時就是會發生超乎掌控的事。在那些情境中，最要緊的是：你如何對付軟弱、憤怒和挫敗。

行運冥王星與本命木星的相位

這個行運可能使你的財富明顯提升。你可能會發現自己得到擁有更高薪水的新工作，或是居住在機會更廣泛的新地方。有時候，如果你曾經歷過特別艱難的時期，可能會發現自己深受宗教所吸引。

冥王是眾神中最富有的，因此，當他與眾神中最幸運的木星相聚時，你在財務方面會有大事發生。強大的力道結合，為你帶來財富。此外，這個行運不見得總是掙得財富。嫁入豪門、贏得樂透、在股票市場海撈一筆——行運冥王星見到木星不會刻意讓這些事發生，然而一旦它們真的發生，你將在現場看見冥王星／木星。

行運冥王星與本命土星的相位

你期待形式與架構指出道德方向和某種使命感，或是視之為成功的楷模，而行運冥王星與土星的相位教導你健康地懷疑這一切。很可能是，生命中的每一個權威（父母親或其他長者、老師、教會、政府）都已被發現是不完美的。也有可能是，某個高瞻的洞見，使你的視野超越了你營造人生的渺小架構，進而看見，不論別人多麼的睿智或有成就，都無法為你做決定——你必須將那種力量和權威保留給自己。

反之，假使你向來玩弄規矩，那麼現在很可能被識破。當冥王星與我的本命土星在八歲那年形成三分相時，我為了得到大量女童軍勛章而作弊（真諷刺啊）。我媽深諳我的個性，了解我不可能為了掙得那些勛章而完成所有必要的工作。她並沒有要我歸還那些勛章，而是親自監督我完成每一項要求。老實說，那是我最後一次為了達成目的而作弊。

土星代表你整個人生的倫理架構，你個人貢獻於維護社會與法治的那個部分。土星需要你成為真實而有價值的楷模。冥王星不可能讓你沒有盡力而為、沒有成為最優的你。假使它必須逼你崩潰，同時親自監督你掙得每一枚勛章，那它一定會照辦。社會仰賴的就是這點。

行運冥王星與本命天王星的相位

現在，你八成理解到，冥王星可能是個累贅。它要我們相信，沒什麼值得做，全都毫無意義。我們不過是存在無情宇宙中的虛空。然而，冥王星與天王星四分相傳達的訊息尤其討厭：「你不如好好完成手中的事，放棄嘗試不一樣的作為。這是你的人生，你擺脫不了的。」

如果你能忽略冥王星令人喪氣的訊息，那麼還有銀白的邊緣襯著這片陰暗的冥王星雲。冥王星行運指出龐大規模和社會層次的變化，而天王星則是真正讚賞改變的行星。假使你願意不僅反叛當時的權勢，而且反叛你是誰的概念、你認為自己的人生會變成什麼樣的想法，以及你有能力成就什麼，那麼在這個行運期間，你將擁有人生最令人驚歎的契機。將你最創新的天賦，借給比你自己更大的某個原由，然後冥王星將會把你安置在一個頗具影響力的位置上。

行運冥王星與本命海王星的相位

海王星可說是幻相的行星，或是幻滅的行星。但冥王星一如既往，同樣能夠培力賦能。關鍵在於：熱情地將自己托付給你的夢想。行運冥王星與本命海王星的相位尤其適合靈修、玄學、藝術的追求，但我也認識不少人曾在這些行運期間，在自己夢想的事業上經驗到意義非凡的成功。

當冥王星行運見到海王星時，你可能領悟到某個珍貴的夢想，或是更痛心地覺察到這些夢想尚未成真。然而，這些行運的承諾是：發現哪些夢想真正是你的，哪些是他人或社會教導你的。冥王星並不堅持你的夢想必須實際可行，只是堅持夢想務必坦誠而真實。

行運冥王星與本命冥王星的相位

這些行運是里程碑，標示你這一生冥王星的演化行程。要尋找幫助你發展更真誠且接受你的掌控權有所極限的事件、人物和環境（如需更多資訊，請見前頁「善用冥王星的週期」）。

行運冥王星與本命月交點的相位

在這些行運期間失足，似乎肇因於緊緊抓住看似唯一的選項，即使有一部分的你在內心深處知道，這對你來說是不對的。月亮交點代表一條通向不但有益且適合你的途徑，而行運冥王星在此，可以使你脫離糟糕的親密關係、不好的工作或是看似美好但終將失望的就業機會。

緊抓不放來自於恐懼和需要感覺掌控一切。一旦理解到這點，你就更有可能有能力修正方向，做出更好的決定。釋放自己的恐懼心態，同時接受自己做出的錯誤決定，且不因此懲罰自己，這將會幫助你回歸正軌，然後帶著更大的自知之明向前邁進。

行運冥王星與本命上昇點的相位

從出生開始，我們就採納、發明、精煉一連串用來與人間互動的求生技巧，然後將這套技巧稱為「人格」。人格不見得是虛假的，但並沒有揭露你的全面性格。人格是，鑒於接受過的特殊教養和環境，你學到了如何魅惑超市的收銀小姐，讓對方接受你的過期優惠券。

當行運冥王星與你的本命上昇點形成相位時，令人不安的事發生了。從前的錦囊妙計不再足以應付你的處境，可能基於種種原因，情勢突然間且不可逆轉地改變了。假使你向來外向，可能會變得小心翼翼；好人會變得齷齪下流；懦弱之人變得令人畏懼；大美女，突然間不那麼令人驚豔。撼動你的外在事件愈是戲劇化，同時你的人格愈少反映出你的真我，那麼人格的變化就會益發誇張。你需要新型武器，需要新的身分，需要丟棄錦囊妙計和符咒魔法，行為表現一如內在真實的你。

行運與上昇點形成相位，也就與下降點形成相位。冥王星在此可能意謂著，你的戀情狀況有變化、涉及配偶或夥伴的重大變遷，或是加深或斷絕與摯友的連繫。

行運冥王星與本命天頂的相位

年紀愈大，修習占星學愈久，我愈尊重命運。並不是說，我相信你對自己的最終歸宿或抵達終點的方法無從置喙，而是我真的愈來愈感覺到，正如有一個你開始之處，也有一個你前往的地方。天頂強力指出那個命運的性質：當你抵達時，它看起來會是什麼模樣？促使你抵達那裡的特徵是什麼？

當行運冥王星與你的天頂形成相位時，命運召喚了。有時候，它帶著拆屋毀牆的大鐵球現身。關於你的命運應該是什麼樣，冥王星有非常具體的想法，而且如果你的事業、聲望、為自己建構的立足點，與冥王星的想法不一致，它們就會崩落。

行運與你的天頂形成相位，也就與你的天底（四宮宮首）形成相位。冥王星與這個軸線形成相位，往往促成重大的舉措、住家大翻修，或是與家庭成員相關的重要轉折。

第八章

水星、金星、火星來了

行星的觸發器

水星、金星、火星的行運，落在如史詩般改變人生的大亨（由木星、土星、天王星、海王星、冥王星等大型行星構成）行運，以及太陽和月亮稍縱即逝的熟悉週期之間。這三顆行星快速通過黃道帶；最慢的火星也只花費兩年半時間。因此，這些行運並不代表你一生中重大而持久的改變。不過，它們可以且的確擔任觸發器的角色，引爆慢速的行星行運滴答倒數的定時炸彈。

同樣在一或兩年內出生的人，木星、土星、天王星、海王星、冥王星多半與你落入相同的星座，但水星、金星、火星移動快速，快到本週與下週的狀況便截然不同。比你晚一個月出生的學校同學，可能這三顆行星都落在跟你不同的星座，也與其他行星形成不同的相位。因此，分析出生圖時，這三顆行星就變得非常重要。

但他們的行運飛快流逝，導致占星學家解讀你的星盤時，幾乎絕少提及。也因此，這三顆行星全納入本章一起講述。它們絕非不重要，但它們行運的作用，多數時候是擔任催化劑，觸發其他移動較為緩慢的行星。

水星的行運：邂逅與溝通

行星檔案：水星

繞行太陽一周所需時間：八十八天
過境每一黃道星座所需時間：差不多三週
行運相位的持續時間：大約兩天
最強旺星座：雙子、處女、寶瓶
居其間必須更加努力的星座：射手、雙魚、獅子
關鍵詞彙：思考、學習、技巧、點子、溝通、交談、感知、聆聽、八卦

我家車道尾端的那個玫瑰叢其實是一張報紙。我知道這點是因為，每次某鄰居牽著狗經過，那隻雜種狗便忍不住停下來，嗅一嗅。我敢說，如果狗兒會說話，那隻狗恐怕會絮絮叨叨地說上半小時，大談牠從那個玫瑰叢中叼出來的每一樣東西。

晨間散步時，我注意到非正式的超小型圖書館一個個冒出來，位置就在我家附近各家住戶前院的小巧鳥籠型盒子內。你可以從中取走一本書或留下一本書，或是在「圖書館長」留在那裡的一本筆記簿內信手寫下友善的訊息。

我注意到，附近一間房子堆積著泛黃的報紙，前門廊上蒼蠅飛舞。這位鄰居不在家嗎？生病了？還是漠不關心？往前隔幾戶，另一間住家剛剛油漆過。難道屋主準備賣房子？

世界始終在與我們對話，日復一日。就連安靜地在住家附近走一圈，也是一種與環境交談。你注意到某些事物；到處都有線索和徵兆。在最簡單、看似不變的日常生活細節當中，存在著令觀察者興致盎然的細微變化。

水星是感知的行星。在水星過境星盤之處，你是好奇的、清醒的，注意著平時不會注意到的事物，你想要學習更多。

僅止於此。水星行運相當於將某個有趣的網站加入書籤，方便在事後不那麼忙碌時，可以回頭查找，仔細查看。就像〈好奇猴喬治〉（*Curious George*）[1]，水星想要刺激和新的體驗。所以，就讓它引導你，同時好好關注它展現給你看到的一切。

如何善用水星的行運

水星過境移動快速，黃道的每一個星座都只需要幾週時間便呼嘯而過（逆行除外，逆行每年出現三次，一次持續幾週）。行運水星見到本命行星的相位移動快速，只影響兩、三天時間。

行運水星過境各星座

♈ 行運水星在牡羊

印象的形成非常快速，通常並不完整。談到書面交流，比平時更甚的是，沒人想讀幾行以上的文字。你必須一小塊一小塊地用湯匙將資訊灌輸給大眾。從好處想，這個行運非常適合處理需要快速決定的情境。假使你平時不喜歡衝突，那麼在這個行運期間，要你說出心中的想法會比較容易些。

♉ 行運水星在金牛

你很慢才注意到某些事物，但不論是什麼，只要引起你的興趣，你便密切關注。控制得當的緩慢傳達方式，幫助他人充分了解你說的話。這是好時機，可以分析需要耐心和韌性的問題，也可以規劃財務計畫與策略。對聲音、嗅覺、觸覺，你可能比平時更敏感。

譯注❶：美國艾美獎最佳兒童動畫節目。

♊ 行運水星在雙子

這是水星最強旺的星座之一，而且生活的節奏似乎在這幾週期間加快了。有好多令人分心的事物啊！假使你喜歡一次關注和完成一項任務，再移到下一項任務，那麼這個行運對你來說可能相當洩氣。然而，這卻是個適合腦力激盪的絕佳行運。奇思妙想到處漂浮，你唯一的問題將是：找到方法，緊緊抓住所有的點子。

♋ 行運水星在巨蟹

這個行運適合改善記憶力、找到陳述你的感覺的語言、在情緒層面與他人溝通。這也可能是憂鬱的行運，一閒下來，思鄉之情便盤據心頭。這不是個適合平心靜氣溝通的行運；要麼你的表現超出原本打算表達的情感，要麼對他人所言產生強烈的情緒反彈。這是個適合調查過去的好行運，尤其適合研究家譜。

♌ 行運水星在獅子

有一則老笑話說，有一個自我主義者，多年來在朋友耳邊絮絮叨叨，終於，他停下來，說道：「談我談夠了，談談你吧。『你』認為我怎麼樣？」這段敘述非常貼切地總結了水星獅子（包括出生圖和行運）！水星就像報社記者，在比較客觀的時候效果最好；不過，水星獅子是完全主觀的：「『我』怎麼想？」只要請水星獅子談論他自己，他勢必心醉神迷。有創造力的衝動也被喚醒了，不過這個行運比較適合腦力激盪出有創意的點子，不適合真正與這類獅子合作。

♍ 行運水星在處女

假使處女座有缺陷（我並不準備承認這是處女的缺陷），那就是偏愛批判偏愛到不健康的程度。對凡人來說，完美是不合理的標準，除非我們決定單純地藉由萬物的如是本然，將一切視為完美。當水星在處女座時（另一個水星最強旺的星座），感知力是敏銳的，才智是非凡的，但可能缺乏悲憫和圓滑。水星在處女座的時候，適合把時間花在孤獨地追求需要大量關注和技藝的事物。

♎ 行運水星在天秤

這是水星比較宜人的行運之一，因為天秤座帶來優雅、平衡、互動得體的品質。但天秤對平衡的渴望也可能導致好爭辯。假使你說「不」，對方就會說「是」，諸如此類。這不是個適合獨斷或果決的強旺行運，但非常適合協商，適合處理膠著的人際情況，也適合說服他人以你的角度看事情。

♏ 行運水星在天蠍

水星天蠍是無情的，它以濕版攝影（tintype photo）[1]冷酷呈現細節的方式看待一切。這個行運可以令多數人變得有點粗鄙；你傳達資訊的方式可能有點直率，因此，此時最適合處理恰恰需要以此方法解決的事物，例如，面對曾經傷害你的人。此外，這也是寫作的大好行運，因為此時適合深度反思與同理。基於類似的理由，這是個在治療上有所突破的好行運。

♐ 行運水星在射手

在行運水星離開天蠍座、前往射手座之際，我們仍舊看見事物的本來面貌，但更容易一笑置之。水星來到喜歡聚焦大局和意義的射手座，被認為有點不利，因為水星十分熱衷於蒐集細節和資料。不管怎樣，這是個適合廣泛博覽或進行長期策略思考的好行運。此外，利用這個行運質疑自己的信念、追求高等教育、教導他人，也會收到預期的效果。

♑ 行運水星在魔羯

水星造訪魔羯座，說不上壞；兩者都偏愛沉著而平心靜氣的方法。水星透露了攀登雄心壯志的高山必須好好管理的細節，而那是魔羯一心嚮往的目標。假使你需要開發實用技巧，才能朝某個目標進階，那麼這是個可以開始著手的行運。如果你經常讓情緒遮蔽你的理性思維，那麼這個行運將會幫助你區別思想和感覺，讓你能夠做出切實可行的決定。

♒ 行運水星在寶瓶

水瓶座代表科學探究、科技的錯綜複雜、長程規劃，水星來到寶瓶，真是如魚得水。現在要好好草擬你的未來計畫。如果你需要記錄工作流程，現在正是時候。精通新科技在此時也比較容易。然而，如果需要與你愛的某人推心置腹，那就算了吧。等個幾週，等水星進入雙魚！

♓ 行運水星在雙魚

水星行經平心靜氣的星座至少一個半月，然後，我們準備好，讓行運水星進入敏感、悲天憫人、具想像力的雙魚座。現在，時候到了，該要彌補先前被你往後遞延的所有微妙話題，補足之前沒睡飽的覺，還有你的藝術計畫、音樂、詩作。對水星來說，雙魚是挑戰性十足的星座，因為水星是邏輯的，而雙魚是直覺的，由夢想、願景、幻覺所引導。從好處想，如果你想用詩意的方式表達某個理念，或是需要處理敏感的事物和對話，這就是適合你的行運。

編注❶：是一種古老的攝影方法，盛行於十九世紀。

行運水星與本命行星的相位

行運水星與本命太陽的相位

你不應該無時無刻想著自己、談論自己；從壞處想，那是自戀，從好處看，也只是引來澈底的反感。但總有自覺彆扭的時候，需要想想自己，然後詢問他人對你處理事情的方法有何看法，而這個相位就是這種時候。四分相或對分相可能意謂著自我檢視是有些令人擔憂的；三分相或六分相可以為你帶來意想不到的贊同。合相有些危險，因為你不可能客觀地看待自己。

行運水星與本命月亮的相位

要在這個行運期間質疑自己的無意識。假使你想要打破習性，這是個好行運，尤其是行運四分相或對分相時。這個行運很容易在不被情緒淹沒的情況下談論你的感覺。

行運水星與本命水星的相位

行運水星與本命水星的四分相或對分相，挑戰你看待或談論世界的方式。其他觀點都是健康的！合相（水星回歸）是新週期的開始，讓人感知、學習並用言語表述周遭的一切。三分相和六分相帶來支持你的世界觀的訊息輸入，以及愉悅而提振人心的對話。

行運水星與本命金星的相位

我們並不是每次都可以得到心中想要的，往往，這是因為不真正明白自己的欲求。行運水星與本命金星的相位幫助我們釐清這點，要麼透過淘汰的過程（四分相和對分相：「我不想要那個啦！」），要麼透過讓我們看見使自己欣喜的事情、人物、構想或情境。

行運水星與本命火星的相位

要謹慎，就連「輕易」的相位（三分相和六分相）也可能為你帶來一或兩天爭執、對立的溝通。這個行運是說出想法的好時機，但當你被情緒所淹沒時，可能引發爭執，激起無法收回的刻薄言辭。要利用這幾天質疑你的憤怒並從中學習。

行運水星與本命木星的相位

這個行運可能很好玩，但也可能引領你去篩選事實（水星），以此支持你已相信的真理（木星）。不過，這比較不可能發生在四分相或對分相的時候。更積極的面向是，你有機會在這兩、三天精確地說出自己的信念和未來的夢想——要拿起筆來，開始記下這些東西！

行運水星與本命土星的相位

土星的符號之一是熊，當他被好問的水星喚醒時，你很快就會明白為什麼。土星並不樂見自己的權威被質疑，在這個行運期間，你也抱持同樣的態度。此外，你可能接收到喚醒你的最大恐懼或使你感到沮喪的信息。但水星也賜給你機會，讓你更深入地理解自己的情緒、成熟、名聲，並為自己的行為和感覺負起責任。

行運水星與本命天王星的相位

天王星象徵你的叛逆面。當行運水星與天王星形成相位時，你可以針對那個叛逆發聲，叛逆的渴望可能首度延伸到你的意識心，或者，你可能接觸到某人、某本著作、某齣電影或其他催化劑，喚醒你自由和獨立的渴望。這個稍縱即逝的行運並不會讓你自由，但將會幫助你理解到，生命中有什麼需要加以改變。

行運水星與本命海王星的相位

假使你懂讀心術，會怎麼樣呢？當人們被問到最想要擁有哪一種超能力時，讀心術是個常被提到的幻想。在這個行運期間，你不會真的讀懂別人的心思，但直覺力卻比平時好上許多，而且更能感知到非語言的線索。這個行運非常適合將你的夢想和直覺化為他人可以欣賞的形式，尤其是透過音樂、攝影、繪畫或舞蹈。

行運水星與本命冥王星的相位

每一個人的內在都潛藏著陰暗、下流的衝動，那些是冥王星居住的地方。假使我們友善對待這些衝動，就能加以克服。當行運水星與本命冥王星形成相位時，我們在路上遇見一名這樣的巨怪。我們讀到的東西、與他人的談話，喚醒了某個醜陋的念頭；可能是嫉妒或是輕蔑，或是永遠不會實踐的非法構想。不要害怕這些念頭，它們只是水星的方法，向你介紹你心中的某個巨怪，好讓你與牠為友，然後牠將會失去對你的掌控力。

行運水星與本命北月交的相位

生命中有些東西你非常想要，但似乎是完全不可能實現。然而，伸手拿取這些的欲求卻使你感覺到超乎想像的快樂，即使你未必得到你的企求。月亮的北交點象徵這些欲望，當水星與北月交形成相位時，關於如何達成這些欲望的新資訊出現了。不經意的閒聊可以點燃伸手拿取銅鈴（成功機會）的陳年衝動。出手要快，機會稍縱即逝，你可以行動的日子就這麼兩、三天。

金星的行運：你喜歡的事物

行星檔案：金星

繞行太陽一周所需時間：二二四又半天
過境每一黃道星座所需時間：大約十八天
行運相位的持續時間：大約兩天
最強旺星座：金牛、天秤、雙魚
居其間必須更加努力的星座：天蠍、牡羊、處女
關鍵詞彙：愉悅、情愛、平衡、補足、恭維、夥伴、放縱、感官

幾乎每天晚上，老公和我都會出現一段多數夫妻熟悉的對話：「晚餐想吃什麼？」其中一個問。「不知道吔……你晚餐想吃什麼呢？」另一個回答。我們通常這樣來回幾次，然後定案。

為什麼搞清楚自己想吃什麼往往那麼困難呢？通常，我們知道什麼使我們感到安全而美好，什麼是熟悉的，但那是月亮的轄區，將在另一章討論。月亮具有無意識的特性，像是需要抓搔的

癢。金星的管轄範圍是全然隨意的欣喜，是我們樂於擁有但不見得真正需要的事物。月亮知道我們晚餐需要吃東西，否則會脾氣暴躁，但在外頭的某家好餐廳享用一頓特別的晚餐，則帶領我們進入金星的領地。你會選擇哪一個地方呢？是什麼使這地方顯得特別？可能甚至不是因為那裡的食物，可能是工作人員的服務態度、美好的氣氛或是與你共享晚餐的同伴。

金星喜愛訴諸感官的事物，那種美麗、可口或是聽起來優美、感覺上奇妙的東西。與喜歡的人的社交互動也可以找到極大的樂趣，這同樣是金星的領地。

當金星過境你的星盤時，她的代表們——人（尤其是女人）、金錢、藝術或其他美麗的事物——讓你看見你甚至不知道自己想要的欣喜。並不是所有禮物對我們都有好處，儘管禮物可能甘美，但那並不減損禮物帶給我們的愉悅。

如何善用金星的行運

當金星變換星座或進入星盤的另一個宮位（見第三部分）時，要好好關注。行運金星與本命行星的相位將在兩、三天內結束，因此，不要眷戀不捨。不管怎樣，比如說，你的出生圖中有金星與天王星的相位。關於這類相位，以及它對你的個人和財務生活造成的複雜結果，有許多可談。每當行運金星與本命金星和天王星形成某個相位，兩者之間令人雀躍的本命相位就被啟動了，此時，假使某顆移動比較緩慢的行星，碰巧同時與這些行星在行運上形成相位，那就好好觀賞煙火滿天飛的景象吧。

行運金星過境各星座

將黃道想成一處大型購物商場，每一星座代表一家不同的商店——體育用品（牡羊座）、美髮沙龍（天秤座）、那家香氣四溢但父母親不會讓小朋友溜進去的商店（天蠍座）。當金星逛著購物商場，進行幾近一年的採買工作時，她一次持續幾週對某一家特別的商店深感興趣。她會帶給你她在那裡發現的驚人物品，然後繼續轉向下一家商店。每一個金星都特別擅長發掘某些你一定喜愛的寶藏（以及社交機會）。

♈ 行運金星在牡羊

在我們的商場中，牡羊可能是理髮廳、體育用品店、停車場、運動酒吧，或者只是一個總是號稱玩具最新穎、最快速的地方（上一次金星牡羊，她帶我去買了我十四年來的第一輛新車。我愛死了那輛車）。要事先好好研究，因為金星牡羊偏愛衝動購物。

社交方面，金星牡羊偏好步調快速的短期活動。浪漫戀情一觸即發，但八成會以幾乎同樣快的速度熄滅。對金星牡羊而言，悸動來自於追逐。

♉ 行運金星在金牛

金牛座可能是珠寶店、香水店、水療中心、音樂行或是美食特產市集。金星在此可能有點揮霍，因為她偏愛質優耐用的商品。金牛季的社交活動八成集中於在舒適的環境中血拼、種植花木、享用美食、寵愛自己或放鬆身心。

♊ 行運金星在雙子

金星雙子抗拒不了書店、百貨公司、手工藝品店、辦公用品店、賀卡店或文具店。吸引你目光的每一樣東西，你至少買兩件，就這樣備妥了一整年的用品。

金星雙子通常相當善於交際。假使你每年只規劃一或兩場派對，可將其中一場聚會安排在金星在雙子座的晚春時節。不妨買下你現在打算在未來一整年送出的所有賀卡，包括生日、週年紀念、結婚、畢業等。

♋ 行運金星在巨蟹

這是為住家採買物品的全年最佳時機。突然間，你知道吸引你的那張沙發、適用的鍋碗瓢盆、完美的花園擺設。也可嘗試新配方，尤其是原料昂貴的食譜。

巨蟹是宅男宅女的星座，因此，金星過境這裡是在家娛樂的好時機。將賓客名單局限在非常親近且不會給你帶來過大壓力的朋友和家人。宴請你喜歡的人；為住家買些美麗的物品。

♌ 行運金星在獅子

當金星在獅子座時，她想要魅力、奢華、興奮刺激。她會避開倉儲式商店；那類商店令她消沉沮喪，所以，要趁金星還在巨蟹座的時候，好好逛一逛好市多。金星獅子不僅想要購買難以置信的好東西，而且想要擁有迷人美好的購物「經驗」。

這是適合大宗、刺激、性感購物的行運。不妨闊氣地照原價買下讓你覺得像國王或皇后的名牌商品。本月最具吸引力的社交機會，需要時髦講究的衣飾加上美髮沙龍的巧手裝扮。趁金星在節儉的巨蟹座時，將娛樂費用好好省下來，如此，當金星在獅子座期間，才會有更多金錢可以花用。假使實在湊不出那麼多現金，就抽身離開拼字或紙牌遊戲吧；金星獅子就是愛玩遊戲啊！

♍ 行運金星在處女

最簡單的事便可取悅處女座的金星：食品貯藏室的日常必需品、幫助你整理櫥櫃的架子、適合家庭辦公室的用品、條紋襪和內衣之類的必需品。形形色色的工具都是處女座的轄區，加上供你編織的一球球毛線，或是可以釀造精製啤酒的一個個大桶子。

處女座的理想社交活動是不經意的，可能在戶外，可能是大家各帶菜餚彼此分享的共享餐，而且以某種具生產力、可共享的活動為特色。健行、野餐、編織，或是糾集許多朋友幫你建造某樣東西或煮一頓大餐，都可能比平時更有吸引力。

♎ 行運金星在天秤

假使某物典雅、悅耳、怡人或優美，金星天秤就想獲得。買些沒必要但特殊的東西，讓生命值得活下去。藝術品、精緻的水晶或瓷器、一張美麗的椅子、藝術展或音樂會的入場券、高級服裝和配件——當金星在天秤座時，所有這一切似乎都像是花錢的絕佳方法。

天秤是十二星座中屬一屬二的社交高手，但對於好時光的構成條件，卻有非常特別的想法。當金星在天秤座的時候，你對粗鄙的行為、粗俗的言語或是粗魯的舉止，幾乎沒有容忍度，所以，據此要領選擇同伴吧。

♏ 行運金星在天蠍

這個月，你八成會被某一特定類型的人經過會有些顫抖的商店所吸引。販賣神奇藥水的地方、刺青店、「成人」娛樂用品店，似乎都顯得更誘人些。此外，凡是針對你的特定癖好經營的商店，不論是書店、鞋店或其他，當金星在天蠍座時，全都矗立眼前等著向你收取大把金錢。

社交上，金星天蠍適合獨處或與非常親近的朋友相聚，不然就是加入將你的舒適圈推至極限的大眾與活動。金星天蠍絕對沒有模稜兩可的中間地帶。

♐ 行運金星在射手

金星射手貪婪地啃噬書本、強烈地渴望旅遊、樂於見到來自世界另一部分的東西。假使沒錢買書，就將書架的灰塵撣掉，整理一下，或是重新發現曾經下載什麼到你的電子書閱讀器中。如果無法旅行，這至少是個絕佳時機，可以決定你真正樂於造訪的目的地，然後擬定實現這趟旅行的計畫。走一趟進口商店，或是住家附近具有民族特色的食品店。

金星在射手座，標示可以享受戶外活動和各類運動的時機。現在，凡是與眾不同、非比尋常的東西，都可能吸引你。平時是嘻哈迷，難道現在該聆聽交響樂嗎？當然是！通常偏愛反思內省的外國片，難道現在該去觀賞最近上映的英雄動作巨片嗎？金星射手會反問你：「何妨？」

♑ 行運金星在魔羯

與其說金星魔羯是購物狂，倒不如說他是投資家。本月，你更可能重新審查你的投資組合、重新轉貸，或是將金錢投入自己的事業，而非縱情於瘋狂購物。要運作你的資產去產生其他小資產（這並不是說，你不會被古董店所引誘。喂，古董可是投資耶）。

這不是個從頭到尾交際不斷的季節，但卻是個與同事親切交談並實踐家庭職責的好時機。花時間陪伴長輩或指導小輩，對所有相關人等都將是愉快而有回報的。

♒ 行運金星在寶瓶

一直想要一臺新電腦或智慧型手機嗎？機會來了。想要辦個大型派對，邀請所有朋友蒞臨嗎？這個月好好執行吧。或者，如果你正設法撙節開支、清除債務、增加儲蓄，如此才能最終買回自由身（退休），那麼這個行運將會助你一臂之力。長期財務規劃就是善用金星在寶瓶座的能量。

♓ 行運金星在雙魚

金星雙魚發現，最新的時尚、趨勢、玩具幾乎難以抗拒，因此，如果你需要存錢，就讓信用卡凍結幾週吧！改而聚焦於享受此地此時。讓生命中的人們知道，你多麼關心他們。做些捐贈，捐給你最愛的慈善機關。要在大自然中找到樂趣，尤其是坐在水邊。製作音樂或是與朋友一起看場電影。人生最美好的事其實是免費的，抱持如此想法的星座少之又少，而雙魚就是其中之一。

行運金星與本命行星的相位

金星的行運與本命行星和四角之間的關係是稍縱即逝的，僅持續兩、三天。金星時常以人的形式出現，尤其是女人，代表你渴求或享受的某樣東西。在這些行運期間，當你看見某人非常自得其樂時，要關注一下；這是提醒你，即使在困難的時候，人生總是有些什麼值得享受。

行運金星與本命太陽的相位

假使你一直感覺被忽略、不被讚賞，這個行運應該有幾天撫慰靈魂的讚美之言安慰你，而且八成是金錢。

行運金星與本命月亮的相位

某鄰居帶來一株她家花園的美麗植物或一份美味的自製點心，或是說些好話，讚美你家。

行運金星與本命水星的相位

是否曾經有位朋友，你說的所有笑話他都大笑，而且認為你非常聰明、機智?當行運金星與本命水星形成相位時，就是這種感覺。四分相和對分相時，這位朋友因別人的笑話而大笑，於是你更用勁要得回他對你的關注。

行運金星與本命金星的相位

合相是金星回歸，為接下來幾近一年的金星週期定調。四分相和對分相使你懷疑自己的魅力，三分相和六分相使你覺得可愛討喜。

行運金星與本命火星的相位

具吸引力的某樣事物（或某人），要麼在性方面激發你，要麼喚醒你強烈的競爭衝動。金星可以化為金錢的形式，促使你更加努力。

行運金星與本命木星的相位

你對經驗新鮮事的渴望暫且被某個有吸引力的人、社交機會或藝術作品所喚醒。

行運金星與本命土星的相位

一句令人欣喜的讚美，或是某種浪漫情愫，使你的日子明亮生輝，使你感覺成功、受尊敬、被認可。

行運金星與本命天王星的相位

愉悅的社交邂逅為你帶來歸屬感。偶爾，你可能為了擁有渴望的某樣東西而想要離家。

行運金星與本命海王星的相位

有吸引力或令人嚮往的某樣東西，可能暫且激發你的想像力，使你認為自己沉浸在愛中，或是某件藝術品或某首音樂激發你的想像力。

行運金星與本命冥王星的相位

這是令冥后波西鳳（Persephone）[1]陷入麻煩的行運。波西鳳站在草坪中，看起來跟愛神維娜斯一樣迷人，她引來冥王的關注（正是冥王將她拉進陰曹地府）。這個行運期間，某樣可愛的東西喚醒你最不可愛的衝動。

行運金星與本命北月交的相位

你被美或愛所啟發，伸手拿取感覺上完全達不到的成就……然後發現，那個目標畢竟不是那麼的不可企及。

火星的行運：戰或逃

行星檔案：火星

繞行太陽一周所需時間：二十二個月

過境每一黃道星座所需時間：兩個月不到

行運相位的持續時間：大約一週

最強旺星座：牡羊、天蠍、魔羯
居其間必須更加努力的星座：巨蟹、天秤
關鍵詞彙：行動、主動性、能量、攻擊性、怒氣、競爭、勞動、性慾

保衛自我的需求，意義迥異，取決於你的本性和你居住的地方。我是個中產階級女子，住在宜人的南加州城市；我對自我防衛的需求，僅限於在超市排隊時防止別人插隊到我前面。然而，如果我是個年輕男子，住在四個街區以外不那麼繁榮的社區，我對自我防衛的看法可能大相逕庭。

每一個人都有自己的仗要打。有些戰役的確攸關生死，有些戰役是內在的掙扎，更有些是微不足道的怨懟，不值得耗費時間和精力。

所有這一切都是由火星所支配，當行運火星與你出生圖的某一部分接觸時，你被徵召投入戰鬥。那可能是一場保衛自己或別人的戰役，或者只是為自己征服你所欲求的某個領地（例如一份工作）。

編注❶：希臘神話中冥界的王后，主神宙斯和大地之神狄蜜特的女身。

行運火星過境各星座

或許因為我是在南加州的汽車文化中長大的，而且長久以來相信，從一個人開車的方式，你可以分辨出關於這人的一切。火星似乎與汽車有血緣關係，這讓一個人擁有自主權，可以想去哪裡、何時想去、想怎麼去。這是一種方便的比喻，讓人在火星以大約每星座兩個半月的速率過境黃道時，得以檢視火星咄咄逼人的「我優先」能量如何自我表達。

♈ 行運火星在牡羊

火星牡羊是在家，因此，這裡沒有模稜兩可：這位駕駛堅持優先，為凡事求快而活，拒絕讓任何人事物擋住去路。他是在高速公路上超車的那個傢伙、停車場中擊打你的座車的青少年、對你粗魯無禮的客服代表。

不過，火星牡羊會成為優秀的救護車或運輸服務駕駛。當一定需要某物盡可能快速而直接地抵達某地時，你會很高興有火星牡羊站在你這邊。

上路規則：如果有事需要迅速完成，有決定需要匆忙確實，或是有某樣你真正想要的東西，那麼這是完美的行運。

♉ 行運火星在金牛

火星金牛是在高速公路的快車道上只以時速五十英里駕車的傢伙。他緩慢而固執，拒絕讓步，而且可能令你澈底抓狂。

火星金牛會成為完美的豪華轎車司機；當人們想乘坐舒適而安全的交通工具時，火星金牛是大眾的最佳人選。

上路規則：金牛緩慢而穩定的做法，使得這個火星行運非常適合展開需要許多耐性和毅力才能完成的計畫。

♊ 行運火星在雙子

火星雙子是個年輕女孩，她拿著手機發簡訊，同時邊開車、邊化妝，還與另外五個被她塞進她的福斯金龜車的女孩一起嬉鬧。坐在方向盤後方的她心神渙散，超級反覆無常，不但朝旁車的駕駛豎中指，還大吼大叫。

不過，火星雙子會成為超讚的導遊。讓別人負責開車，將擴音器交給火星雙子，然後大家都會盡興愉快。

上路規則：雙子的不安和注意力集中時間短，使得這個火星行運非常適合要求多樣性、社交能力、快速說話的活動。

♋ 行運火星在巨蟹

火星巨蟹就像飽受折磨的母親，駕著多用途跑車，載滿需索無度的孩子們穿越交通尖峰時段的車陣。她通常冷靜沉著，但仔細觀察，你將在她的雙眼周圍看見些許的瘋狂。不過，假使其中一位小朋友誤含玩具，火星巨蟹會變得高度專注、動力十足。保護家庭、家園和摯愛是火星巨蟹的最大實力。

上路規則：若要平心靜氣、坦率直接地處理事情，巨蟹的多愁善感會令這個行運舉步維艱。但這時非常適合處理需要勇氣和果斷行動的家事。

♌ 行運火星在獅子

火星獅子是豪華車（八成是敞篷車）駕駛，穿著一套五千美元的西裝，透過藍芽耳機講電話。他肯定是個小男孩，電話中的交談令他分心，更甭提他在後照鏡中的耀眼映像了，這只有更令他分神。火星獅子其實應該雇個專業司機來處理乏味的上下班通勤事。如此，他就可以專注在讓自己「成為奇妙非凡」，最好是在豪華轎車的後座，可以在此用香檳款待朋友。

上路規則：這個行運超級適合展開創造性的工作、娛樂他人、自我推銷。至於處理日常生活乏味、實際的細節，此時效益不彰。

♍ 行運火星在處女

火星處女是脾氣暴躁的駕駛，「居然沒有人打方向燈耶！」「大家都超無能的。」你看看，你害她錯過了出口匝道！這是「有史以來」她遇過最糟的事。

火星處女是非常有良心的駕駛，但有點太先入為主地認為別人都在犯錯。儘管如此，她卻是優秀的領航員，而且會成為了不起的駕駛補習班教練。

上路規則：假使你需要提升自己（別人則需要有點走運），那麼行運火星在處女最適合這麼做。這個行運不太適合需要合作或耐性的專案。

♎ 行運火星在天秤

火星天秤無法決定到底該左轉還是右轉，高速公路出口標示了「東」或「西」，害他左右為難，只能把車開到標誌前。他搖擺於被動式積極與主動式積極之間。他經常迷路，因為心思專注在更換電臺頻道或是與乘客聊天。

單就以邏輯方式抵達某個特定的目的地而言，火星天秤並不是一個有力的駕駛。不過，他是非常好的乘客，因為他是愉悅、窩心的同伴，懂得選擇適合這趟旅程的完美音樂。

上路規則：當行運火星在天秤時，暫且讓別人開車吧。你就盡力當個愉悅、合作的副駕駛。

♏ 行運火星在天蠍

我家附近有些傢伙開著深色車窗、宛如凶神惡煞的車子，車上音響的貝斯音砰砰作響，四個街區外都聽得見。這種人希望你認為他們是惹不起的壞蛋。他們也許是壞蛋，但也許他們只是靠這樣的格言過活：「只要你的樣子夠嚇人，沒人會招惹你。」

火星天蠍一定看起來很嚇人，他要你認為，假使你把車子開得太靠近他的保險桿，他會要你好看。只要你聽得懂，你是不會這麼做的。但如果他遇上路旁有車禍，你會看見他立即採取行動。他會成為傑出的緊急救護技術員。

上路規則：當行運火星在天蠍的時候，顯得有實力可以使你免除真正的麻煩。真正的實力可以幫助你拯救他人免於真正的麻煩。

♐ 行運火星在射手

有兩種火星射手駕駛。一種認為他是馬里奧．安德烈蒂（Mario Andretti）[2]，盡情穿梭在車陣當中。另一種是澈底分神型，因為聆聽著不論哪一種衛星廣播，他時常輾過擋車墩，是當地車身維修廠的常客。

火星射手對開車不是那麼感興趣；飛機的速度更合他意。不過，只要他不得不坐在方向盤後方，他會好好冒險一下。

上路規則：行運火星在射手座，這時該做些感覺上大膽冒險、引人入勝的事。如果你不做，那麼往往會變得有點魯莽或容易發生意外。

♑ 行運火星在魔羯

火星魔羯是優秀的駕駛——善於策略、懂得操控、專業稱職。絕對沒有白白浪費的努力，沒有無謂的車道變換，沒有公路暴怒症；每一個動作都是在研究效率。

火星魔羯寧可坐在豪華轎車後座打業務電話，由司機駕駛。但如果必須自己開車，他會開得像專家一樣，還搭配黑色的皮手套。

上路規則：行運火星在魔羯，非常適合以最大效率和專業素養處理任何實際事物。

♒ 行運火星在寶瓶

火星寶瓶欣賞汽車，但不特別享受開車之樂。他會連續幾個月每天走完全相同的路線去上班，直到突然間再也無法忍受，於是改道。他發現交通導致幽閉恐懼症，而且討厭繫安全帶。

不過，火星寶瓶會成為絕對優秀的公車司機或火車調度員。他善於盡力安排一群群人們，讓大家朝同一個方向前進。

譯注❷：一九四〇年生，義大利／美國賽車手，有史以來最成功的賽車手之一。

上路規則：當行運火星在寶瓶座的時候，要澈底改變作息，順隨心意，不用謹慎行事。只要執行感覺上適合你的事，他人將會聽從你的領導。

♓ 行運火星在雙魚

噢，火星雙魚，你人真好，你不是故意在忙碌、無人控管的十字路口匆匆左轉，沒注意到號誌已經轉成綠燈，你無意把我們逼瘋。你只是深陷在自己的旋律當中，盡興地講著電話，無憂無慮。即使你不走直線，甚至不用地圖，但不知怎地，就是到得了要去的地方。

汽車其實不是火星雙魚擅長的事物，但火星雙魚會是優秀的導遊或遊輪上的娛樂總監。

上路規則：行運火星在雙魚最適合讓生命如其所願地開展，不強迫事情以特別的方式或在特別的時間發生。

行運火星與本命行星的相位

火星移動得相當快速，但不像水星和金星那麼快。事實上，火星繞行黃道一周的時間是金星的兩倍。不過行運火星的戰鬥是小型散兵戰，不是全面戰爭。火星過境你出生圖的某一星座或某個宮位（見第三部分），通常不超過兩、三個月。他見到你的本命行星的相位會在一週之內結束。

但是，如果你沒管好自己的脾氣，他可以在一週內大肆破壞，在高速公路上要當心，入夜後走過治安不佳的社區，務必謹慎。當火星來敲門時，他可能化身成某個對你那隻不停狂吠的狗感到惱怒的鄰居，或者，他可能是為了停車位而與你交戰的汽車駕駛。火星在那裡，要你為你的本性、真實樣貌、所在位置的權利而戰，而且不讓自己任人擺布。不隨波逐流就是了；要記得，別人也擁有跟你同樣的權利。

行運火星與本命太陽的相位

持續大約一週，當火星與本命太陽形成相位時，你可能比平時更加精力充沛、專注、具競爭力，但你也可能容易發脾氣——尤其如果有人不尊重你。

行運火星與本命月亮的相位

若要處理家中令人卻步的事項，本週是全年的最佳時機之一。你也可能因另一個人發脾氣或爭強好勝，而感到受傷或被威脅。

行運火星與本命水星的相位

本週，你過度勞心。這個行運非常適合鑽研寫作計畫、研究，或是需要敏銳心思的任何其他事情。但這也可能是牢騷不斷的行運，你不是處於最機智圓滑的狀態，因為你的心思專注在完成事情，而閒聊十分礙事。

行運火星與本命金星的相位

本週，你被激勵要去追求心中的欲求、喜愛的事物、心儀的對象。但要記得，重要的是追求過程；假使得到這一切需要虧待他人，那麼你將無法全然享受你的戰利品。

行運火星與本命木星的相位

一直蒐集著許多遠大的夢想嗎？現在該是採取行動的時候了！本週，就連朝祈願或探險方向跨出的最小一步，也將有所回報。不過，非理性的亢奮可能弄巧成拙，因此，別冒不必要的風險，就從這一步開始，常言道：羅馬不是一天造成的。

行運火星與本命土星的相位

要小心。當行運火星與本命土星形成相位時，你容易因你的錯誤和缺點而痛打自己，不論那些是真實的或想像的。但對自我提升來說，這不是個有效的途徑，反倒該要善用你的所有能量來整頓你的人生，推動你從更強健的平臺向前邁進。

行運火星與本命天王星的相位

有時候，我們必須恢復健康並發怒生氣，才願意做出改變。如果你是這一類型，本週可能就是將事物重新改組的催化劑。不過，步伐要輕一些。一旦世界經過重新改組，很容易被掉落的碎屑絆倒。

行運火星與本命海王星的相位

本週，採取某個你覺得將會改善某人生命的小小行動。當志工或對某個理想作出貢獻，或是為無法保衛自己的某人出頭。假使你有藝術相關意圖，本週可啟動某個新計畫。如果你完全屈服於憤怒，可能會激起自我挫敗的行為。

行運火星與本命冥王星的相位

當推動來到猛推的地步，有時候我們的反應是蜷縮成一顆球，有時候則是反推回去。本週，你將有機會展現你是什麼樣的人。不要讓挑戰擊敗你；讓它啟發你，使你更有力量。

行運火星與本命北月交的相位

月亮的北交點，代表你的星盤中少數「不會落空」的領域。假使本週你朝向自己最喜愛的渴望推進，不論推進幾步，都將得到回報，即使獎賞的形式與你預想的截然不同。

行運火星與本命上昇點的相位

這通常是個相當快速的行運，但如果你一直處在生氣或自我挫敗的心態，像這樣的行運就可能引發濫發脾氣或更糟的情況。最好的策略是：有意識地將強烈的情緒和能量，導入定向的身體鍛鍊。駕車宜謹慎；在廚房操刀要小心；要穿紅色的；先數到十，再對占用你停車位的傢伙說出你對他的想法。

行運火星與本命天頂的相位

務必管好你的脾氣。社群媒體火爆論戰、在工作場所情緒崩潰，或是氣憤地談論某人，八成會使怒火回燒到你身上。這個行運是快速的，但卻可能對你的名聲造成長期損害。

不過，對主動追求會使你更靠近自我目標的事物來說——尤其在事業方面，這卻是個好行運。要好好處理你的待辦清單，同時展開長期計畫。

第九章

太陽、月亮來了

光之舞

因為在洛杉磯長大，我在迪士尼樂園度過許多時光。回顧當時，你付了入場費，收到一本標明A至E區的門票券，取得進入各個景點的入場權。大家都知道，最棒、最刺激的遊樂設施需要E區門票。

在占星學上，龐大而緩慢的土星、天王星、海王星、冥王星行運是E區的遊樂設施。它們是興奮刺激且改變人生的行運，而且偶爾令人噁心想吐；在你的星盤中，它們是占星師通常花費最多時間談論的行運。

對照之下，太陽和月亮的行運大概只夠格擔任A區門票景點，它們移動快速，時常重複，而且就其本身而言，絕不會為你的人生帶來重大變革。但它們的週期性舞動象徵「情緒幸福感」（月亮）的發展歷程，以及健康的「我執」（ego，太陽），兩者都會更優雅地幫助你應對更加巨大、更能改變人生的行運。

本章，我們將看一看太陽和月亮各自的週期，好好透視這兩個移動快速但重要的行運。

月亮的行運：每日每月

行星檔案：月亮

繞行太陽一周所需時間：二十八天

過境每一黃道星座所需時間：大約兩天半

行運相位的持續時間：約莫三小時

最強旺星座：巨蟹、金牛

居其間必須更加努力的星座：魔羯、天蠍

關鍵詞彙：住家、家庭、慰藉、保障、安全、隱私、大眾、潛意識、習慣、作息、飲食、母親、培育、滋養

你出生在生理和情感需求得到滿足的家庭和社區（但願如此）。最可能的是，在你的年紀大到足以了解情況之前，便吸收了這個社區的習俗和族群認同感；這些讓你得以感到安全。此外，你也發展出特別的習慣、作息、情緒態度，作為安慰和保護自己的方法。

對家庭、社區的熟悉感，以及多半無意識的日常習慣模式，在占星學中都是由月亮代表。你應對生命中日日月月的方法，與行運月亮的盈虧、星座、相位相呼應。追蹤月亮週期，得到的最深刻報償之一是：更加理解你的無意識習性，如此，你才有辦法選擇更健康、更令人欣慰、更滋養的習慣。

如何追蹤月亮

因為月亮移動快速，兩天半便迅速通過黃道十二宮的一個星座，追蹤它與本命星盤的相位——甚至是坐落在十二宮的哪一個宮位——並不是那麼有用。沒錯，假使你回顧生命中的關鍵時刻，然後推算一下，八成會發現，月亮當時與你的出生圖形成有趣的相位。但多數人實在沒有時間每天追蹤這些相位。

我發現，有幫助的是，追蹤月亮眼前的盈虧狀態、目前所在星座、在某日當天將與其他行運行星形成的那些相位。綜合這些，便可描繪出那天的心情圖像，透露最能有效規劃每一天、每個月的方法。

月相

每個月的月亮週期好比母親的臉孔一樣熟悉，開始於新月的黑暗，漸漸增大成上弦月，來到極盛時期的皎潔滿月，然後逐漸減縮成下弦月。在月亮的每月週期中，每一個這些點位都提供一個特別的機會，適合發展自我覺知和採取行動。

新月（行運太陽和月亮在同一星座）

這是當月最安靜、最黑暗的時間。新的事物紛至沓來，但你還看不見。能量正在建構，但尚未完全生根。種子種下了，但成長的跡象幾週後才會出現。

這是當月施展魔法最具威力的時機之一。在月亮週期的這個時間，常見的做法是：根據新月的星座設定意圖，然後運用某種儀式確認那些意圖。

上弦月（行運月亮和行運太陽四分相）

上弦月時期，大約新月之後一週，夜空中可以早早看見一丁點月亮。就象徵意義而言，月光再次逐漸為你顯現。前方的路變得更加清晰；你更有活力，甚至是煩躁不安。新月時期對你隱瞞的事，此時正在升起，進入你的意識。你知道什麼需要被完成，你也有完成的能量和意願。

滿月（行運月亮與行運太陽對分相）

進入月亮週期大約兩週，滿月照亮夜空。假使你願意，可以到戶外，在沒有其他光源的情況下摸黑前行。你現在可以明確地看見，是什麼一直阻礙著你的進展，使你在新月的星座和宮位所代表的人生領域毫無斬獲。這時期最適合釋放不再行得通的事物。

下弦月（行運月亮和行運太陽四分相）

新月之後三週，晚上很晚可以見到下弦月。再一次，就跟上弦月時期一樣，你精力充沛，願意適應，準備最後推一把，達成你的目標。

行運月亮過境各星座

人世間今天是什麼心境？人們在尋找什麼？什麼顏色、衣服、態度，將在潛意識層次上吸引大眾的目光？

面對需要聆聽他人的情境，例如，面談或社交活動，行運月亮的星座是一項絕妙的工具，而且它是個好方法，方便釐清今天哪一類活動和企圖最容易降臨。

月亮每隔兩天半變換星座，因此，如果你不喜歡今天的菜單，不必等多久便可重新挑選。

♈ 行運月亮在牡羊

牡羊座是耐吉（Nike）月亮：「做就對了（Just do it）。」是當天的座右銘。當月亮在牡羊座時，不要找藉口；不要屈服於自我懷疑或恐懼。要勇敢活出「你的」人生，而不是活出對別人有意義的人生。

今天該完成的事：這是適合打破舊習的月亮星座之一，為自己挺身而出，做些你害怕去做的事。

大家今天想要什麼：行動、速度、勇氣、出言不遜、紅色、開誠布公的交談。

♉ 行運月亮在金牛

沉浸在現代生活中，伴隨需要久坐的步調和無時不在的電子產品，我們很容易疏離自己的身體。今天，趁月亮在金牛座的時候（這個星座代表物質性的喜悅），要處在你的身體之中，好好享受人生的簡單愉悅。

今天該完成的事：金牛座是有決心的、習慣導向的，因此，絕對有必要利用這幾天形成正向而有益健康的作息。

大家今天想要什麼：享受、好的食物、快樂地運用身體、感官的愉悅、色彩是粉紅與粉藍。

♊ 行運月亮在雙子

當月亮在雙子座時，你的注意力容易渙散——不是因為你不關心他人，而是因為你一次聆聽太多的故事。從鳥鳴到風在樹林間低語，在電子郵件的收件匣中，在社群媒體上，整個世界今天似乎都在對你說話。你像是焦躁不安的鳥兒或蝴蝶，渴求移動，你的心智需要刺激和變化。

今天該完成的事：蒐集資訊、厚著臉皮聊八卦、偏離日常的作息和習慣、交際應酬、回覆尚未回覆的電子郵件和電話。

大家今天想要什麼：變化、交談、新點子、資訊、亮麗的色彩、消遣娛樂。

♋ 行運月亮在巨蟹

巨蟹不容易放手；看看那些爪子就知道。每一個人的內在都有一只配備祕密快取記憶體的巨蟹形小盒子，貯存我們珍視且拚命緊抓不放的心愛物品、人物、記憶。這些讓我們感到與從前的自己、生活過的某地，或是離去的摯愛有所連結。熟悉而溫暖的東西發著光、上了漆，而這些寶藏是其中一部分，感覺就像家。

今天該完成的事：月亮在這個星座最為強旺，個人的規矩和程序，拉力強勁。月亮在巨蟹座時，不要強迫自己改變這些，反而要好好照顧自己，吃喜歡的食物，享受你的住家和家庭。

大家今天想要什麼：慰藉、保障、溫柔、滋養、銀色、老歌和老電影、與我們認定的「同一族群」一起放鬆。

♌ 行運月亮在獅子

許多人（就連獅子座也不例外）都對表達自己與得到他人認可的需求感到尷尬。我們創作，但拒絕分享自己的作品，因為害怕被拒絕。或者，我們分享自己的藝術作品，但假裝不在乎他人如何回應。我們多久一次只是站在觀眾面前，看起來很棒，竭盡所能，分享心中的一切，然後信任觀眾也會以愛回報我們？那的確需要許多的膽識和信念，才有辦法登臺演出，獻上一個人的部分靈魂。當月亮在獅子座的時候，要在聚光燈下就位，展現你擁有的一切。

今天該完成的事：這些是好日子，可以鞏固你希望持續的習慣和作息。這也是啟發人們成就創意作品的時機，以及每月自我推銷的最佳時間之一。

大家今天想要什麼：觀眾、戲劇性的方式、火紅的色彩、辛辣的食物、魅力、娛樂、派對。

♍ 行運月亮在處女

服務他人（解開世間的纏結、解決傷腦筋的問題、釋放痛苦與煎熬）是處女座的衝動。將月亮扔進這片混雜當中，然後就連心靈也變得警醒。你不需要別人開口要求幫忙；今天，你在最細微的舉動（例如，摯愛微微抿嘴）當中觀察到需求。物質世界對你喃喃低語，於是直覺地幾乎是無意識地，你予以回應。你沒有品嚐，便將更多的牛至加入醬料當中；你就是知道需要多少牛至。你伸手精確地拿到適合修理碗櫥轉軸的螺絲起子。幾天來一直有毛病的電腦，因為你的到來，突然間嗡嗡嗡地運轉起來。你準備好了，有能力修復人世間的問題。

今天該完成的事：奉獻自己，服務他人。嚮往工藝、渴求藝術、立志有同理心；讓這世界看看你對它多了解，你能夠多麼細心而澈底地疼愛它。

大家今天想要什麼：該修理的東西、該做的工作、該解決的問題、有用的事物、實用的布料、戶外的時光。

♎ 行運月亮在天秤

正如天秤座的符號所示，平衡是理解天秤座的關鍵。不論在什麼情況下，天秤座都會直覺地注意到天平的哪一邊太重了，然後跳到另一邊加以平衡。室內的氣氛愈差，愈容易顯得天秤座可愛甜美。但當面對滿載令人生厭的多愁善感與過多過度的殷勤禮貌時，天秤座會毫不猶豫地用尖酸的言論和無禮的行為加以平衡。

當月亮在天秤座（平衡、和諧、夥伴關係的星座）的時候，我們直覺地以交際手腕緩和不穩定的情境，假使生活平淡無奇，就挑起麻煩。一旦我們找到為自己的旋律提供和諧的完美伴侶，那結果可是神奇如魔法。

今天該完成的事：將情境帶入平衡；玩音樂、畫畫或是為住家調整風水；美化自己和周遭環境；合作。

大家今天想要什麼：同伴情誼、美、為情境帶來平衡的人。

♏ 行運月亮在天蠍

當月亮行經天蠍座時，龍需要殺戮。有些龍在你身外，但最可怕的龍活在你心中。今天，假使你感到無法勝任與心中惡魔搏鬥的任務，那並不是世界末日；你還會有其他機會。與此同時，不要讓你的恐懼或是脆弱造成的可怕不適，誘導你去攻擊他人的弱點。在放下天蠍的傳奇毒刺之前，要好好檢視為什麼你想要那麼做。有時候，攻擊他人而不攻擊自己的問題反倒容易些，或者，更糟的是，讓自己的情緒凍結或流於冷嘲熱諷。

今天該完成的事：耐心對待他人，溫柔對待自己。深入挖掘，才能觸及問題的根源。

大家今天想要什麼：值得信賴的人；誠實；戲劇性的陰暗色彩；挑戰情緒的電影、電視、音樂。

♐ 行運月亮在射手

不論問射手座什麼問題：他通常會老實回答。於是很容易以為，那是因為射手座比我們其他人更容易相信別人。但我認為，事實並非如此；而是，射手座單純地將誠實視為通向自由之路。射手座推斷，唯一可以被用來抵制我們的資訊是：我們拚命設法對他人和自己隱瞞的一切。射手座隱瞞得愈少，他或她就愈自由、愈有活力、愈有創意。

今天該完成的事：關於分享心中的祕密，你可能永遠不會像射手座那樣自在。但今天，當月亮在這個不受拘束的星座時，最起碼不要把自己看得太重。率先大笑，讓他人有機會跟你一起笑，而不是嘲笑你。

大家今天想要什麼：好好大笑一番、樂觀、某個大構想、一次探險、狂歡節的色彩與精神。

♑ 行運月亮在魔羯

新年下定的決心很難兌現。有時候，那是因為我們並不真正知道想要達成什麼。其他時候則發現，我們完全被落在自己與目標之間的距離給嚇壞了。

以山羊作為象徵符號的魔羯座，知道只有一個方法可以縮小你與山頂之間的差距：一次一蹄步。每一步都優雅並不重要，攀爬時邊微笑邊保持正向思維也不重要，唯一重要的是：不斷向前邁進。假使你決意抵達某個目標，不論是個人的小目標或是具有社會意義的大目標，通常都會有所建樹，只要你出面執行，甚且是帶著頑強的決心，你將熬過那場競爭。

今天該完成的事：選擇一個可以在接下來二十八天內合理達到的目標。假使你願意流汗，願意感到氣餒和力竭，願意犧牲舒適、奢華、午後的小睡，就能在下一個魔羯月亮之前達成那個目標。每個月如此鍛鍊，然後你將會發展出實力和自信，有能力達成你的決心。

大家今天想要什麼：尊重、真誠、能力、成熟；老電影、古董車、老歌；低調的色彩與經典時尚；卓越的品質。

♒ 行運月亮在寶瓶

寶瓶是個矛盾的星座，它象徵社會上的怪人，這個叛逆的方釘子頑固地拒絕被推進圓形的坑洞中。人世間需要它的叛逆、放逐、古怪。少了寶瓶座，世界就一成不變了。

寶瓶也是地方名人的星座，這人認識每一位街坊鄰居。有時候，寶瓶座是傑出的政治家或超級巨星，擁有非凡的名望卻仍舊散發著人性的溫暖。歐普拉、雷根❶、富蘭克林．羅斯福❷之所以成功，都是因為人們能夠在他們身上找到與自己的關連性。

領袖的標記是，有能力擁抱集體的精神。偉大領袖的標記是：有能力提升談話的層次，讓集體走出舒適圈，進而走入歷史。

今天該完成的事：捫心自問，你可以如何對人世間做出最好的影響：重組現狀？還是說服這世界，讓它變得更良善、更勇敢、更悲憫，勝過原本以為所能成就的？要與擁有共同看法、興趣、目標的其他人相聚。要邁向未來。

大家今天想要什麼：歸屬的感覺；一位朋友；一個契合的地方；令人雀躍、意想不到的經驗；交際；感覺自己做著離世後許久仍舊相當要緊的事；酷炫的電子色彩。

譯注❶：一九一一—二〇〇四年，第四十任美國總統。
譯注❷：一八八二—一九四五年，第三十二任美國總統。

♓ 行運月亮在雙魚

小睡一下。你可以真正利用小睡時光。每個月，月亮在雙魚座的兩天半期間，你時而開心交際，時而察覺，人類同胞在旁實在是難以忍受的疲累。突然間，你發現自己吸收了周圍的每一個感覺——喜悅、憤怒、妒嫉、靈感。承接所有這些情緒可能使你感到沉重，就像暴風雨前的烏雲，或是需要擰乾的海綿。這是本月的休憩時間，適合釋放，適合掏空心智和靈魂，準備迎接即將到來的全新體驗。

今天該完成的事：雙魚座人如其名，就像光滑、脆弱的魚，是一種溫和的生物，只有幾片魚鱗保護。不論你平時多麼強悍，今天你可能感到無助。逃避看似你唯一的防衛，而這個星座天氣最適合獨自休息、反思、靜心。

大家今天想要什麼：休息、隱退、靈感；閃爍的海洋色彩；音樂；正向的言辭和想法。

行運月亮與行運行星的相位

月亮每兩小時移動大約一度，它與另一個行運行星之間的相位容許度，是接近精確相位一度左右。因此，月亮與另一顆行運行星的相位實際上最多持續兩、三個小時。這使得行運月亮成為相對次要的行運，但對其他比較重要的行運來說，卻可能是強而有力的觸發器。

最重要的是，月亮某一天的相位，指出當天的「流動」：要把事情搞定到底是容易或困難到什麼程度？假使月亮在當天與火星、土星、天王星或海王星之類的困難行星，形成許多的四分相和對分相或是合相，那就會是這樣的一天——每一個人似乎都愛發牢騷，害你什麼也搞不定。例如，走筆至此，月亮在魔羯座（對月亮來說已經有點棘手），而且正與冥王星形成合相，與火星／天王星形成四分相。基本上，要在上午十一點五十一分以前將該寫的文字均提筆寫就，然後那天會變得美好些，有月亮與金星形成三分相。

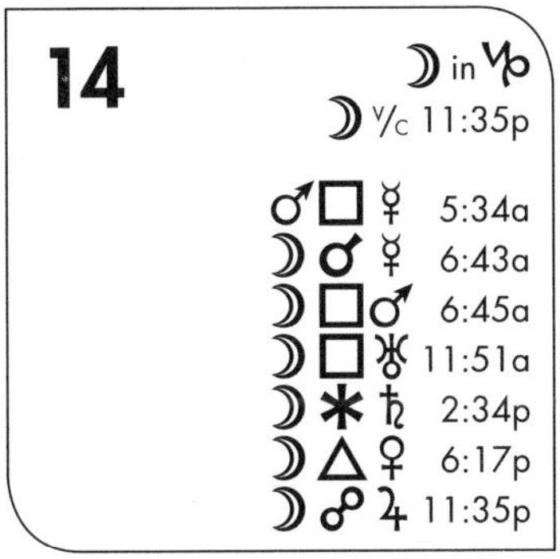

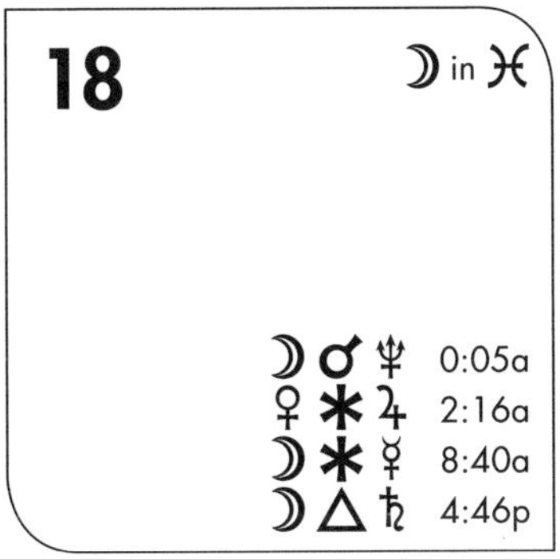

話說回來，假使月亮被愉悅的三分相以及帶來契機的六分相沖刷著，人生通常以相當有生產力的方式緩慢穩定地前行。

好壞日子分辨法

難熬的日子：

多數時候，月亮所在位置：與其他行星*形成四分相或對分相，或者與火星、土星、天王星、海王星或冥王星合相

美好的日子：

多數時候，月亮所在位置：與其他行星形成三分相或六分相，或者與太陽（新月）、水星、金星或木星合相

*金星與木星通常被視為有利的行星，因此，當金星與木星捲入時，即使四分相和對分相之類傳統上的困難相位，也不是那麼糟糕。

無月相

當月亮在目前星座中結束了與所有行星形成的重要相位之後，我們就說，她是「無月相」或「月亮空亡」（void of course，或VOC）。無月相時期取決於太陽和其他行星的位置，可能從幾秒鐘持續至一天或更久。

傳統對無月相的詮釋是「一無所成」，這些時候大概不適合創立需要成長和改變的企業。然而，詭異的是，無月相有非常特別且有益的用法。我的老師鄭重表示，要趁無月相的時候送出納稅申報單，她認為「一無所成」代表，她不會被稽核！我也坦承，有些電子郵件詢問我實在不想回應的事，而我會將某些這類郵件先存檔，然後在無月相期間回覆。

在此有件挺有趣的小小花絮，我在無月相期間，展開兩段這一生最漫長且最令人滿意的關係：我買了我的第一輛新車，二十九年後的今天，我還開著它。然後在一九九一年的無月相期間，一位口音純正的帥哥走進辦公室請我解盤。我們最近慶祝了兩人結婚二十一週年！

因此，我應該不會說，趁無月相期展開某事，將會「一無所成」。對我來說，情況似乎是，事情持續下去。以「宇宙鬆糕」（The Cosmic Muffin）這個絢麗綽號廣為人知的已故占星師達瑞爾．馬丁尼（Darrell Martinie）[3]曾說，他最愛趁無月相期開始節食。因此，如果你要建立某個新習慣（或是開始一段親密關係），且希望持之以恆，不在無月相期開始，你的表現恐怕會遜色許多。

譯注[3]：一九四二—二〇〇六年。

太陽的行運：奧客無極限

行星檔案：太陽

繞行太陽一周所需時間：三百六十五天

過境每一黃道星座所需時間：三十天

行運相位的持續時間：大約三天

最強旺星座：獅子、牡羊

居其間必須更加努力的星座：寶瓶、天秤

關鍵詞彙：活力、生命力、自信、創意、領袖魅力、嬉鬧玩興、幸福快樂

青春期時，家的保障與熟悉不再足夠。你準備測試自己對抗門外世界的毅力。你渴望為自己掙得名聲，釐清除了家庭，你是誰。

若要為這個核心自我的特質和性格定位，占星家會指望太陽。很容易輕忽太陽的週期，因為太陽移動快速。行運太陽在一或兩個月內跨越你星盤中的一個宮位，一年內行遍整個出生圖。當

土星或冥王星之類移動緩慢的行星，行經星盤中的某個重要點位時，那處境就像人質。這類行星接管，然後一待十年。當然，對占星師來說，這當然是多汁的肥料，而且在解盤時，這些行運往往得到獅子的關注。

但實際上，當有個瘋狂的親戚在你家地下室一住十年時，你就愈來愈不感覺到他的存在。別人都看得到他是個問題，但日復一日，你可能甚至沒有注意到他在那裡。

另一方面，太陽行經你的星盤，就像《奧客無極限》（*The Man Who Came to Dinner*）一樣。在這齣改編自當紅劇本的經典影片中，一位專橫、自我中心的名人應邀至某顯赫商人的家中用餐。名人到達時，卻在商人家門外的冰上滑了一跤，受了傷，於是住進了商人家休養。在很短的時間內，名人用他跋扈的本性與直率的批評，控制了屋內每一個人的生活。

太陽本身可是有點專橫、自我中心的名人，當他行經你的星盤時，他有辦法讓你覺得自己的家具有些破舊、你的談話有點沉悶。最不利的情況是，他用他的我執、強索、鬧脾氣、誇張如戲劇般，暫且主宰你的人生。但最有利的情況是，他使你興起動機，帶引你玩最棒的遊戲：希望從人生得到更多一些、剪個更好看的髮型、留意你的姿勢，簡言之，要讓你的人生變得更美好、更快樂一點。

行運太陽與本命行星的相位

行運太陽與出生行星的相位是值得留神觀察的。這些相位的影響力可以強旺幾天，包括：精確相位前一天、精確相位當天、精確相位後一天。幾天夠長了吧！這些相位不常見（一年當中，你只經驗到幾次行運太陽與每顆行星的相位），因此足以留下深刻的印象。

假使你有一份自己的出生圖和一份星曆表（利用Astro.com的免費線上星曆表，或是購買一份二手的二十一世紀線上完整星曆表），就可以輕易查出這些日子將會出現在什麼時候，以及它們每年將會落在同一天附近。

舉例來說，假使星盤中的金星在雙子座九度，於是你知道，行運太陽將在五月底太陽進入雙子座之後的某個時間，與這個點位形成合相。由於進入雙子座通常發生在五月二十日左右，而太陽每天移動大約一度，因此你可以預期，這個合相大約在五月二十九日左右，早一天或遲一天。

對行運太陽來說，具挑戰性的相位是四分相、對分相，以及與你的星盤中原本就有點困難的行星形成的任何相位。假使星盤中某顆行星有許多具挑戰性的相位，就好像家中有一間你拚命設法隱藏的破舊房間，而太陽是好管閒事的賓客，突然推開房門，告訴你那間房間有多可怕。

行運太陽比較鼓舞人心的相位是六分相與三分相。這些行運通常帶來少量的喝采或讚揚，或是提升自我感覺的愉悅事件與回饋。

行運太陽與本命太陽的相位

假使這個相位是合相，祝你生日快樂！這是太陽回歸！

具挑戰性的相位：要抬頭挺胸，保衛你的權威、尊嚴以及被注意的權利。

平順的相位：優雅地接受頌揚和讚美，好好利用機會發光發亮。

行運太陽與本命月亮的相位

具挑戰性的相位：假使他人侵犯你的隱私，或是使你感到備受威脅，要考慮如何建立健康的邊界和保衛自己。

平順的相位：這些日子，你懂得讚賞自己的住家、家庭、傳承，且引以為傲。

行運太陽與本命水星的相位

具挑戰性的相位：仔細考慮，是否能以更加正向的方式架構生活中的困境；好好想想，是否時候到了，該換個更恰當的名字或頭銜。

平順的相位：你以有創意且具領袖魅力的方式表達自己的能力飆升。

行運太陽與本命金星的相位

具挑戰性的相位：善待自己；假使你不看重自己，就沒有人會看重你。

平順的相位：這些是今年磁性十足、最為迷人的幾天！要呈現最美好的一面，好好展現自己，然後優雅地接受恭維。

行運太陽與本命火星的相位

具挑戰性的相位：有人激起你的戰鬥本能，八成是透過展現傲慢自大或權威主義。要好好利用這個機會，練習更有效地處理衝突。

平順的相位：在平順的相位，衝突還是有可能出現，但你八成感覺到更加有活力，甚至因此得到創造性的啟發。

行運太陽與本命木星的相位

具挑戰性的相位：對於被告知該做什麼或該相信什麼，你的容忍度非常低。要好好利用這個機會，仔細想想，你是否有點霸道的傾向，或是在表達自己的信念時太過激烈。

平順的相位：在日曆上記下這些日子，好好利用它們。除非你的本命木星擁有的相位極差，否則這些時候通常比平時更容易滿足你的欲求。

行運太陽與本命土星的相位

具挑戰性的相位：聚光燈照亮你最深處的不安全感和創傷，不要猛烈抨擊，反而要讓這些日子深化你對自己的慈悲心。

平順的相位：你的成就、領袖力、成熟度很可能得到認可（但願是得到你自己的認可）。要賜給自己一顆金星，獎勵你已然克服的一切障礙與完成的所有苦工，儘管除了你無人知曉。

行運太陽與本命天王星的相位

具挑戰性的相位：這些日子，可能感覺上好像你就是處處格格不入，要利用這個機會去欣賞使你獨一無二的特質。

平順的相位：你可能發覺自己忙著與人聯繫，這些人使你感覺像是某個群體或網路的一份子。你可能會真正加入使你感覺有參與感的組織。

行運太陽與本命海王星的相位

具挑戰性的相位：你可能覺得他人對你吹毛求疵，尤其是指出你欠缺實用性或沒有重點。現在，保護你的健康相當重要，因為你的敏感度非常高，而對疾病（以及負面性）的抵抗力卻相當低。

平順的相位：假使你頗具創意或很有靈性，這些回饋非凡的日子可能讓你感覺到被某位慈善的神靈所觸動。今天要好好創造。

行運太陽與本命冥王星的相位

具挑戰性的相位：對許多人來說，這幾天最不舒服了，經常收到「你實在不太重要」的訊息。要趁這個機會申明，每一個人都非常重要，包括你在內。

平順的相位：這幾天可能是你個人一年當中最具威力的日子，只要你不試圖抓取不屬於你的權力，讓自己置身在有權有勢的人附近，對方會好好回應你。

行運太陽與本命北月交的相位

具挑戰性的相位：你可能覺得彷彿沒有任何進展，永遠達不到你最珍愛的目標。今天的訊息是拒絕接受那樣的信念，同時要自己再次承諾於：朝著對你來說重要的事物跨出——即使是最小的一步。

平順的相位：即使看似沒有完全達到你為自己設定的目標，但今天你體認到，你可能正在達成對你來說甚至更好的某個相關目標，這是你從不曾為自己想像過的。

屬於你的個人四季

我是個南加州女孩，對於季節，從不曾多想，直到嫁了一個來自南半球的老公，然後百思不解卻深受吸引地聽他訴說，在海灘歡度耶誕、在春天慶祝十月生日的故事。

不論住在哪一個半球，你都能夠與四季產生關連，讓季節深入骨子裡，化為你自己的。要在行運太陽跨越你出生圖上昇點當天，展開你個人的春天，然後跟隨太陽一年一度的週期穿越你的星盤。

一年一度的太陽週期鏡映出月亮的週期，開始於冬至的黑暗（好比新月），接著是春分（類似上弦月）、夏至（日照最長的一天，令人想起滿月）、秋分（如同下弦月）。

這個行運的太陽週期，工作是要重申自我的不同面向，同時學習克服自我表達的障礙。你自己的個人季節可以藉由太陽一年一度與星盤四角的合相來加以定義。

個人的冬至

太陽與天頂（十宮宮首）合相

個人的冬至開始於太陽與你的天頂合相時，天頂是你出生圖中的最高點，與魔羯座相關的角度，太陽在一年白晝最短的這一天進入魔羯座。天頂與事業、召喚、野心相關（人類的日曆年度始於冬至過後不久；這時候，我們樂於為未來十二個月的健康、財務、事業設定決心）。

在這時候，你決意做更多、成為更多。但就像新月一樣，這是一段黑暗期，你還無法完全看清自己要去的地方。

個人的春分

太陽與上昇點（一宮宮首）合相

你個人的春天開始於行運太陽跨越你上昇點的那一天，不論世界其他地區正在經歷什麼季節，每年這時候，都在對你訴說著興奮雀躍、新的開始，以及向前大力推進的能量。

個人的夏至

行運太陽與天底（四宮宮首）合相

美妙的暑假，我們懶散、放鬆、脫離日常生活，而對你來說，這樣的暑假開始於行運太陽跨越你星盤天底的那一天。你的能量往往有點低落，不太想與人相處，而且需要喘口氣，擺脫日常作息，讓你可以做做白日夢，反省一下今年到目前為止的情況。

個人的秋分

行運太陽與下降點（七宮宮首）合相

你正開始個人年度的第三季，這是最後一次嘗試達成你在太陽跨越天頂時著手去做的事。因為下降點是你星盤的親密關係與夥伴關係區，現在你可能很清楚，該向他人尋求幫助和支持，才能讓事情順利完成。

你的太陽和月亮回歸

你的占星生日與每月重生

每一年，你的生日當天，太陽返回到與你出生那一刻同樣的度數和星座，這叫做你的「太陽回歸」。同樣的，每隔二十八天，月亮返回到與你出生時同樣的黃道度數和星座；這是你的「月亮回歸」。

推算一張太陽回歸或月亮回歸時刻的星盤，你可以把這解讀成預先為今年或本月拍一張快照。

如何在Astro.com推算你的回歸星盤

1. 從導覽功能表點選「免費占星」（Free Horoscopes）。
2. 瀏覽至「繪圖與推算」（Drawings and Calculations），然後選擇「擴充星盤選擇」（Extended Chart Selection）。
3. 在「分類法」（Methods）底下的「選擇星盤類型」（Please select a chart type），從下拉式功能表選擇「太陽回歸星盤」（Solar Return Chart）或「月亮回歸星盤」（Lunar Return Chart）。
4. 在「選項」（Options）底下選擇搜尋起始日；那將會推算出下一個太陽或月亮回歸星盤。
5. 按下表示「點選這裡以顯示星盤」（Click here to show the chart）的按鈕。

該尋找什麼：月亮（月亮回歸星盤）或太陽（太陽回歸星盤）坐落的星盤宮位顯示，重新審查無意識的習慣，以及事先為該月創造某些可以設定意圖的儀式，可能使你的哪一個人生領域受惠（十二宮圖的各宮描述，請見第四部分）。

星盤的宮位有巨蟹（月亮回歸星盤）或獅子（太陽回歸星盤）在宮首，顯示在人生的這些領域，本月你有能力解決某些情緒上的挑戰。

接近星盤四角的行星代表外在的挑戰和機會，這些影響你本月的情緒特性、衝擊你感到安全和保障（月亮回歸）的能力，或是影響你未來一年的自信、自我感、創意表現（太陽回歸）。

日／月蝕

新月與滿月的極致表現

日／月蝕涉及太陽、月亮、地球排成特定的一直線。雖然這些天體每個月兩度排成一直線，但我們並不是每個月都看見日／月蝕，因為月亮的軌道與黃道面（從地球上看太陽穿越各星座的路徑）稍呈傾斜。

然而，日／月蝕絕不是稀有的。每年至少有兩次日蝕，間隔六個月，出現在最接近月亮交點的新月期。月蝕通常（但並非總是）發生在日蝕之前或之後的滿月時期。

日／月蝕

日蝕期間，月亮行經太陽和地球之間，暫時擋住我們看太陽的視線。就象徵意義而言，日蝕的時候，直覺和本能之類的月亮功能，力量暫時壓倒自信、創意、自我感之類的太陽功能。這個結果有點像是你內部的配線短路。

就我的觀察，日蝕在引發日蝕的當週被最強烈地經驗到，而且比起月蝕，日蝕似乎對身體造成的影響較大，使我們感到耗竭、有壓力或過度興奮。

在月蝕期間，地球將陰影投射在月球上，使月球無法反射太陽光。同樣地，在月蝕期間，我們傳送和接收陽光的能力被人間的利害關係（例如，世俗的需求或損失所造成的痛苦）所阻擋。就我的觀察，月蝕在真正發生前幾天被最強烈地感覺到，對身體造成的影響也比日蝕少。

日／月蝕的意義

日／月蝕指出危機的時刻，聽起來驚悚，但值得注意的是，危機並非總是負面的。危機可能是困難或危險的情境，但有時候，這純粹是改變的決定性時刻；就連你生命中最快樂的時光（結婚、孩子出生、事業斐然有成）也可能是危機。許多幸福快樂與這類大事件相關，而且只要詢問剛結婚的新人，對方往往會承認，有些日子，一覺醒來，實在不知道自己是誰，他們不認得自己的生活了，這雖令人雀躍，但也無所適從。

日／月蝕指出危機的時刻——有些是喜悅的，有些是悲劇的。所有的危機都會撼動你，使你脫離正常作息或對世界的看法。

該特別留意的日／月蝕

並不是所有行運都是生而平等的，日／月蝕也一樣。通常，若要真正得到你的關注，日／月蝕需要：

- 相當接近（容許度四度以內）……
- 強硬相位（合相、四分相、對分相）……
- 見到你出生圖中某顆重要的行星或行星群。某顆「重要行星」是太陽、月亮，或是與其他行星形成若干相位（尤其是困難相位）的某顆行星，或是這顆行星非常接近四角之一（一、四、七或十宮宮首）。

當然，其他同時發生的行運，可能使你在某一特定日月蝕週期的經驗絢麗多彩。此外，發生在月亮北交點的日／月蝕，被認為是代表正向轉變的契機；位於月亮南月交的日／月蝕，則被有些人視為損失與厄運的兆頭。

日／月蝕週期

日／月蝕就像占星學中的其他一切，具有可預測的模式。每隔十八年，會出現一次屬於沙羅週期（Saros cycle）家族的日／月蝕。這些大週期開展了數千年。許多占星家利用沙羅家族的第一次日／月蝕星盤，來解讀該週期中所有日／月蝕共同的特徵。

此外，每隔十九年，會有一次日月蝕落在黃道帶的相同度數附近。這意謂著，與你出生圖中某一行星或視角位於同樣度數的某一日／月蝕，大約每隔十九年會重複出現。

日月蝕周而復始，好比地震沿著斷層線發生。今年的日月蝕與十八和十九年前發生的日月蝕有許多共同的特徵。那些年，以及當時發生的事件，與你現在的生活密切相關；一則連續的故事開展出你的整個人生，而它們是其中的一部分。

馬克・吐溫有句名言：「歷史不會重演，但有它一定的韻律。」日／月蝕不會一再帶來完全相同的事件，而是帶來在你人生中具有類似主題的經驗，這與你星盤中最具挑戰性的行星相位有關。

第三部

當行星過境十二宮位

許多人跟你同一天出生，出生時刻也和你相差無幾，但只有少數人與你出生在同一個地方。由你的出生日期、時間、地點得出的星象十二宮位，可以說是你出生圖中最個人化的重點。當你不知道一個人出生的精確時間和地點，占星學中便找不到這個天空的預示配置。沒有十二宮圖的各個宮位，行運運作的重要面向，再怎麼解說也不夠完整。

假使你的人生是一齣戲，而行星們是各個角色，星象十二宮位則代表角色在其中找到自己的情境。當行運進入出生圖的一個新宮位，你人生某個不一樣的領域被喚醒了、受到衝擊，情節愈演愈複雜。

分宮制

分宮制（House System）是占星家用來劃分星盤的各種方法。不妨將分宮制想成建築流派：二十世紀中葉的現代房屋，布局往往截然不同於維多利亞時期的房舍。

因為分宮制是隨心所欲的，並沒有實線將天空分隔成十二個部分，所以，到底哪一種方法最好，實在是眾說紛紜。多數分宮制的上昇點／下降點（一宮和七宮宮首）與天頂／天底（十宮和四宮宮首）是相同的，不同之處在於次要宮位（二宮和八宮、三宮和九宮、五宮和十一宮、六宮和十二宮）。普拉西度（Placidus）❶與出生地分宮法（Koch）之類受歡迎的分宮制，根據的是出生那一年的時間和緯度，因此一對對宮位的大小，可能差異極大。由於採用的分宮制不同，於是出現在宮首上的度數不同，有時候連星座也不一樣。

有些分宮制簡化了這個課題，讓所有宮位同樣大小。舉例來說，太陽宮位制（Solar House system）將本命太陽的度數和星座置於上昇點，然後後續星座的同一度數置於二宮、三宮，依此類推。整宮制（Whole Sign system 或 Whole House System）大概是最古老的分宮制，也是最簡單的分宮制之一，近年來又被廣泛採用。在整宮制中，每一個宮位同等大小。推算出上昇點所在星座的第一度被定為一宮宮首，然後依逆時針方向，將後續各星座的第一度置於每一宮宮首。譬如，你推算出上昇點在射手座十度，那麼射手座零度就是一宮宮首，魔羯座零度是二宮宮首，寶瓶座零度是三宮宮首，依此類推，最後以天蠍座零度作為十二宮宮首。

我個人對分宮制這個主題不予置評。我承繼了我的老師，採用柯赫宮位制（koch hous system），它對我來說很好用。不過我實驗過整宮制，而且很喜歡，如果個案要求採用不一樣的分宮制，我很樂意照辦。我把分宮制想像成攝影師用在相機上的不同鏡頭，每一種鏡頭都帶來些許不同的觀點。

建議你採用若干分宮制推算自己的出生圖，然後留神觀察，看看當移動快速的行運跨過每一個宮首時，會發生什麼事情。最可能的情況是，一或兩種分宮制將會脫穎而出，成為你個人的最愛。

編注❶：普拉西度制是目前世界上最流行的宮位劃分法，是屬於時間與出生地結合的計算方式。

為什麼我以成對的方式看待宮位

多數論述星象十二宮位的占星書，都是一個星座接一個星座依序談論。在本書中，我選擇將十二宮分成六對，每一對代表在星盤上彼此直接對立的兩個宮位。不論是哪一種分宮制，這兩個宮位總是同樣大小，宮首分別落在相對星座的同一度數上，代表的人生領域也是相反而互補：

- **一宮和七宮**：自己與重要他人
- **二宮和八宮**：個人資源與共享資源
- **三宮和九宮**：學習與理解
- **四宮和十宮**：起點與終點
- **五宮和十一宮**：創造與傳說（傳承）
- **六宮和十二宮**：此世與來生

就我的經驗而言，在星盤某一宮位中的行運也會衝擊到對宮。要麼，愈來愈聚焦在某一宮位，造成失衡，因為對宮的事物被忽略了，要麼，假使該行運特別困難，我們可能會選擇少花時間參與該宮的問題，「躲藏」在對宮。假使某顆移動非常緩慢的行星（例如，天王星、海王星或冥王星）正過境星盤的某個宮位，你可能會發現，同時解讀對宮大有幫助。

行運行星在一個宮位待多久

再次強調，這取決於你採用的分宮制，可能還包括出生那一年的時間和地點。假設你星盤中的宮位全都約略同等大小，那麼每一顆行星在單一宮位中的典型行運期將是：

- **月亮：**每個月大約兩天半
- **太陽：**每年大約一個月
- **水星：**每年大約三週
- **金星：**每年不足一個月
- **火星：**每兩年半大約一至兩個月
- **木星：**每十二年大約一年
- **土星：**每二十九年大約兩年半
- **天王星：**每八十四年大約七年
- **海王星：**大約十四年（海王星不會在你這一生中行遍你星盤中的每一個宮位）
- **冥王星：**長短不一，視冥王星所在星座而定，但介於十四至三十年之間（冥王星不會在你這一生中行遍你星盤中的每一個宮位）
- **北月交：**每十八年大約一年半

假使你出生在緯度距赤道極北或極南的地方，各個宮位的大小可能顯著不同，因此每顆行星過境各個宮位的時間長短也有極大的差異。

如何發現某顆行星正在過境某個宮位

查閱 Astro.com 的線上星曆，或是列印未來一年的星曆表。假使想要找出移動緩慢的行星何時進入新宮位，你可能需要巨型的二十一世紀星曆表。

在星曆表中，找出年分和月分，以及你想要追蹤的行星。沿著直欄向下搜尋，直至找到這顆行星抵達某一宮宮首的度數和星座的日期。這顆行星會一直待在那個宮位（逆行期除外），直至它抵達下一宮宮首的度數和星座的那個日期。

舉例來說，我的本命上昇點在射手座一點五四度。不久，行運土星將會跨越我的上昇點，雖然這聽起來不像是人世間最快樂的行運，但我其實準備好，等著土星離開我的十二宮。為了找出這件喜事降臨的日期（或許應該訂個蛋糕來慶祝一下），我查閱了星曆表，找到目前的年分和月分，定出頂端有土星符號那一欄的位置，然後不斷向後逐月搜尋，直至看見土星轉換星座為止。最後，在二〇一五年一月十二日這一天，我查到土星來到了一點五五度，只經過我的上昇點度數一分鐘。這就是切蛋糕慶祝的時候！

二〇一五年瑞士星曆表

二〇一五年一月

		☉	☽	☿	♀	♂	♃	♄	♅	♆	♇	☊	☊	⚸	⚷
1	6 41 19	10♑13'50	20♉37	23♑39	26♑43	21♒ 3	21°R46	0♐52	12♈37	5♓23	13♑10	15°R26	14♎56	3♍48	13♓46
2	6 45 16	11°14'58	3♊44	25°14	27°58	21°50	21♌41	0°58	12°37	5°25	13°12	15♎20	14°53	3°54	13°49
3	6 49 13	12°16'06	16°39	26°49	29°14	22°37	21°36	1° 4	12°38	5°26	13°14	15°10	14°50	4° 1	13°51
4	6 53 9	13°17'14	29°24	28°23	0♒29	23°24	21°32	1°10	12°39	5°28	13°16	14°57	14°47	4° 8	13°53
5	6 57 6	14°18'22	11♋59	29°56	1°44	24°11	21°27	1°16	12°39	5°29	13°18	14°43	14°44	4°14	13°55
6	7 1 2	15°19'30	24°22	1♒27	2°59	24°58	21°21	1°22	12°40	5°31	13°20	14°28	14°40	4°21	13°57
7	7 4 59	16°20'38	6♌34	2°58	4°14	25°45	21°16	1°27	12°41	5°32	13°22	14°15	14°37	4°28	14° 0
8	7 8 55	17°21'46	18°36	4°27	5°29	26°32	21°11	1°33	12°42	5°34	13°25	14° 3	14°34	4°34	14° 2
9	7 12 52	18°22'54	0♍31	5°54	6°44	27°19	21° 5	1°39	12°43	5°36	13°27	13°53	14°31	4°41	14° 4
10	7 16 48	19°24'02	12°20	7°18	7°59	28° 6	20°59	1°44	12°44	5°37	13°29	13°47	14°28	4°48	14° 7
11	7 20 45	20°25'10	24° 7	8°39	9°14	28°53	20°53	1°50	12°45	5°39	13°31	13°43	14°25	4°54	14° 9
12	7 24 42	21°26'17	5♎58	9°57	10°30	29°40	20°47	1°55	12°46	5°41	13°33	13°42	14°21	5° 1	14°12
13	7 28 38	22°27'25	17°56	11°11	11°45	0♓27	20°41	2° 1	12°47	5°43	13°35	13°42	14°18	5° 8	14°15
14	7 32 35	23°28'33	0♏ 8	12°20	13° 0	1°14	20°35	2° 6	12°48	5°44	13°37	13°42	14°15	5°14	14°17
15	7 36 31	24°29'40	12°40	13°24	14°15	2° 1	20°28	2°11	12°49	5°46	13°39	13°41	14°12	5°21	14°20
16	7 40 28	25°30'48	25°35	14°21	15°30	2°48	20°22	2°17	12°50	5°48	13°41	13°37	14° 9	5°28	14°23
17	7 44 24	26°31'55	8♐58	15°11	16°45	3°35	20°15	2°22	12°52	5°50	13°43	13°31	14° 5	5°34	14°25
18	7 48 21	27°33'02	22°51	15°53	18° 0	4°21	20° 8	2°27	12°53	5°52	13°45	13°23	14° 2	5°41	14°28
19	7 52 17	28°34'09	7♑11	16°26	19°14	5° 8	20° 1	2°32	12°54	5°54	13°47	13°12	13°59	5°48	14°31
20	7 56 14	29°35'15	21°55	16°50	20°29	5°55	19°54	2°37	12°56	5°56	13°49	13° 1	13°56	5°54	14°34
21	8 0 11	0♒36'21	6♒54	17° 3	21°44	6°42	19°47	2°42	12°57	5°58	13°51	12°49	13°53	6° 1	14°37
22	8 4 7	1°37'26	21°59	17°R 5	22°59	7°29	19°40	2°46	12°59	5°59	13°53	12°40	13°50	6° 8	14°40
23	8 8 4	2°38'30	6♓59	16°55	24°14	8°16	19°33	2°51	13° 0	6° 1	13°55	12°33	13°46	6°14	14°43
24	8 12 0	3°39'33	21°48	16°34	25°29	9° 3	19°25	2°56	13° 2	6° 3	13°57	12°29	13°43	6°21	14°46
25	8 15 57	4°40'35	6♈17	16° 1	26°44	9°50	19°18	3° 0	13° 4	6° 5	13°59	12°D27	13°40	6°28	14°49
26	8 19 53	5°41'37	20°25	15°18	27°59	10°37	19°10	3° 5	13° 6	6° 7	14° 1	12°27	13°37	6°35	14°52
27	8 23 50	6°42'37	4♉12	14°25	29°13	11°23	19° 3	3° 9	13° 7	6° 9	14° 3	12°R28	13°34	6°41	14°55
28	8 27 46	7°43'36	17°38	13°23	0♓28	12°10	18°55	3°14	13° 9	6°12	14° 5	12°27	13°31	6°48	14°58
29	8 31 43	8°44'33	0♊45	12°15	1°43	12°57	18°47	3°18	13°11	6°14	14° 7	12°25	13°27	6°55	15° 1
30	8 35 40	9°45'30	13°38	11° 3	2°57	13°44	18°39	3°22	13°13	6°16	14° 9	12°20	13°24	7° 1	15° 4
31	8 39 36	10♒46'26	26♊16	9♒48	4♓12	14♓30	18♌32	3♐26	13♈15	6♓18	14♑11	12♎12	13♎21	7♍ 8	15♓ 7

Delta T= 67.90 sec.

第十章

一宮和七宮
自己與重要他人

人們求教於占星師的理由繁多，但親密關係是最常見的原因。如何才能邂逅某人、與某人結婚、讓某人對你保持興趣或是讓某人回頭呢？配偶在欺騙你嗎？該不該離開原配，與男友／女友遠走高飛？

最後，我多半放棄了提供這方面的意見，因為我相信，不論多麼誠懇和善意，我的個案當時都問錯了問題。提醒你一下，那些問題，許多都是我單身時提過的問題，因此也都是問錯問題。我這一生，時時刻刻都在尋找愛。一直到我在那樣的搜尋中短暫停歇，把焦點放在對我來說相當重要的其他事情上，我才終於成為——為了找到愛——我需要成為的那個人。

一宮和七宮的軸線就是這樣一分為二。一宮是自我與身分的宮位——「我」的宮位。七宮是重要他人的宮位——「你」以及「我們」的宮位。當我們描繪親密關係的狀況時，那個畫面的特色是：自己的理想化版本——恰到好處的體重，看上去幸福快樂，加上令人滿意的事業與完美的髮型。這當然好，除了在某種程度上，我們以為，只有找到恰當的親密關係，自己的理想化版本才會被達成。的確，透過生命中最親近的關係，我們有機會成為更好的自己。事實上，我們必須喜歡自己的本性，才能吸引到親密關係以及喜歡我們的對象。

一宮：成為你自己

傳統名稱：命宮

管轄領域：個體性、自我性、人格、外貌、門檻、緊急情況

立場相同者：牡羊座；火星

我們用來吸引愛的方式時常是搞錯方向。我們沒有擁抱自己的本性，將之奉為典範，反而設法將自己塑造成某種想像他人將會覺得迷人的生物。假使成功了，我們吸引到我們也認為迷人的伴侶。但不幸的是，我們最後與迷人的某人在一起，對方還可能是個很好的人，但並不真正適合我們內在的本性。

要擁有美好的親密關係，唯一方法是：接受你自己本來的樣子，以及你現在的所在位置，那是一宮的工作。如果你需要認真改進（大家都一樣，不是嗎），那就動手全面檢修吧。就像你的老師以前常說的，盯好自己的工作：找到適合你的外貌、事業、房子、朋友、樂趣。要愛上一宮的自己，然後七宮將會水到渠成。

當行星過境一宮時，要好好釐清你的本性，以及你想要成為什麼人。有時候，這些功課很仁

慈；有時候，功課不但深奧，而且相當痛苦。大部分的人兩種功課都會遇到，而且全都蘊含有趣的重點，教人明白，你想成為什麼樣的人，以及想要與什麼樣的人共享人生。

行運太陽在一宮

友人有一套非常好的方法，用來決定到底哪一套新裝或髮型適合她。「我就照著鏡子，」她說，「然後問道：『我看起來像我自己嗎？』」當行運太陽在你的一宮時，這正是你該問的問題。你的外表與你的內在相符嗎？他人眼中的你是真實的你嗎？你看起來像你自己嗎？

本月，太陽是不會滿意的，除非你能夠在眼中看見你自己，同時微微一笑。是的，你看起來像你自己。是的，你喜歡眼中所見。而且，假使某些人似乎不喜歡你現在的模樣，唔，那麼你反而必須花更多時間與喜歡你真實面貌的人們相處。

本月，盡你所能，將自己擺在第一位。哦，我知道，你有小孩，你有承諾。我明白。但我敢說，你每天可以花十五分鐘將自己擺在第一位。譬如，開車去上班：不要把那段時間浪費在盡想些無謂的酷炫新招，反而該要好好利用，聆聽有聲書、唱唱歌、大聲吼叫，將時間用在自己身上。

最重要的是，太陽過境一宮是挑戰自己的時候。愛蓮娜．羅斯福（Eleanor Roosevelt）[1]曾說：「你必須做些你自認為辦不到的事。」何況這個月本該如此。要在本月處理令人害怕的任務，然後你會發現，很可能這些不僅增強你的活力，而且提升你整體的安康幸福感。

行運月亮在一宮

這是稍縱即逝的次要行運，每個月大約兩天半左右，月亮行經你星盤中的一個宮位。月亮是一股變化無常的勢力，當它行經一宮時，你的自信可能會有點搖擺。從好處想，這可是一段美好時光，得以嘗試新形象，或是稍微改變影響你外貌和力量的日常習性。

這裡談到每年最重要的月亮行運，出現在新月落入星盤一宮的月分。這是一次強而有力的新月，適合設定與外貌、人格、體力、勇氣以及願意嘗試新鮮相關的意圖。

行運水星在一宮

水星移動快速，通常過境星盤的每一個宮位需要幾週時間（逆行期除外，這時要多加一週時間）。水星是心靈、感知、溝通的行星，因此，當它過境一宮，你將會經常想到（而且八成忙著談論）你自己：你是誰、你想要什麼、你的外貌如何、你想要在什麼地方。你將會好奇，該如何改善人生的這個領域，將會有興趣與他人談論這些主題，將會渴望盡可能閱讀與此相關的一切文字。

譯注❶：一八八四—一九六二年，美國第三十二任總統羅斯福的妻子。

行運金星在一宮

金星代表我們享受的事物，也與金錢和資產相關。當金星過境一宮時，要讓自己變得更美麗，要自得其樂。

在這個月，多少寵愛一下自己。要特別注意外貌；假使預算許可，去一趟美容院或水療中心可是美妙的享受。讓專家為你的髮型或衣櫥提供意見；此外，待人接物要更親切慈祥。金星的禮物是美麗和嫵媚，因此，你現在應該有能力圓滑地應對衝突，讓最凶猛的對手也卸下武器。

行運火星在一宮

這個行運使人精力充沛，尤其在身體上。你可能感覺特別有動機，懂得自我導引，只是有點任性衝動。但這裡有一則告誡：火星過境一宮時，可能會將成堆的衝突傾倒在你家門前。假使看似人人都在找你吵架，那就有兩種可能性。其一是，你有許多的憤怒或挫敗忙著探出頭來，尋找可以參與的方式。其二是，你受到挑釁，要以一種絕對合法但你往往難以做到的方式表現憤怒或為自己挺身而出。這個行運是學習為自己出頭卻不刺傷別人的良機。

行運木星在一宮

占星師都懂這則老笑話：當人稱「豪邁」行星的木星過境一宮時，你的體重必定與日俱增。事實未必如此，但當木星造訪星盤的這個部分時，界限的確容易被調整、腰帶帶扣不斷後退。木星熱愛吃喝玩樂；當木星在一宮時，往往比平時更容易投射愉快、風趣、慷慨的形象。木星通常被描述成「好運」行星，但當他過境這裡時，你如實地造就自己的運氣。愉快的氣質通常吸引到善意，於是在木星繼續推進時，你擁有的可能比你該得的多。

行運土星在一宮

當土星過境一宮時，你可能看似一夜之間老成了。你認真、成熟地與每一個新情境交手，承擔著大過你可能需要承擔的責任。假使你扛負著不容置疑的額外重量，土星一宮可能會透過他嚴格的紀律與目標設定，幫你減輕重擔。你的打扮和服裝可能變得更低調、更合身。

土星過境一宮的最大挑戰在於，對抗悲觀的態度。土星往往聚焦在什麼是錯的，而非什麼是對的。此外，你可能很難以不忸怩的自然方式表達你的人格。要對自己有耐心，降低自我批評的效力。

行運天王星在一宮

轟！天王星進入一宮猶如晴天霹靂。假使你一直過著不那麼真實的生活，被規矩和限制束縛住，被恐懼所管控，你將被驚醒，渴望解放自己。該是重新出發的時候了，從你的外貌到你的事業，再到你的倫理和道德，總總一切。這個過程將會大大顛覆你已經為自己建立起來的人生，而且很可能令自己和他人苦惱，但卻不可否認地令人解脫和雀躍。有些日子，你會覺得不再認識自己。事實是：你的確不認識自己。這個行運可以開啟你這輩子最戲劇化的一次整體改變。現在的工作是讓自己改變；你可以之後再重新熟悉自己。

行運海王星在一宮

行運海王星可能是個來到你家門前、召喚你遠離家園的海妖，有時候的確是海妖，但有時候，卻帶你進入超凡脫俗的靈界、音樂界或玄學界。你可能發現自己處在某個迥然不同的地方或環境，以致於完全無所適從，質疑起對自己的一切認知。見到海王星，幾乎總是有某種失落或悲傷，是水手揚帆出海時感覺到的那一種。但為了探索新海域，你必須拉起船錨，向留在岸上的某些人揮手道別。

行運冥王星在一宮

行運冥王星在一宮將會改變你的人生景觀，就像天王星或海王星那樣。但冥王星過境此宮的效應，是要剝光你任何的狡詐或偽善，就像女演員被八卦攝影師逮到沒化妝一樣。在這個行運期間，你不會總是光鮮亮麗或舉止得宜。在極具挑戰性的新領域，你可能會努力奮鬥，以求找到應對之道。你好似正被磨光、準備塗上新漆的牆壁。到了這個行運結束時，你八成不再像行運初期那樣渴望取悅他人。於是，當你攬鏡自照，將會看見更堅強、更真實的自己。

行運北月交在一宮

北月交過境一宮，快樂之道落在優先考慮自己。這對某些人來說比較容易，對某些人則不然。優先考慮自己並不代表你完全不對摯愛付出。這個行運每十八年才出現一次，因此，你不需要擔心它會害你變成自私自利的我執狂！事實上，當北月交過境一宮，代表輕易和舒適的南月交就在取悅別人的七宮。假使你在每一個情境中的直覺回應都是看重他人的需求，那就必須多多尊重自己，才能平衡過來。

七宮：與重要他人一起成長

傳統名稱：婚姻宮

管轄領域：合夥人、婚姻、對等的關係、公開的敵人、評斷、協商、仲裁、調停

立場相同者：天秤座；金星

傳統上，七宮被稱作「婚姻宮」。對現代心靈來說，這幻化出一幕幕浪漫情侶的景象。當然，我們在這個宮位找到承諾的結婚伴侶，但也找到其他十分重要的關係。這是一個對等的宮位，因此，我們在這裡找到最親近的同輩友誼和事業夥伴，以及不共戴天的公開敵人。假使你被

控告，這個宮位就代表原告。

七宮描述親近的關係，沒錯，但既然這個宮位在「你的」出生圖中，所以也告訴我們與你相關的訊息。因此，七宮象徵他人在關係中如何感知你、你處理彼此關連的方法、以及你可能希望透過親近的關係成為什麼樣的人。

七宮的行運提供催化劑，讓人開始或終止關係、重新協商關係的條件、學習唯有透過最親近的關係才能夠理解的重要功課。

行運太陽在七宮

當太陽進入七宮，要好好想一想，該如何與你最親近的人建立更快樂的關係。強烈、刺眼的太陽光長驅直入，因此，這個月，你可以仔細檢查然後好好評估你的婚姻、最好的友誼，以及其他的七宮連結。最好的朋友都由你撥電話給他、開口邀他共進午餐嗎？你的婚姻變得無聊乏味嗎？還是配偶的評論使你覺得被忽略、不被欣賞？有競爭對手偷走了眾人對你的關注嗎？本月，將這些情況平衡回來，讓你可以發光發亮，贏回你配得的。

但是，如果你對摯愛有吹毛求疵或批判評論的傾向，要在本月練習展現關懷和接納。若要做到這點，聆聽是最好（也最難）的方法之一。與最了解自己的人對話，我們容易落入一再重複同樣對話的習慣。現在，要真正聆聽，然後好好提問。

行運月亮在七宮

在這段每個月兩天半的短暫時間裡，你得到機會，要去注意生命中的重要關係使你有何感覺。不過，要慎防依據這些感覺行動，因為月亮是完全不理性的。舉例來說，你在不是故意的地方感知到冒犯。無論如何，一定要在這些日子好好關注你對親近的人的直覺，因為有時候，只有當我們被直覺而非心智所引導，才會注意到究竟是怎麼一回事。

行運水星在七宮

好好聽著，尤其是對待最親近的人，我們容易養成不特別注意對方說話內容的習慣，甚至更不注意對方沒說出口的話。當水星（感知的行星）行經七宮時，要假裝你是個新聞記者，調查著你最關心的人的生活。假裝你第一次認識對方，你會問對方什麼呢？

行運金星在七宮

金星七宮是在家，因為兩者都與和諧、平衡、夥伴關係相關。假使是老夫老妻，這是與伴侶共度迷你假期的好時光，或是至少安排一次特殊的出遊；現在，你們將會真正享受對方的陪伴。假使你正在尋找愛，那麼一定會在這個行運期間邂逅幾位有魅力的對象。在這個行運期間，也要額外注意和關心一下最好的朋友。談到競爭對手，要記得美國總統亞伯拉罕·林肯說過的話：

「一旦讓敵人成為我的朋友，不是就擊敗對方了？」

行運火星在七宮

這是恐怖片中的熟悉情節。勇敢堅定的女主角，在風雨交加的夜晚，獨自在屋內，被暗處的敵人威脅著。她接了一連串折磨人的電話，於是要求警方監聽她的電話。另一通威脅性十足的電話打過來，然後警方立即打電話給她：「電話是從屋子裡打的！快出來！」

振作起來：當行運火星在七宮的時候，要避免衝突幾乎是不可能的。最難的部分在於，多數的攻擊來自最親近的人——你的配偶、最好的朋友、事業夥伴。七宮是最親近的友人和公開的敵人；與這兩種人相處，難免有發洩牢騷怨氣的時候。當火星過境七宮時，那個時刻已然到來。只要記住，好好吵一架，意思是，發洩牢騷怨氣，但不謾罵，不作人身攻擊。好好吵一架意謂著，聲明對你來說重要的事，不對此讓步，但帶著尊重和信任這麼做。

行運木星在七宮

看見這個行運到來時，人們興奮雀躍，尤其如果是單身且不樂於單身的人。當太陽系中最幸運的行星進入關係的宮位時，它只可能代表好事，對吧？

是的，但這不可能剛好代表你期望它代表的事。你幾乎一定會邂逅使你敞開心扉、迎向新關係的人，這人鼓勵你勇於冒險、好好探勘。如果你是好學生，這個行運期間，你的關係一定會教你許多。但如果你期待不給承諾的男友向你求婚，那就別奢望了；假使對方不確定是否想要跟你在一起，這可能是他喊停的時候；這將是有史以來對你來說最幸運的事，因為你配得會真正使你快樂的某人。木星可能為你帶來你欲求的關係，但它也是渴望自由的行星。對於感到受局限而非躍進至新承諾的關係，這個行運可能比較適合讓自己從中解脫。

行運土星在七宮

土星是嚴肅、保守的，尊重社會秩序。在土星看來，承諾的關係是文明社會的基石。因此，當土星進入你的婚姻宮，他不會含混帶過。假使你的關係搖搖欲墜，土星會讓它脫離悲慘。假使你的關係需要承諾，土星會幫你成就好事。假使你需要的是給自己時間，完全沒有關係，土星會使你心願成真。

考量社會的最佳利益，土星不會讓你縱情於玩樂。他需要你展開行動，負起責任，要麼使你的關係生效，要麼讓它們離開。當土星過境七宮時，他問：「你能夠經營一段關係嗎？你真正想要一段關係嗎？你迫切想要的程度足以克服重重障礙，以求得到它或保有它嗎？」

行運天王星在七宮

假使你的夥伴關係真正對等，那麼獨立已是這個等式的重要一環。在行運天王星進入七宮，準備待上好長一段時間之際，這點將會派上用場。天王星強力要求自由，勝過一切，因此在這個行運期間，你的關係的活力與幸福取決於雙方均擁有充分的自由。顯然，關係必須先為你們兩人出現，但除非你看重並滋養你的獨立性，為你的個人友誼和興趣騰出時間，否則你的夥伴關係可能會讓你覺得像是土星式的障礙挑戰場，而不是滋養你的容器。然後就在這時，行運天王星開始顯得像顆專搞破壞的大鐵球，夷平你的婚姻和你最親愛的友誼。

有趣的是，假使你沒有長期關係且希望擁有（尤其如果你有點年紀，一直為求最佳人選長期堅持著），那麼這個行運最終可能會將那人帶到你面前。行運天王星與打破陳舊模式相關，因此，如果你的關係模式至今仍舊無法為你服務，這倒是斷離這些模式的契機。

行運海王星在七宮

海王星過境七宮時，你將學到許多與他人本性、非他人本性相關的事。對人幻滅是痛苦的，不幸的是，那常是這個行運的一部分。通常，在你投入許多時間、心力幻想對方時，幻滅最為嚴重。在往後所有親近的親密關係與夥伴關係中，你對自己頗諳人性的想法（其實是，你對自己善於識人的自信）持續受到考驗。

海王星的積極面是，一旦真正清楚眼前的事，明白正與誰交手，你就能自信地將整顆心交付給一段關係。墜入愛河時，我們經驗到的可能是一件美麗的事（只要我們知道自己正選擇去相信一個幻覺）。舉例來說，假使不相信配偶最好的一面，沒有一丁點與對方戀愛的感覺，多數人不可能長期維持幸福的婚姻。最幸福的情侶似乎是想方設法保持愛戀的夫妻，儘管日復一日與另一個人和對方的習性（大聲咀嚼、上完廁所卻不將馬桶座還原）生活在一起。

因此，幻覺可以是美好的事，但在關係中必須省著用。當海王星過境七宮時，特別重要的是，慎重對待你選擇一同合作的夥伴以及共享人生的伴侶。要做好準備，可能不時瞥見真正的對方探出頭來。

行運冥王星在七宮

在這個行運期間，你可能會發現關係困難重重，但也可能恰好發現，你最親近的人正在經歷某些十分困難的改變和挑戰。配偶失去父親或母親、朋友被診斷出罹患衰竭性疾病、事業夥伴面臨中年危機陣痛期——行運冥王星在七宮，這些全都是它表達自己的合理方式。不論是什麼事件（婚姻尤甚），這個行運期間可能都需要一些支持；極端的情況則適合全面大翻新。

冥王星過境七宮強烈要求你誠實查看你的關係，也強烈要求你，讓最親近的人看見你的真實樣貌。事情「真實起來」——人人展現真正的本性。當你細究這點時，生活中值得我們毫無保留奉獻的人少之又少，而且正是這些人，我們可以與其分享自己最好和最糟的面向。當冥王星過境七宮的時候，你將得到機會，可以釐清誰值得留在你的生命中、誰不配留下。凡是並非奠基於誠實的關係，都捱不過這個行運。

行運北月交在七宮

你的關係公平而對等嗎?還是你做的事一直多過該分攤的重擔?當北月交過境七宮,尤其是日/月蝕發生在這個宮位的時候,你將益發感覺到,無法繼續維持沒有同等尊重雙方的任何關係。關係時常在這個行運期間告終,而沒有結束的關係將需要某些微調,才能讓天平回復平衡。

當北月交過境七宮時,南月交一定過境一宮。你可能容易扮演孤狼,保持獨身,不遷就他人。但還有另一條路(通向改變人生的關係),只要你擁有夠強的自我身分感,知道可以為他人卑躬屈膝到什麼程度。

第十一章

二宮和八宮
個人資源與共享資源

二宮和八宮傳統上被稱作財帛宮。但細究其本質，我認為，從所有資源中最基本的「身體」開始探究會有所幫助。財帛來來去去，但你的身體卻是所有財產中最重要的。

在占星學上，你與物質世界的關係坐落在二宮。當你考量到八宮象徵他人的身體時，你才會開始明白，為什麼這個宮位最常與「性」相關（性是與他人分享資產的終極範例）。

當然，重要的財帛（更精確的說法是，你所賺取的財帛）可以在二宮找到。此外，我們也將在這裡找到資產，包括你用來裝扮身體的服飾，以及布置住家的家具（不過要注意，土地與你真正的住處屬於星盤的四宮）。

無論如何，我們想要購買的某些東西是超出大眾資源的範疇，只有最富有的人才享受得到。達成形形色色的昂貴目標，需要存取傳統上代表「他人財帛」的八宮。假使你需要籌錢買房子，通常需要抵押借款，這讓你使用他人的金錢。萬一你居住的那一州想要籌措大筆公共工程資金，州政府可能會賣掉債券，或是增加稅收，兩種方法都是從共享資源中取財。災難性意外或疾病的開支，是多數人擁有某種保單的原因，這是另一個集中個人資源供大眾使用的方法。

畢竟，實物證據（二宮）與不可知的無形事物（八宮）之間是有所差別的。這使我們從確信自己是分離個體的二宮，移動至「我們每一個人其實都以某種神祕方式相互連結」的八宮，在此探索這個觀念。

二宮與八宮的行運可能以形形色色的身體、財帛或性愛方式影響你。視過境行星以及兩個宮位在你出生圖中的狀況而定，你可能會有所斬獲，或是經驗到些許挫敗。不論何者，你都更加理解，何謂「擁有」與「分享」，何謂「活在有形世界」與「活在無形世界」。

二宮：你的資產

傳統名稱：財帛宮

管轄領域：可動資產、收入、自信、個人價值、穩定性

立場相同者：金牛座；金星

大衛．歐文（David Owen）在他的著作《房子四周》（*Around the House*）當中講了一則故事，說一個家庭帶著兩個小姊妹遷入新居。妹妹瑪莉厭倦了老用姊姊咪咪的二手貨。在新居選擇臥房的時間到了，這時，爸媽告訴瑪莉，這一次，她可以先選。瑪莉立即表明：「我要咪咪的房間！」

凡是跟兄弟姊妹共用臥房的人，長大後可能告訴你，人人都想要擁有自己的房間。甚至我們長大了，娶了或嫁了樂於盡可能與人分享的人，我們還是嚮往自己的空間：我的那一半床、我在浴室中的洗滌槽、我自己的家用辦公室。我們也想要自己的物品，於是，早餐時偷走了最後一個貝果之類的輕微犯規，可能使不穩定的關係亮起紅燈。

我們想要自己的空間和物品，因為這些證實我們的存在。這些是有形的表達，表達出我們如何重視自己、如何期待被他人所重視。我們的物品和空間反映出個人的品味與風格，向世人聲明：「我喜歡這樣，不喜歡那樣。」小時候，別人鼓勵我們與他人分享。及長，有更多的媒介準備分享我們的物品和我們的空間。

星象的二宮，傳統上被稱作「財帛宮」，那是個簡潔的說法，不見得不真實。但更深入探究，我們可以說，二宮是你祭起法寶、防範物質世界、以此強化自我身分的地方。

譬如，與其說你的座車顯示你開車的能力和冀望交通便捷的需求，倒不如說它透露了更多關於你的訊息。座車以實例說明，你是否重視速度勝過可靠度、重視造型勝過燃油效率，或是重視安全勝過其他。買了車之後，對座車好到什麼程度往往可以估量你把自己照顧得多好。占星家黛娜．格哈特（Dana Gerhardt）說，她總是詢問個案開什麼車，她說：「表示熱愛自己座車的人，事業上總是快活、興旺的。」

二宮也掌管收入，特別是你所擁有且可以變換成金錢的資源。這些可能是銷售技巧，但也可能是自信、自給自足、可信可靠之類的個人特質。

行星過境二宮帶來影響你個人空間和財產的新人、新事、新經驗，以及你賺錢的能力。這些行運也表示別人要求你分享的時間。你樂意這麼做嗎？還是你捨不得讓他人體驗一下你的財產。

行運太陽在二宮

二宮象徵你的金錢和財物。雖然金錢未必能買到幸福，但你對金錢的態度卻是能否真正滿足的關鍵。

不論你對自己的身體、財物或收入多麼不滿意，當太陽過境二宮，前來數算你的福分時，要做出有意識的努力。

本月，結算所有帳款，顯示對財產的尊重。核對支票帳戶，償還貸款，歸還借來的東西，修理破損的個人物品，或是回收再利用。

最後，投資自己的幸福快樂。有時，這意謂慈愛的付出，有時則代表為朋友得到意想不到的禮物而喝采。假使你一直因為沒有錢而延後做出人生的重要改變，那麼這個月該要開始投入金錢，不論多寡。找一只大罐子，每晚將身上的零錢掏空放進去；有總比沒有好。

太陽想要你快樂。本月，將會使你最快樂的事，莫過於：感激和讚賞你擁有的一切。

行運月亮在二宮

這是稍縱即逝的次要行運，每個月大約兩天半左右，月亮行經你星盤的一個宮位。月亮是一股變化無常的勢力，在這個行運期間，你的財務、自信、意志力可能會有點不穩定。

多數時候，你不會十分關注這個行運，只有每年新月出現在你星盤二宮的那個月除外——通常，太陽也在這個月過境你的二宮。這是一次強而有力的新月，適合設定與財務、身體形象、安全感相關的意圖。

行運水星在二宮

水星是心靈、感知、溝通的行星，因此，當它過境二宮時，你的焦點將會集中在金錢、身體以及你所重視的其他財產上。你將會好奇，該如何改善人生的這個領域、興致勃勃地與他人談論這些主題、渴望盡可能讀到相關的一切文字。水星向來勇於學習和開發技巧，因此，這個時間適合精通可以用來管理財務或監督健身目標的科技。

行運金星在二宮

金星代表我們享受的事物，也與金錢和資產相關，因此，金星二宮是正好在家。

本月，以你喜愛的方式花自己的錢和使用自己的資源。你也不需要過度花費，尋求極致的享受，只要用比較愉悅的方式澈底打掃住屋、重新擺設家具，即可達到目標。基於一切事物生而平等，因此，本月你八成感到相當充裕；假使有些餘錢可花，就用它來美化你的外貌或住家吧。金星代表陰柔，因此這個月，生命中的女性可能對你的財務或資產造成衝擊。

行運火星在二宮

當戰神蒞臨，可預期激情會被挑起，衝突會出現。在二宮，這些衝突的主題可能是你的資產。譬如，你妹妹可能責怪你擁有太多的古董瓷器，或是職場上的某人可能與你競爭某個有利可圖的升遷機會或客戶。

火星也為過境的星盤領域帶來能量和主動性。當火星在二宮，這是展開健身或節食計畫的絕佳時機。可刪減預算、撙節開銷，尤其要避免衝動型支出（火星往往行動先於思考）。假使你一直設法鼓足勇氣，逮住某個賺錢的新案，這時不妨要求提升或增加產品與服務的報價。火星過境二宮是站在你這邊的。

行運木星在二宮

行運木星將在你出生圖中的每一個宮位度過大約一年時間。當這顆高度學習、探索、「長途涉水」的行星，蒞臨你星盤中相當於美國聯邦準備委員會的宮位時，會發生什麼事情呢？

當木星在二宮的時候，你往往比平時更相信自己一些。或許他人也表示對你有信心，可能就連決定你薪水的人也對你信任有加。通常，當木星在二宮的時候，你將會看見收入增加，或是某筆飛來橫財，使你更樂觀看待自己的經濟保障。有時候，某種比較正向的態度鼓勵你去冒險，同時做出最終如實得到回報的社會連結。

話說回來，假使這一切的信心和樂觀失控了，你可能有支出過多的傾向。這個行運通常不會為生活帶來過多的債務（這點尚需參照八宮），但關於經濟或儲蓄，卻相當缺乏審慎的態度。

行運土星在二宮

首先，好消息是：這個行運可以好好幫你辨認對你最有意義的事業。當土星過境二宮時，你將會渴望投資自己的長期目標，同時履行實用而長期的計畫，以求改善財務。

不過，凡是土星過境的地方，都容易自作自受。假使打從得到第一份工作那天開始，你就認真儲蓄，那麼這可是個非凡的行運，將你推升至財務階梯的下一個等級。但是，如果你過去一直沒有明智地處理財務，那麼這個行運一開始，你可能會感覺到似乎沒有足夠的資源可以投資。倘若你一直照顧著自己的身體，你應該看起來、感覺上都很不錯，但如果你沒那麼做，八成也將看見並感受到不好的結果。要從過去的錯誤中學習。假以時日，加上耐心，你還是可以建立起你想要和需要的身體氣力和財務狀況。

行運天王星在二宮

當天王星過境二宮，你八成會感覺到一股在財務上解放自己的強烈衝動。那聽起來像某種油腔滑調的行銷宣傳花招，但其實很真實。天王星過境二宮並不保證你將擁有想要的一切，或是你的財富將在一夜之間改變。它給出的保證是：當這個行運結束時，你將在某種程度上擺脫財務的束縛。假使你向來焦慮金錢，就會少焦慮一些。如果你一直為薪水而工作，可能行運結束時，你擁有了「自雇人士」這個脆弱但自主的身分。

當天王星過境二宮時，你愈來愈欣賞自由，或許是由於認識了某人，這人的生命並不強調金錢和財物。你可能會搬進一棟屬於自己的住家、租一間辦公室或工作區，不然就是開闢出一小塊完全屬於自己的不動產。更有價值的是，你渴望靠自己的條件過活，這是金錢再多都比不上的。

行運海王星在二宮

在這個行運期間，你對物質世界的價值和態度，可能愈來愈受悲憫與靈性渴求的影響。在這樣的影響下，一個人可能會放棄所有世俗的財物、加入和平工作團（Peace Corps）❶或神職。這是大好機會，可以將你的金錢和財務價值觀，帶入與自我信念更加密切契合的狀態。

另一方面，你可能需要面對物質主義的幻相。你一直是個理想主義者，堅持金錢和財物毫無意義嗎？你可能被迫在這個行運期間重新評估這個觀念。低估金錢的力量可能得到的一個結果是：拒絕承認一個人最有限的天然資源（生命）與取得金錢和財務之間的聯繫。當你看不見此二者之間的連結時，就看不見輕視金錢和財務等同於輕視某人取得這一切所做的努力，或是看不見這筆金錢可能在人世間成就的善行。

譯注❶：一九六一年在美國創立的和平組織。

占星學教導我們，珍視你擁有的一切，事實上，就是珍視你是誰。拒絕關注金錢、「忘記」支付帳單、拒絕承認自己的財務現況、對生命中的重要他人隱瞞你的財務——這些都是占星家史蒂芬·福雷斯特（Steven Forrest）[2]所謂，針對海王星過境二宮做出的「低能量」或較不開悟的回應。

這則故事的寓意是：金錢不意謂著一切，但那並不是說，金錢毫無意義。

行運冥王星在二宮

冥王星是眾神中最富有的，因為「富豪」的英文叫做plutocrat。當冥王星長期而緩慢地過境二宮時，期望你有能力讓自己更富有是相當合理的。那可能會是真實的，尤其針對直接操控你的賺錢能力而言（譬如擔任承包商）。

在冥王星過境的地方，他剝除不服務至善的一切，他取走我們不想擺脫的事物，如此，我們才能釐清真正需要什麼。所以，當冥王星過境二宮時，你可能擁有大筆飛來橫財，同時面對令人失望的損失。你可能將會經歷到長期渴望擺脫耗占空間又攪亂生活的所有東西，然後活出更斯巴達式的簡樸生活。在這個長期行運結束時（可能長達三十年喔），你將會知道自己真正需要什麼，然後準備好心無旁騖完成目標。

行運北月交在二宮

這個行運的禮物，是深切且滿懷希望地持續體認到自己的重要性。二宮的自信與「比他人更重要」無關，這份自信單純來自於：知道你在人世間占有一席之地，明白你是有價值的。

當北月交過境二宮的時候，南月交正行經代表來自他人支援的八宮。在這個行運期間，常見的錯誤是：想像你需要他人來證實你，想像那份自信是他人賦予你的禮物。真正的朋友將會支持你，鼓勵你自立自強，而不是依賴他們。

在這個行運期間，特別是日／月蝕落入這個宮位時，你可能會面對財務的挑戰。通常會有方向上的變化，要麼倚賴他人，要麼證明你可以照顧自己，從而增強自信。

八宮：你的就是你的，也可以是我們的

傳統名稱：他人的財帛宮

管轄領域：集體資源、保險、投資、銀行、性愛、難免一死

立場相同者：天蠍座；冥王星

譯注❷：一九四九年生，美國占星家、作家、演說家。

詢問某人，她覺得今生是否得到了應得的支援，此時，你正與對方的八宮交談。這個宮位有困難行星的人，通常回覆的答案是否定的，說她凡事自己來，因為沒有人會伸出援手。話說回來，這個宮位有金星或木星的人，則時常得到他人的幫忙，甚至可能對此感到些許罪疚，或是對自己自助的能力不太有把握。

八宮位於代表個人財物的二宮的對宮，象徵他人提供的事物。具體而言，這個宮位象徵你的夥伴的金錢。困難的行星在八宮，表示配偶的財務狀況錯綜複雜或縮小遞減，或是對方並不樂於分享。好行星在八宮，反映的情況則恰恰相反。

八宮也代表他人的資源匯聚。譬如，保險就是八宮的事，因為許多人貢獻，而且不是人人直接獲益。稅金也由八宮支配，理由雷同。銀行是由八宮支配，因為銀行堆滿他人的金錢。假使你要申請貸款，就是到八宮執行，不論對方是銀行，還是潛藏在附近巷弄中形跡可疑的黑道人物，兩者都擁有你需要的金錢。

俗話說，性、死亡、稅金是沒人避得開的三件事。除了稅金，性和死亡傳統上也與八宮聯想在一起。性行為歸屬八宮，因為就在這裡，一個人的……資產，與另外一個人的資產相混合。雖然法國人將性高潮稱作「小死亡」（la petite mort），但死亡與八宮之間其實有更直接的連結。八宮可能涉及也可能不涉及真正的肉體死亡，但肯定挑戰我們難免一死和死後世界有何奧祕的觀念（我認為，真正的肉體死亡更可能是四宮的管轄範圍，但我承認，在占星學校時，我刻意略過那門功課，因為我寧可自己的死亡來得突然）。在八宮，你將會發現林林總總將你從一個人蛻變成另外一個人的經驗。

行運太陽在八宮

行運太陽每年只花一個月左右的時間在你的八宮，這八成不會是你最愛的月分。最可能的情況是，心靈中積滿灰塵的幽暗深處被突然掀開，裡頭的小精靈們因光而畏縮。這是每年你與心中惡魔搏鬥的月分；基於這個理由，本月其實非常適合用更健康的習慣（例如運動或靜心）汰換有毒的習性。

八宮是複雜的，但最重要的是，我把它想成熱情的宮位之一。在八宮當中，我們可以十分專注於過去，甚至完全忘記自己是誰、身在哪裡、是什麼模樣。

有時候，我們的熱情變成了強迫症。我要提供一則可能聽來奇怪的建言：太陽過境八宮時，要尊重你的強迫症！強迫症是熱情正試圖被表達出來的信號。因此，要好好覺察，承認它們，然後才能理解這股沒被表達出來的狂熱正試圖引領你去向何方。

這個月，要為你的熱情保留空間。花時間聆聽自己可能與花時間聆聽伴侶和朋友一樣困難。許多要求強索我們的所有時間，當然，按優先順序處理總是有必要的。但就是這個月，要優先將一些時間撥給你所熱衷的事物。

滿懷熱情耗掉的時間是否有生產力，其實無關緊要。不要計較結果！熱情可以帶領你到有趣的地方，但那不是跟隨熱情的唯一理由。最好的理由是：熱情幫助你感到快活。

行運月亮在八宮

這個行運僅次於月亮過境十二宮，是本月的低能量時間。你現在特別容易因吸收他人的情緒而受傷，因此，要堅持為自己闢出時間，好好獨處。不過，你的直覺處在高峰，這時候非常適合寫作、畫畫、諮商，或是從事需要同理心以及有能力理解他人的任何工作。

行運水星在八宮

水星是感知、思維、溝通的行星。這是水星的週期，要在這時詢問自己和他人一些艱難的問題。就本命而言，這是適合研究或偵探工作的絕佳水星位置；它描述能力，懂得解讀極其難以捉摸的信號和線索，這些也是水星過境這裡的好處。就實用面而言，少有行運比現在更適合重新審查你的投資和保險以及整理住屋。凡是需要目光銳利和健康的懷疑意識的任務，都非常適合這個行運！

行運金星在八宮

當金星過境八宮，你通常會比過去接收到更多的支持和情感。假使你需要申請貸款或請求幫忙，這是採取行動的有利時機。現在尤其可以感覺到夥伴關係是支持、鼓勵、愉悅的。肉體關係尤其令人滿意，因此這個行運可能標明親近關係轉變成親密關係的時刻。

聽來可能掃興，但這卻是規劃遺產的好時機。要利用這個行運確保你的遺囑被記錄成文件，以及當你不在這裡照管你的俗世財物（包括你的身體）時，它們將有辦法找到適當的主人和住所。

行運火星在八宮

火星是衝突的行星，而八宮是分享資源和親密的宮位。想想看，在這兩個半月期間，你將會與最親近的人發生一或二回的爭吵。沒錯，我也一樣。

火星象徵那股衝動，要去拿取你的財物，要讓事情照你的意思發生。假使你已將太多的權力、太多的決定、太多的資源給予他人，那麼火星過境八宮可是健康而有益的；這將是修正任何失衡、重申個人財物的時期。

通常，對方不會直接將支票交給你，或是直接表明：「沒錯，你對，這些是你該決定的。」所以會有衝突。可能是處理你與他人共享的金錢或財產，或是爭取你應得的保險理賠或遺產。可能是重新協商一份已經變成共依存的關係，也可能是肉體親密的相關問題。

這可是令人振奮的，得以切穿時常朦朧模糊的親密領域，進而表示：「事實就是這樣，這是我的看法，這是我對你的冀望。」令人振奮，而且有點嚇人。你可以讓這扇機會之窗關上，什麼也不做，但這些衝突不會離開，只會潛入地下。最好趁現在火星站在你這邊的時候好好解決。

行運木星在八宮

當木星過境八宮的大約一年期間，應該期待他人為你帶來大筆財富嗎？嗯……也許。假使你的地位是可以掌握自己的信託基金或繼承大筆財富，或是如果你嫁或娶了財產比你多許多的某人，那麼這個行運對你的銀行存款可能頗有好處。也可能，你會承擔大筆債務，甚至是抵押或汽車貸款之類的龐大借款。要記得，銀行也是由八宮支配。因此，當你可以擁有他人的金錢時，未必表示沒有附加條件。

木星在八宮，你八成樂觀看待自己償還貸款的能力，於是更可能做出長期分期付款的高價購物行為。你還必須買保險（也是由八宮統轄）來保障購買的那些東西。於是在某種程度上，負債可能使你變得不那麼自由——這是木星最不喜歡的感覺。

因此，木星八宮的行運不見得一定會使你感覺到最富有。但這一年期間，「有辦法」擴展你對他人資源的存取權——姑且不論好壞。

行運土星在八宮

土星是壓縮、規矩、剝奪的行星，但也象徵因克服令人生畏的阻礙而得來的實力與成熟。土星過境八宮的約莫兩年半期間，在支持自給自足這方面，你有些工作要做。

善意的父母親設法庇護孩子免於失望和艱辛，以此保護孩子的自尊，這是當今的時尚。然而，諷刺的是，克服失望和艱辛正是建立自尊的公式。當你證明能夠照顧自己，就可以感覺到更大的自信。

八宮是我們從他人那裡找到支持的地方，包括財務、情緒、親密的支持。當土星過境這個宮位時，你可能發現，慣用的支持來源乾涸了。你可能耗費兩、三年時間倉促地建立起情緒和財務的自足性。你內在那個受驚的孩子可能大聲嚷嚷：「難道沒人幫我嗎？我怎麼可能靠自己買下一棟房子／在餐廳吃晚餐／扶養孩子呢？」

當土星結束八宮行程的時候，你已經對自己證明，你究竟是可以靠自己完成這些事，還是無法辦到，又或許在行運結束時，這些對你來說，其實都不那麼重要了。

行運天王星在八宮

天王星在八宮的漫長行運期間，你幾乎一定會發現自己在某個時間點突然間獨自一人。在攀上頂端的過程中，你信任會緊緊扶住階梯的那個人突然不見了。你以為可以信任的人令你失望，又或許他人的金錢（可能是遺產、贍養費或子女扶養費或只是某項個人貸款）使你的生活變得更加複雜。

當天王星過境星盤的一個宮位時，意想不到的發展強迫你面對懸而未決的麻煩事。有些宮位就是比其他宮位充斥著更令人毛骨悚然的東西。在八宮，我們保有性事和死亡、遺囑與信託、稅金，以及所有那些我們最害怕將會發生在身上的可怕事情。我們並不希望人生的這個領域出現意料之外的突發事件，但有時候，突發事件卻是讓自己處理這類東西的唯一方法。有時候，這些絕對是使自己真正自由的唯一方式。

行運海王星在八宮

往往，現實是很難應付的。假使我們總是能夠勇敢面對生命扔到我們面前的任何恐怖，將弱點轉化成優勢，然後基於經驗而變得更慈悲、更同理地對待他人，那就太好了。對某些幸運的靈魂來說，深入而持久的精神信念系統使這事成為可能。

有時候，疼痛並不會改善你的性格；只會磨損你。因此，你尋求安慰或痲醉。譬如，沒有強效的局部痲醉藥，你不會想做根管治療。在家中有人去世的日子裡，你八成偏愛躲在外頭某個安全的地方，跟那些不會讓你想哭的人相處。假使你丟了飯碗，跟好友喝兩、三杯瑪格麗特酒，可能正是你需要的藥方。

海王星是偉大的痲醉劑，它過境八宮可是受歡迎的，因為這個宮位充斥著往往令人痛苦的瘋狂東西，在這裡，我們容易受傷，因各種傷痛、背叛、虐待，那些我們寧可不想的事。海王星過境八宮可以讓這一切變得比較容易承受。

不幸的是，不論真實情況如何，海王星也可能使情況變得更加難以對付，如此，你才能夠療癒傷痛的源頭，甚或是變得與生命中的重要他人更加親近。也因此，在這個行運期間，某些類型的靈修或心理引導真正幫得上忙，幫你降低機率，不再屈服於不健康的迴避、否認以及自我毀滅的習慣。

行運冥王星在八宮

這可是個重要的行運，適合與生命、愛、關係的交互依靠本質講和。八宮是繼承的宮位，我的確認識一名女性在這個行運得到可觀的遺產，包括一間需要澈底翻新的住宅。但繼承權來自她父親，而他們的關係向來尖酸而痛苦，重新打造那間住宅變成了一種療癒練習。

凡是冥王星過境之處，都可能帶來財富和權勢⋯⋯但總是設有圈套。在這個他人資源的宮位中，我們可以看見，樂透贏家失去朋友，疏遠原本熟悉的一切；某位男士在伴侶死於愛滋病時，繼承了大筆財富；一位女子因為在工作時嚴重受傷，得到巨額的保險理賠。

古諺說，要謹慎祈願。你所欲求的不見得會使你快樂。行運冥王星在八宮教導我們，平白得到的財富和收益不過是虛幻。最好的做法是：欣賞來到眼前的任何事物，然後設法發揮它的最大利益，同時謹記，對於宇宙將會送到眼前的一切，我們擁有的掌控權終究少之又少。

行運北月交在八宮

你能夠信任最親近的人嗎？當你需要他們的時候，這些人會為你出現嗎？他們讓你看見你配得的尊敬嗎？

你的財物呢？它們為你所用嗎？你是否花費太多心力修理破損的物品？照料植物，使其回復健康？讓你的古董老爺車繼續一拐一拐地上路？

當月亮的北交點過境八宮時，眼前的人生之路取決於卸下你身上的沉重負擔。假使曾經認定的朋友十年沒打電話給你，你手上握有的與其說是友誼，倒不如說是一份朋友關係的習慣。假使你一直投入精力和金錢在一份對你很重要的事業上，但其他人並沒有表現出同樣的承諾，那麼你可能需要放手。當行運北月交在八宮時，南月交正過境二宮。這個行運的舒服應對之道是：維持現狀，緊緊握住你已得到的。但如果你目前居住的房子太大、太小、太過老舊，或是塞滿無用的東西，令人動彈不得，那就需要找些箱子，租一輛貨車，然後去一趟垃圾場。

第十二章

三宮和九宮
學習與理解

一九七〇年代當紅的《週六夜現場》（*Saturday Night Live*）播過一齣短劇，其中，唐・諾偉洛（Don Novello）[1]飾演的角色薩杜奇神父（Father Guido Sarducci）提出了他對五分鐘大學（Five-Minute University）的看法。誠如他對這個概念的解釋：「五分鐘內，你將學會一般大學畢業生離校五年後所記得的。」

星象的三宮和九宮代表知識的普及。在三宮，我們學到矯正和必要的技巧、積聚隨機資料、蒐集人世間的感知和印象。在九宮，難度調高到包含教導、批判性思考、從感知和印象搜集意義。那是我們應該在大學學到的東西，在人世間理解和找到意義的工具。但誠如薩杜奇神父所言，心智（mind）可是堅硬如岩石的地方，知識不容易在此被吸收或保留，更甭提轉換成真正的理解。

對現代世界的多數人來說，三宮都超時工作。有新的點子、更多的事實和數字、沒完沒了使人分神的事物朝你飛奔而來。危險在於，實在很難慢下來，消化所有這些腦中的食物。沒有背景脈絡與批判性思考，使我們分神的閃亮客體就變成了心智的垃圾食物。也因此，高層的學習、旅遊、宗教，傳統上一直與九宮相關；這些提供背景脈絡，鼓勵分析。

但沒有三宮的好奇，沒有堅持不懈的內在學步和令人發狂的「為什麼」？心智會深信它什麼都知道。花幾分鐘在雞尾酒會上與某個自我迷戀的教授或哪位政治或宗教狂聊聊，注意一下對方說的話（如果記錄下來）有多少句需要在結尾加個問號。你會發現，要加的問號不多。當你什麼都知道，人世間便沒什麼好教你了。

當行星過境三宮和九宮，你得到召喚，要去探索心智的景觀、學習新事物、分享你所知道的。就連快速行經這些宮位的行運，也可能引進某個想法，對你的世界觀造成持久的衝擊。

三宮：感知與溝通

傳統名稱：溝通宮

管轄領域：溝通、記憶、心智、構想和感知、基礎教育、實用技巧、街坊鄰里、兄弟姊妹、短程旅行、陸路運輸

立場相同者：雙子座；水星和月亮（傳統上認為，月亮三宮是落在它的「喜悅」宮）

譯注❶：一九四三年生，美國作家、導演、製片人、演員、歌手。

傳統占星家將三宮稱作「溝通宮」（House of Communications）。三宮的層面比溝通多許多，但溝通提供一個有用的隱喻，幫助我們理解發生在這裡的事情。

想到溝通，我們往往先想到對話。對話需要一位說者和一位聽者，因此，三宮描述我們在哪裡說話或寫作、如何說話或寫字、有多擅長聆聽和感知。

然而，溝通不只是對話，它是表達我們所思所想、如何以構想和感知餵養自我心智、如何注意細節、為細節貼標籤、同時牢記細節的所有方法。

假使有兄弟姊妹，你直接與他們互動，發展出自己的溝通風格。當你過於自滿時，他們敲擊你，不讓你自大，教你如何舌戰，在其他聲音威脅壓倒你的時候，幫助你釐清如何讓自己的聲音被聽見。難怪兄弟姊妹也與三宮相關。

傳統占星家將這個宮位明定為「早年學習」，這通常與精通基礎技巧相關。假使你需要取得實用技巧或改善原有技巧，三宮的行運將會提供動力，或者至少提供機會。

行運太陽在三宮

維克多・弗蘭克（Viktor Frankl，一九〇五—一九九七年）[2]在著作《活出意義來》（*Man's Search for Meaning*）當中，探索了他在納粹集中營期間，觀察到獄友之間的心理反應。他的結論是，囚犯的心理反應，不僅是外在環境造成的結果，當事人可以自由選擇如何對那些環境做出反應的權利，也是肇因之一。

絕對不要搞錯，別人無法從你身上取走的唯一物品是：你選擇架構自己人生的方式。心態就是命運。

當行運太陽移入星盤的三宮時，要好好關注，靜觀覺照。對有些人來說，這可能意謂著靜心或其他技巧，可以訓練心智朝特定的方向前進。

三宮是文件歸檔的宮位，因此，追蹤資源如何被使用，可能是一段有趣的時光。不妨實驗一下，記錄你一個月內如何花費每一分錢，或是消耗多少卡路里，或是你的脈搏數。開始寫日誌，記錄你的想法。

然後這個月，下定決心，立下誓言。誓言（尤其是寫下的肯定誓言）是把焦點集中在令人讚嘆的心靈力量的方法，那是創造更幸福人生的第一步。

行運月亮在三宮

每個月，月亮過境三宮時，說出或寫下你的感覺，同時注意他人的言語對你的情緒造成什麼影響。傳統上，占星家認為，月亮三宮是落在它的「喜悅」宮，意謂著這是月亮非常喜歡蒞臨的領地。因此，這是比較適合寫作的月分之一，因為你的直覺、感知的力量、以言辭表達感覺的能力，現在都非常強旺。不過，這不見得是進行敏感對話的最佳時機，因為你的情緒其實可能有點

譯註❷：奧地利神經學家、精神病學家，維也納第三心理治療學派：意義治療與存在主義分析的創辦人。

太過外露。

行運水星在三宮

水星過境三宮應該是相當快樂的行運，因為這兩者有許多共同點。這個行運將會賜給你幾週絕佳的腦力激盪，可以用有效的方式傳遞你的訊息、精通某項新技巧或是開始寫小說。除非水星逆行，否則你應該忙著點燃所有的知性汽缸。假使你需要參加重要的考試，現在可是大好時機，因為你的記憶力八成十分敏銳，你的批判技能處於高峰。

行運金星在三宮

假使想要說服或迷惑某人，這是非常適合的行運。在這個行運期間，你說話、寫作，要不然就是與他人溝通的方式特別迷人。同樣的，對於他人溝通的方式，你將特別敏感，不但謝絕粗俗或無禮的言語，更對語調抒情的聲音全然著迷。要偶爾唱唱歌。此時可要求加薪。

行運火星在三宮

當火星過境三宮時，你往往作風直接。面對需要勇氣和氣力的情境，如此作風效力十足，但應付需要交際手腕的情境，這通常造成災難（除非三宮同時受到天秤座的影響）。沒關係，還有其他吸引大眾的時機；現在是澄清事實、還原真相、糾正誤解的時候。火星和三宮都與汽車有些連結；當火星過境三宮時，要管好你的脾氣，控制住你的公路暴怒症！兄弟姊妹和左鄰右舍也屬於三宮，所以，要好好解決你與他們之間的分歧，但務必小心，可別說出什麼收不回來的話喔。

行運木星在三宮

這是你與你的奇思妙想！將木星塞進三宮可能就像設法將大象塞進汽車前座區的小型雜物箱。你的頭腦一次只能處理那麼多的構想，然而木星在三宮，你接收到的構思多過你能夠處理的。在這個行運期間，隨身帶本筆記薄，記下隨機湧現的每一個點子；在事後的那些腸思枯竭期，你總是可以將這些點子拉拔出來，一次一個。

這可是適合旅遊的一年，通常在國內長途旅行，或是國外超短途旅行。木星有一種豪邁的影響力，而三宮包含你居住的鄰里社區，因此，你可能會搬進一個規模較大或種族較為多變的社區，或是單純地與目前的左鄰右舍發展出新的關係。這也是個適合與兄弟姊妹一同探險或重修舊好的行運。

行運土星在三宮

有時，要從書本和範例中學習，有時，要透過行動學習，而這個行運屬於後者。不論你從事什麼工作，土星過境三宮都標明一段學徒期。就像專修英國文學的畢業生教大一新生基礎作文一樣，你可能受到召喚，要在擅長的領域教導他人基礎技能與技術。

你將會辛苦地學習到，慎選用詞有多重要。他人密切關注著你說的話，尊你為權威或良師——而且就在這時，你來到了懷疑自己的知識和能力的階段。土星在三宮，一部分功課是需要用實際的技能平衡知性的嚴謹，以及如何用負責任、合乎道德的方式，處理你與他人的溝通交流。

行運天王星在三宮

凡是天王星過境之處，覺醒都在進行之中。對三宮來說，天王星帶來使你想要認真學習的主題或焦點。在這個行運期間，要保持心智開放，然後你八成會找到對你有意義的途徑，你會發現，在你一生當中，那條路曾以許多方式出現在你面前，但你沒能用心體認到就是那條路。

就像所有天王星行運一樣，這個行運以結束作為開始。人是由許多老故事構成的，因此我們告訴自己：「我不擅長數學，肢體不協調，不討人喜歡。」當天王星過境三宮時，該是一些新故事出現的時候。那意謂著，以某種形式宣稱獨立。我認識的一名女性在這個行運初期一時衝動離職了。當時，老闆對她大吼，然後她平靜地拎起紙箱，裝滿個人物品，就這樣走出去，一去不回。不久之後，她到大學註冊，繼續耽擱許久沒拿到的學位，然後發現了她所熱愛的研究領域。

並不是每一個人都處在會做出如此激烈舉動的位置。但當天王星過境三宮時，關於你對自己的想法，有些東西必須改變。有時候，這會從拒絕讓任何人（包括你自己在內）對你出言不遜開始。

行運海王星在三宮

心智是令人驚嘆的奧祕。與人類同胞溝通的能力是一份奇妙的禮物。但當海王星過境三宮，你將學習到智性理解的局限。

這個行運的傳統詮釋想必是：你的心智將是烏雲罩頂、注意力渙散，與他人的溝通充斥著誤解。但這可是個非常、非常漫長的行運，就我個人而言，走筆至此，已經與這個行運共度了十六年，眼前還有四年多要走！十六年當中，我拿到了傳播學位，開始了寫作生涯。雖然我不會說自己向來是這一行最犀利的角色，但至少，我扎下了排程（scheduling）和組織（organization）的基本功。

我也學到了，說話的重要性不僅來自於頭腦，更發自內心。我學到了，溝通不只是一種找到適當字眼的功能，而且是利用溝通來表達他人難以啟齒的困擾。兄弟姊妹也出現在三宮，在這個行運期間，我的兄弟姊妹承受了嚴重的失落、深度的喜悅、刺骨的煎熬。

當海王星過境三宮，心智必須被打開，迎向那難以言喻的，以詩意地表達你自己，用音樂、藝術或純粹高度的同理心，然後教導自己去解讀言外之意，更能夠憑直覺知道他人試圖說些什麼，甚至在對方一言不發時——這些是海王星過境三宮的重大功課。

行運冥王星在三宮

回顧年輕時，漫畫書為X射線透視鏡（X-ray Specs）大打廣告。這些奇妙的眼鏡據說會為你帶來透視衣物之類的惱人障礙物，看見外表底下的真實情況。

冥王星過境三宮有點像是配備了一副這樣的眼鏡。不過，你無法透視人們的衣物，而是被賦予了一種極其複雜的天賦，有能力透視詭計和欺瞞。

冥王星過境三宮，你不會容忍被騙，而且會變得精明許多，懂得在事情發生時體認到。在電影《劫後生死戀》（*Fearless*）當中，傑夫．布里吉（Jeff Bridges）飾演經歷可怕墜機事故的倖存男子。事後，他發覺自己完全無法容忍絲毫的欺騙或操縱，他偶爾大喊，有一次則是掌摑罪犯。冥王星過境三宮時，情況就像那樣。

冥王星通常帶來某種戲劇性的境遇，幫助你刺探人生架構的弱點。冥王星過境三宮時，你只擁護來自自己和他人的真理。假使他人欺騙你，你怎能信任對方？如果你欺騙自己，那你究竟是誰？就像電視上的偵探一樣，你會不計代價地找出真相，不怎麼費勁地便講出你的真理，而且將會用比從前清晰許多的焦點看世界。

行運北月交在三宮

時候到了，該將你的焦點和技巧瞄準某個盤算已久的目標。若要追求夢想，你需要借用知識、證書或技巧來填補某些空隙。這個行運將日／月蝕帶到你的三宮，於是改善履歷的需求將會達到某個臨界點。問題可能因左鄰右舍或兄弟姊妹而起，但那將是一則祝福，意在推動你到更加滋養的位置，或是改善你的家庭關係。

當行運北月交在三宮時，行運南月交就在九宮。最安全的行動是：繼續堅持你所知道的，但成長之路是要對世界必須教導你的一切保持好奇。

九宮：探求

傳統名稱：遠遊宮

管轄領域：信念、高等教育、哲學、意義的探求、外邦、海外旅遊、教學、宗教、飛機、輪船、書本、出版商、大型動物、劇院和表演空間

立場相同者：射手座；木星和太陽（傳統上認為，太陽九宮是落在它的「喜悅」宮）

這是傳統占星家口中的「長途之旅宮」（House of Long Journeys）或是「哲學宮」（House of Philosophy）。有些案例顯示，九宮行運會將你不折不扣地帶到遙遠的國度。其他案例則顯示，這些旅程是比喻性的。譬如，你應邀到某位新朋友的家中晚餐，朋友的家人來自地球另一端的某個國家，跟你說不同的語言，背景也與你相異。上的菜可能陌生奇怪；你可能不理解他們的習俗和禮儀。從各方面來說，你都備受挑戰，要伸縮自如，適應嶄新的經驗，盡力的程度幾乎根本就

像飛到另一個遙遠的國度。

有許多方法可以探索不同的經驗和心靈的世界。當行星過境九宮時，不熟悉的事物將會出現在你面前，帶來機會，使你透過更大、更包容的透鏡觀看世界。

行運太陽在九宮

太陽行經九宮的這個月期間，假使你有些不舒服，那就是走對路了！這是年度伸展期，該去經驗不熟悉的構想、視覺、嗅覺、味道和聲音。打個比方說，要觀天象，想得深遠，與天進行重要對話。這個月結束時，你可能發覺，你已經發展出對新事物的品味。

這可能也是「如實」觀天象的好月分。幾年前，太陽行經我的九宮的那個月，我人在紐西蘭。某一夜，我走到戶外，走進涼爽、清澄的夜裡，仰頭望向天空。我幾乎是頭暈目眩，那兒不只有一片厚厚的星毯，而且那些星辰不同於我平時看到的！身為都市人，我並不知道自己已經習慣了那片夜空，直到我看見全然不同的國外夜空，才恍然大悟。

本月，順著自己的不適感。好好沉思那些大問題；仰望新的天空。快樂就落在不熟悉的星群間。

行運月亮在九宮

當月的這段時間，你的直覺與本能反應會強力影響你的信念。假使哪裡「感覺上」不對，你不可能相信那就是對的。將所有信念全數建立在本能直覺上，不讓它們接受邏輯和基本原理的考驗，這不見得總是最佳策略，但偶爾讓直覺決定你的宗教、文化、政治態度，倒是挺健康的。九宮與外鄉異地和長程旅遊相關，因此，如果你接下來即將有一趟長途旅行，那麼這可是稍加規劃的絕佳時機。你的本能將會比平時更加強烈地引導你，帶你選擇造訪的地點、找到有利的飛機票價、住宿以及其他的旅遊相關服務。

行運水星在九宮

當水星過境九宮時，一則新資訊來到你面前，使你質疑你對事物的看法。你可能讀了一篇文章、聽了一席演講，或是在廣播或電視節目上看到某個介紹全然不同思路的片段。那可能簡單到就像某人問你一個問題，而你明白自己沒有答案。那樣的感受不會是最舒服的；我們的信念基於某個理由成為我們的信念，而且我們通常覺得，這些信念是經過深思熟慮的。但不斷成長、保有彈性、維持心靈開放又是完全必要的，而水星過境九宮這個短暫的行運，將會幫助你完成所有這些事情。

行運金星在九宮

你聽過有人這麼說嗎？第一次聽見某支音樂或看見某件藝術品改變了他或她的人生。這可能聽起來誇張，但的確會發生。在最佳情況下，藝術具有轉化蛻變的效力，它提升你的心智，開啟看待世界的全新方式。

金星過境九宮期間，要努力擴大你與美、藝術、社會事件的接觸。這些將會提供催化劑，使你開放心智，迎向新概念，甚至可以啟發你透過旅遊、外國文化或單純地冒個險，從而擴大人生經驗。

行運火星在九宮

有時候，要為你的信念而戰，有人主張，火星過境九宮就是這種時候。曾在劍拔弩張的感恩節聚餐上忙著與親戚議論政治的人都明白，強迫他人相信你的信念絕少真正贏得對方的心意。反而該要好好考慮，如何才能實際應用你的能量、主動性、勇氣，嘉惠對你而言重要的人物和目標。

這是開始攻讀某研究課程的絕佳行運，尤其是會帶來進階學位的課程。在火星過境的地方，我們找到動機，得以處理其他時候可能看似嚇人的任務，因此，如果教育對你很重要，但一直難以繼續求學，那麼現在是再試一次的好時機。

行運木星在九宮

木星過境九宮是木星在他的操舵室，而這通常該要好好考慮如何才能活得更精彩的時候。渴望去旅行嗎？訂一張票，或者至少申請護照，如此，當旅遊的機會出現時，你將會準備妥當。想當出版作家嗎？今年好好撰寫大作。如果已經寫好了，這時就該找家出版商，或是開始自費出版的流程。大學讀完了嗎？考慮去讀研究所吧！

假使這個行運開始時，你缺乏靈感和探險精神，這是你的木星營養不良的徵兆。要用書本、外國影片、民族風料理、火車旅行、旅行用手提箱餵養它。假使一直讓自己的世界渺小低微，你就不可能胸懷大志。

行運土星在九宮

以往的情況是，如果上大學，畢業就標明職場生活的開端。你會落在所選行業的某個初階職位，然後開始漫長、艱辛的攀爬，穿越層層職級，朝專精和成就邁進。

當行運土星過境九宮時，你的處境很類似，不論你是否畢業了或何時畢業。你已經證明你在某個研究或專業發展領域取得了基本能力。現在時候到了，該要接受你第一個重要的職業挑戰，藉此與他人分享你所知道的信息。這一次將會讓你伸展至自我能力的極限，但迎向此一挑戰將會賜予你堅定不移的自信，相信自己有能力向前邁進。

行運天王星在九宮

一位朋友描述了他透露自己是男同志的時候，他那個超保守家庭的反應：「他們覺得必須要麼轉過頭去不理我，要麼不理上帝。」他說，「最後，他們選擇了我，但這個決定很困難，困難到我媽說，她還是很氣上帝！」

凡是天王星過境之處，解放必定相隨。問題是，自由是嚇人的。當天王星過境九宮時，你與自己的信念系統脫鈎。對某些人來說，這可能意謂著離開某個既定宗教；對其他人而言，這時可能會將某種意識形態換成截然相反的意識形態。或許，就像友人的母親那樣，你面對著認知極端失調的情況，使你甩脫曾經信以為真或相信是對的一切。天王星像極了閃電，不容易預測落點到底會在哪裡，但有一事是確定的：當天王星離開九宮時，你將會用截然不同的眼光觀看世界。

行運海王星在九宮

海王星過境九宮跟天王星一樣，使你重新考量你對這個世界的信念。但海王星帶來改變的方法通常截然不同。海王星過境九宮發生的情況往往是，信念軟化了，慈悲深化了，通常是基於經驗。有時候，我們必須歷盡艱辛，或是直接接觸經驗到挫折的他人，才能真正敞開來，迎向受苦受難的其他人。

海王星總是堅持，你應該放下不切實可行的事物；海王星行經九宮的旅程將使你睜開眼睛，看見你原本不真實、不仁慈或無益的信念。放下那些部分，用仁慈、愛、慈悲代替。

行運冥王星在九宮

冥王星過境九宮需要發生的是：你與原本就無法操控生命的事實達成協議。我們信奉的信念系統，許多都源自於試圖感覺自己有些能力，可以影響自己的生命軌跡，甚至是他人的生命。但當冥王星行經九宮，形形色色的重要事件，通常包括涉及各類型機構的權力鬥爭，最後使你領悟到，終究，你其實什麼也無法掌控。冥王星在九宮的看法是：沒有什麼與生俱來的意義，只有我們選擇賦予它的意義。

行運北月交在九宮

北月交過境九宮，特別是日／月蝕落在這個宮位的那幾個月，常會經驗到信心危機。等北月交過境十宮，你有機會重新審查你在事業上和社區中的地位、你的身分及聲望。基於那番重新審查，你現在感覺到放膽躍入新境界的衝動。你可能不覺得自己準備好了，但宇宙的看法不同，堅持這是你做出重大改變的時機。

北月交在九宮，南月交正過境三宮。在三宮，我們永遠是學生，頻頻發問、蒐集不計其數的資料，深信只要擁有足夠的事實，就會知道一切。但北月交在九宮的信息是：「你當學生當得夠久了，你擁有你需要的所有技能和資訊。現在，該是縱身躍出懸崖、學習飛翔的時候。」

第十三章

四宮和十宮

起點與終點

不記得第一次是在哪裡聽到的，反正有一則老笑話說，迷路的觀光客問一名愛爾蘭人，到都柏林[1]的路該怎麼走。這名愛爾蘭人想了好一會兒，然後回答說：「哦，我不會從這裡開始。」

當然，你只能從你在的地點開始。你的起點是確定的、不變的，這是你的真北（true north）[2]。占星學上的四宮象徵你的起點，決定你如何向前邁入世界，同時在很大程度上，決定你可能感知到什麼。出生圖上的對宮，十宮，象徵你所要前往的地方。在那裡，我們不僅找到與你的終極目的地相關的暗示，而且發現，在某種程度上，你必須克服些什麼才能抵達終點。

假使一位自學成才的年輕律師（父母赤貧且未受過教育）來到你面前問說：「我要怎麼成為美國總統呢？」你很可能忍不住回答說：「哦，親愛的，我不會從這裡開始。」但除了這裡，林肯總統還能從哪裡開始？

我們並不是每次都知道究竟要去哪裡，但卻清楚明白不能停留在開始的地方，不能裹在襁褓中，安全的在搖籃裡。當行星過境四宮時，它們指出一趟離開家、找到家或許是渴望家的旅程。十宮的行運強迫我們界定自己的終點；那可能違抗世間對我們的每一個期望，也可能正是他人期望我們選擇的道路。

就像北極和南極一樣，人生的緯度限定在四宮和十宮。住家和工作場所可以使我們感到安全，同時提供一份歸屬感，覺得屬於某一族群和社區，但這些也可能是我們感到備受約束、被期望所局限、被限制到乞求逃離的地方。行運見到星盤的四宮和十宮軸線，邀請我們去探索起點與終點之間的平衡，同時在居家的安全和確定以及世間成就的滿足之間，協商出更加健康的平衡。

四宮：你安身立命的地方

傳統名稱：家庭宮

管轄領域：住家、家庭、歷史、祖先、單親、不動產、族譜

立場相同者：巨蟹座；月亮

為什麼族譜那麼迷人呢？透過它，可以知道哪些祖先潛藏在你的DNA（去氧核糖核酸）當中。他們來自何方？從事什麼工作？他們的哪一部分繼續存活在你裡面？從最原始的角度看，

譯注❶：愛爾蘭共和國首都。

譯注❷：相對於磁北。

這些是占星四宮的基礎架構，就像一只大而老舊、滿布灰塵的嫁妝箱。裝滿了你的背景故事。你的生物學、你的傳記、你的父親或母親（占星家爭論著究竟是父親還是母親）、你初次呼吸的地方——全都囊括在四宮。通常，四宮描述那根錨，使你在人間的存在根深柢固。

當行星過境四宮時，嫁妝箱突然被掀開。塵灰飛揚，有摺痕的泛黃老照片飛了出來，夾帶著記憶：海灘上的某個下午，當時你很小；祖父去世後不久，母親面帶思念地告訴你，你有祖父的眼睛；一支老歌的一小段；中學置物櫃的密碼。

四宮當中有思念、鄉愁、安全——知道你的族人是誰、你來自何方的那種安全。這是神聖的領地，但它有個到期日。你不可能永遠留在這裡，人世間為你設想了其他事情。行星過境這裡，召喚你前來整理你曾經所是的一切，然後決定什麼該留下、什麼該隨身帶著邁向未來。

行運太陽在四宮

想想你認識的人，誰的本命太陽落在你的四宮和五宮宮首的度數範圍內。我認識的這些人令我覺得快樂，他們感覺上像家人。有時候，他們也使我變得有些瘋狂；他們似乎有些「太過」快活，像是「太過」樂觀、正向的小男孩。他們提振我的精神，但也使我相形見黜，因為他們將一束光照進我羞於啟齒、嫉妒羨慕、卑鄙下流的那些部分，那些我寧可保持隱藏甚至隱瞞自己的部分。

因此，每年太陽過境四宮的這個月期間，假使你讓自己的心變得陽光些，就可能瞥見事情可能的樣貌。但這意謂著，你必須敞開來，讓些許發霉的自己飄散出去。這是太陽每年行經四宮的工作：為的是照亮包括你的心在內的生活空間，也為了欣賞與你分享那些空間的生物。

不論你多麼謙遜，本月都有機會重寫歷史。我們對當下的反應，以及對未來的憧憬，許多都與我們告訴自己的過往故事有關。要重寫你的歷史，讓自己當主角；找到對自己的憐憫，同時寬恕並非總是讓你的故事快樂幸福的那些人。

最後，當太陽過境四宮時，讓你真正的實體住家明亮起來。這可能意謂著，來一次澈底的住屋大掃除、掛上一幅藝術作品，或是著手處理某些耽擱許久的住家維修工作。讓太陽的四宮行運為你的住家內外帶來光亮。

行運月亮在四宮

每個月行運月亮快速行經四宮的寶貴時光，不妨掛出「停業整修」的告示牌，獨自照料某些對你來說重要的事。整理舊照片，將照片放入相簿或掃描一下；搔搔貓咪的耳朵後方（好吧，或許這對貓咪也很重要）；料理特別的食物；油漆你的臥房。這是每個月應該致力於些許自我照護的時間，而且是由你獨自決定，什麼會使你感到被滋養、被珍惜。

行運水星在四宮

行運水星在四宮的時候，你可能時時惦記著過去。記憶與覺知鮮明，情緒上不得不然；就創意寫作或趕緊與摯愛通信聯繫而言，這是令人滿意的幾週，因為你可能想在沒有面對面互動壓力的情況下分享你的想法。

在家也要允許水星發揮實際效用。水星是好奇的生物，所以，讓他輕鬆地待在你的壁櫃和衣櫥，帶著垃圾袋和標籤機。當他出現時，一切將被安排得井然有序，連同寫好的庫存清單，以及他發現的幾件失物。

行運金星在四宮

當金星過境四宮，你將特別喜愛待在家裡。為住屋添購美麗的禮物，例如，新的客用毛巾或超讚的咖啡機。邀朋友過來，為住處填滿溫馨和歡笑。這是全年最適合讓你的空間變得更華麗、更誘人的行運之一，要讓住家充滿漂亮的東西和你喜愛的人們。住家反映出你內在泉湧的滿足與寧靜，因此，讓住家更宜人，將會為你的心境帶來類似的效果。

行運火星在四宮

想像住在一間屋子裡，住戶爭執不休，工人鑽鑿地基，或是整個漫漫長夏，無聊的小孩一再用球彈打你的辦公室牆壁。火星過境四宮時，差不多就是這樣。在你最需要清明和休憩庇護的地方，有不和、噪音或崩解。

不過，也有好的一面。假使你家內外有拖延許久沒施工的工程，這個行運通常會刺激你採取行動。如果你需要勇氣，才能面對過去的人物和事件，現在就是讓火星為你起身屠龍的時機。

行運木星在四宮

有時候，撤退是最佳的行動方針。譬如，當你發現自己的人生正朝著與你希望的終點背道而馳的方向前進時，這就是後退一步、重新部署的時機。四宮是住家、家庭、內在幽靜之處的宮位，因此，那是你需要讓行運木星暫停的地方。順帶一提，「家」可能未必是你目前居住的地方。你可能發現自己旅遊到一個感覺像家甚至最終成為「家」的地方。

不論去哪裡，木星渴求的個人成長和壯麗探險此時都轉向內在。要向內勇敢躍入最深層的自己，發現你所是的一切，理解你從何而來，同時憶起，在人生帶你來到現在的位置之前，你是往何處前進的。

行運土星在四宮

家可能是天賜之福，也可能是可怕的，但至少是多數人可以視之為理所當然的東西。不過，當土星過境四宮，你不見得擁有那份奢華。你大概頭頂有一片屋頂，但必須奮鬥加犧牲，工作十分努力，才能開闢出對你來說「感覺」像家的地方。你很可能在這個行運搬遷到某個新地方。然而四宮的經驗並不局限於你真正的住處或有血緣關係的家人；也可能是，在人間有在家的感受，覺得自在釋然。

凡是土星過境之處，你都被要求去檢查你為人生某一部分建造的容器，要去釐清你在這個部分的成長是否過快，或是是否要讓這個部分更加強健。你對「家」的定義是什麼？那樣的容器看起來像什麼？你想與誰分享這個家？奠定你人生根基的是什麼？它如何強化或削弱你？檢視你與家庭的連結正是這個行運的關鍵。你可能會發現，因搬遷或離婚的關係，或是孩子長大離家，你的家庭在這個行運期間愈變愈小。

行運天王星在四宮

你可能沒有領悟到（尤其如果你的父母親仍舊健在），世上你最依賴的人就是「你」，也就是說：當你全然單獨時，那個真實的你，他是永遠在場的那個人，當你刷牙時，他從鏡子回看著你。世上唯有這個人知道你所有的祕密，而且當行運天王星在你的四宮時，那個人正經歷著安靜、私密但巨大的轉變。

這份衝動是要掙脫你平時在新事物中感覺和尋求慰藉與滋養的方式。你八成有些厭倦你是誰以及你平時的怪異、遊戲、執迷；此時你的內在有一份深刻的不安。你可能想要逃離住家、事業或家庭，但你真正想要逃離的卻是獨處時的那個你。

行運海王星在四宮

到過海灘的每一個小朋友（也包括不少大人在內）都會立刻建起一座沙堡。多數的孩子還會走到吃水線，在被沖刷得光滑的沙灘上刻出自己的名字。他們站著，看著海浪沖刷上岸，抹去自己的名字，毀壞他們的沙堡。假使這人年紀小，可能會因此嚎啕大哭。如果年紀大，可能不免一笑，笑這個無常。

當海王星過境四宮，你可以建造你喜歡的所有城堡，同時大大地寫下你的名字，讓大家看見。但這段時間，建造的東西難以持久。當這個行運結束時，你甚至不再用最私密的名字呼喚你自己，更甭提將名字寫在沙灘上了。就這樣，你放下建造的需求，放下那份讓自己永恆的需求。你正被洗禮成新的身分；你被賜予機會，要成為更慈愛、更完整，要躺在沙灘上，讓海浪替你的腳趾頭呵癢。這是一段漫長的行運，但屆時，可以花很長的時間將過去沖洗乾淨。

行運冥王星在四宮

一位經歷過這個行運的友人說，感覺上就像進入美國政府的「證人保護程序」（Witness Protection Program）。一開始，她發覺自己不再具有不誠實對待任何事物的能力，這點使她疏遠身旁的許多人。等到這個漫長的行運結束時，她覺得自己再也無法住在同一個地方，於是她真的離家，在某個新的地方重新開始。

凡是冥王星過境之處，都反映出完全沒有能力承受任何的虛假。冥王星在四宮使你無法欺騙自己，無法瞞騙你的本性或你從哪裡來。你成了家中的洩密人。與冥王星的誠實共存意謂著，沒有一個地方讓你住起來感到澈底安全而舒適。不過，在這個行運結束時，你將會知道，你真正屬於哪裡，你真正想要怎麼過活，你真正的家庭成員是誰。

行運北月交在四宮

這個行運喚起《綠野仙蹤》劇情快結束時的那個片刻，桃樂絲大聲許願，希望可以回到堪薩斯州。好女巫葛琳達指示桃樂絲，她一直都擁有回家的力量。

這個行運期間，你真正領悟到，不論本命北月交為你握有多麼不可能實現的祈願，答案都在你的掌握之中；的確，達成願望的力量始終在你之內。有時候，這個行運涉及如實地坐在家中，針對最終將會引領你在演化之路上有所進展的某樣東西下工夫。而且有時候，你只需要向內看，就能找到一直尋找的答案。北月交在四宮時，南月交過境十宮，因此很容易利用工作和身分來掩飾這些任務。

北月交過境四宮意謂著，這個宮位將有一或兩次日／月蝕。四宮的日／月蝕可能帶來住所的改變，往往與你的事業以及家中人員的變化有關。最重要的是，這些帶來突然、令人錯愕的覺知，覺察到你甚至不曉得自己有過的感受。

十宮：斷離

傳統名稱：事業宮

管轄領域：聲望、事業、召喚、野心、父親或母親、導師、上司、權威人物

立場相同者：魔羯座；土星

根據傳統占星家的說法，十宮是事業和社會地位的宮位。聲望是有趣的東西；它是十宮承繼的一部分，由於出生在某個家庭，這個部分成為你的——特別的姓名、性別、種族、國籍、宗教。它是看得見的有形傳承。如果你不謹慎，你的傳承就會變成你的整個未來，而不是單純地引導你找到未來。

關於你將如何被世界看見，要做出有意識的決定。你與出生的家庭以及與你共享早年的那些人，有幾分相似？有幾分相異？你想要活出他人對你的期待嗎？有些人的確希望如此；他們喜愛那樣的人生，他們幸福快樂，那非常好。你也可能心中另有迥然不同的打算。

十宮象徵人世間對你的期待，但挑戰在於，聲明那份期待是你自己的，然後創造屬於你自己的十宮命運。假使可以瞥見山頂，那麼你就可以抵達山頂，即使你從下方的山谷深處啟程，即使沒有人認為你能勝任這個任務。過境十宮的行星，志在看見你抵達個人山脈的頂端。有時候，這

些行運帶來旨在協助並啟發你的人物和情境。有時候，它們伸出援手，讓你看見矗立在前方的障礙是什麼——即使就是你。

行運太陽在十宮

當太陽過境十宮時，要問問自己，你的工作、你的召喚、你的傳承如何才能使你更快樂。十宮（通常還包括野心）往往帶來相反的結果，使我們感到永遠匱乏。

享受太陽十宮的訣竅在於，想像你並非處在必須不計代價逃避的卑下地位，而是處在要抵達目的地的完美位置。那趟旅程的一部分在開始時是有一份計畫的——針對你的事業，甚或是你的整個人生。假使你已有計畫，要重溫一遍，修改一下。假使你不知道自己的目的地，那麼抵達時，你也一定認不得。

此外，既然你八成已經十分努力工作，那就要更聰明地工作，同時學習授權。即使可以一切包辦，也不必事必躬親。最適合的合夥對象是：你不關心的事，對方愛做，反之亦然。有他人協助，會比一個人單打獨鬥走得更遠。

行運月亮在十宮

十宮的承諾不是兩、三天內達成的，而月亮每個月可以耗在十宮的時間就這麼兩、三天。不過，在這個每月一次的過境期間，你能做的是：好好檢視你的待辦清單、誓言、野心，來一次全面檢查。當你想像目標已然達成，你的直覺感受如何呢？當你重新審查目前為止為達成目標所採取的步驟，同時思索著一路上如何對待他人，你完全滿意你用來達到終點的方法嗎？當月亮過境十宮的時候，要確定你自豪的不僅是目前達到的「成就」，還包括達成的「方法」。

行運水星在十宮

年輕時，我經常躺在床上，用列表和塗鴉填滿筆記本，描繪著我為自己想像的精彩未來。令我有些驚訝的是，許多那些願景最終成真。當年我並不明白，當時的所作所為正是一種觀想和誓言；我只是享受著想像有一天可能發生在我身上的酷炫事情，同時把那些想法寫下來。

不論你是在每一個新月時寫下肯定的誓言，或是從沒寫過，都要好好利用水星過境十宮的能量，精確地創造自己想要的未來，即使只是紙上談兵。用宏偉、豐富的細節描繪未來的自己和生活。寫一篇新聞稿，報導想像中的著作、專輯、公司開業或令人稱羨的獎賞。水星的魔法在於文字，所以，要藉此好好觀想十宮的未來，並用紙筆呈現未來的真實狀況。

行運金星在十宮

你的召喚是什麼？召喚可能會讓現代讀者以為是一個非常舊式的觀念，或是宗教性十足的某樣東西，例如，召喚你加入神職，或是召喚你以傳教士的身分服務人間。

雖然一般認為十宮是事業宮，但其實可以將十宮更精確地想成描述你的召喚、你覺得生來該做什麼的宮位（即使那並不是你可以合理期望會賺進大把鈔票的事）。金星過境十宮，要期待愉悅之事帶領你更加理解自己的召喚，或許某筆意外之財讓你得以追求熱愛的事物。要睜開雙眼，尋找做其所愛或只是愛其所做的楷模。他們正在向你示現，熱愛你的召喚是什麼模樣。

行運火星在十宮

準備好迎接挑戰了嗎？當火星過境十宮，宇宙扔下一只金屬手套，挑逗你去撿拾起來。通常，這與你的事業有關，而且以真正大膽挑戰的形式出現，你必須有些瘋狂才會接受。只管上前，撿起來吧！

一位友人曾說，她絕不因為從前沒做過就拒絕去做某事的大好機會。她說「是」，然後搞清楚怎麼做。當火星過境十宮，這正是世界想從你那裡得到的。要走前人沒走過的路，向我們示現事情如何被完成，要做大無畏、不可能的事。

行運木星在十宮

占星師不應該有所偏袒，但這卻是我最愛的行運之一。誰不愛完成目標然後贏得稱讚呢？這等於是在你的領域以優異成績從大學畢業，所以，要好好慶祝你的成就。從這裡開始，不見得都是下坡路，但要登上偉大的木星行運巔峰卻相當困難。你不僅要贏得十二年間來到你面前的獎賞，還要開始夢想未來十二年希望置身的地方。要胸懷大志，大處著眼，擴展你的想法，描繪你在人世間可能的模樣。想像力是你唯一的局限。

行運土星在十宮

當行運土星抵達星盤的十宮天頂時，你已經來到一段二十九年旅程的末期以及另一段二十九年旅程的開端。這是一趟終將決定這世界如何看你的航行，而且很大程度上，還包括在你離世後，世人將如何緬懷你。

一如既往，在全新探險開始時，前方的路並不清楚。你八成處在事業的十字路口，不然就是忙著認真對付長大成人的意義，忙著掌管自己的人生。你想要什麼呢？你要去向何方？這些是重要的問題，而且將會耗費你接下來幾十年的時間好好回答。

眼下，得到答案並不重要。你的問題也不必全都那麼明確具體。你只需要找到每天起床的毅力和堅持，一步一腳印，向前邁進。假以時日（甚至在土星離開十宮之後），你將會更清楚地開始看見那條路。

行運天王星在十宮

假使你不是全然承諾於你的事業前程，那就一定擋不住天王星的十宮行運。何況八成不應該阻擋。天王星就像你絕不會期望的天然大災難，但最終卻是因禍得福，因為它讓你得以重新來過，從頭開始。

在人生的這個點位上，擁有既定的事業前程可能令你覺得有點心癢難耐、不太舒服。假使年近退休，你一定會迫不及待地離開朝九晚五的上班族世界。如果你必須工作，允許最大彈性和自主的職業是唯一有機會持久的。譬如，以契約方式工作，能自由安排工作時程，這樣的情況在這個行運期間八成感覺上相當理想。

你的人生已經永遠轉進不同的方向，這可是個非常漫長的行運，而且很難預料終點何在。唯一確定的是，一路上，你將會創作許多即興作品，而且當這個行運結束時，你的人生一定顯得截然不同。

行運海王星在十宮

我們住在一個喜歡無庸置疑的世界。在西方，流行的說法是人有自由意志，有能力在生命中造就我們的欲求。

但是，當你不再知道希望自己的人生是什麼模樣的時候，會發生什麼事情呢？當你的事業似乎不再有任何意義，或是當孩子離家自立，在你習慣的人生中心留下一個黑洞，這時，會發生什麼事情呢？

當海王星過境十宮，你的未來願景變得污漬斑斑，宛如老舊的電影膠片斷裂，在銀幕上留下熔化的投影。又好像你一直在一艘巨型輪船上，開心巡航，有一群能幹的船員掌舵，然後突然間撞上冰山。你跳進了救生艇，唯一可以仰賴的是同行的其他乘客以及夜空中可供導航的星辰，沒有電腦，沒有手機訊號，沒有雜誌，沒有紙和筆，你的工作是隨波漂流，同時你學到，讓心識全然臨在每一個片刻，而不是全速衝向未來。

行運冥王星在十宮

行運冥王星行經星盤十宮告訴我們兩件事：你曾經擁有的職業正在經歷澈底的變革。你無法回到從前，因為就非常真實的層面而言，那已經消失了。這並不是說你無法養活自己，而是告訴我們，即使得回了舊有職務，情況也不再相同，並不會提供保障。

這個行運告訴我們的另外一件事情是：你不再樂於聽令於任何人。你必須覺得操控著你的命運，以及你的事業前程；假使無法掌控全局，你可能會發現自己一再陷入有毒的工作情境。冥王星必須得到表達，假使不是表現出培力賦能，便會顯現成無能為力。

在冥王星過境之處，沒有空間容納不誠實或只顧自己的行為。假使你正試圖保密，不讓世人知曉，在星盤最公開宮位的冥王星通常會將祕密揭露出來。

行運北月交在十宮

月亮北交點的本命位置，暗示形形色色的夢想，如果實現了，可以帶領你得到莫大的幸福。當北月交每隔十八年左右過境十宮時，你不見得會完成這些夢想，但你絕對會找到那份決心，將計畫付諸行動，幫助你一路成就夢想。往往，這代表事業或生活狀況的改變，可能出現在日／月蝕落在十宮的那幾個月。

北月交過境十宮之際，南月交同時過境四宮。既然南月交示現需要好好釋放的舊有模式和習性，因此，這個行運尤其重要的是：要覺察過去可能如何牽絆你達致成功，而且要願意做出改變那個模式的必要變革。

第十四章

五宮和十一宮

創造與傳說

我沒有小孩，以前經常不明白，那些小型貨車的保險桿上為什麼黏著寫了這類文字的貼紙：「我的孩子是某某學校的高材生。」但當我終於想到，這些是一種訴求，請求五宮和十一宮的眾神，於是那些話突然間變得合情合理。

有孩子是以創意表達自己的終極行為，外帶延續物種的額外紅利。孩子和創造力都是五宮的管轄領域，何況有孩子就跟你將體會到的五宮經驗一樣純淨。但渴望孩子的成就得到其他駕駛同胞的認可，則帶領我們進入十一宮的版圖中心，我們在此祈願自己推陳出新的努力，可以啟發更大批的觀眾，並在死後成為遺產傳承下去。

同樣的，寫書對我來說是五宮的經驗。但假使我只是將書付梓，把電腦的硬碟清理乾淨，然後將手稿扔進壁爐中，那麼這還是五宮的經驗。一直要到著作被其他人拿起並閱讀（謝謝你），我的十一宮才活躍起來。

沒有觀眾，以創意表達自己的圓圈是不完整的。假使你質疑這點，不妨找一位作家問問，對於個人日誌和即將被他人閱讀的作品，她給予的關注是否相同。當我知道別人將會閱讀我的作品時，我給予作品的關注和照顧幾乎多出一千倍。那是想像中的他人，包括評論家和粉絲，他們鞭策我這麼做。

十一宮不只代表觀眾，也代表駐留在此的創作團隊。你不必跟當地占星團體或啤酒釀造俱樂部、社區劇團或週末壘球聯盟的成員成為密友；單是創造只能靠團隊應運而生的東西，然後分享這個興趣，這就足夠了。十一宮名為「友誼宮」（House of Friendship），但這些並不是掏心挖肺的摯友，而是共享興趣的同好。在這裡，你將會找到因你協助催生的共同計畫和創作而有所連結的群體和組織。

五宮：一片真心

傳統名稱：子女宮

管轄領域：子女、以創意表達自己、嗜好、消遣、遊戲、娛樂、好玩、戀愛

立場相同者：獅子座；太陽

我們來假裝一下，你逃家，去歐洲度過炎炎夏日。在巴黎，你邂逅了立即被你認定是靈魂伴侶的某人。沒有人曾經令你感到如此特殊，彷彿他的人生從雙眼落在你身上的那一刻才開始；而你的感覺也完全相同。難道是命中注定！

終於，夏天結束了，分離的時候到了。有眼淚，答應要重聚，只等可以擺脫彼此的日常生活以及對不真正理解你的一干人等做過的承諾。

回到家，置身熟悉的環境，時間流逝。巴黎令人屏息的記憶開始褪色。Skype網路通話使距離變得更遠。你忙著工作，無法思考如何與家中天天見面的那個人分手。最後，顯而易見的，雖然這樁短暫戀情是你人生中最敞開心扉的經驗，但注定無法持久。

敞開心扉的經驗是五宮的管轄範圍。外國城市的短暫戀情、透過創造性工作分享真實自我的愉悅、歡迎第一個孩子來到人世間的興奮發狂，全都是五宮的經驗。五宮的經驗使你十分感恩，感恩你就是你，不是別人。有時候，這些轉變為長期持續的關係、事業或興趣，但它們往往只在時間中存在短暫的片刻，因為唯一的目的是要引領你進入自己的內心。

真實世界發生在這些煙火表演之間。當我們不在愛裡，當學步的幼兒尖叫著，當未完成的畫作躺在客廳的某個角落，我們的星盤中仍有五宮。當我們欠缺時間、精力或靈感，我們用不那麼五宮的食物餵養自己，例如電玩遊戲、電視、賭博、將太多的金錢和卡路里花費在吃吃喝喝上。

保持五宮健康意謂著，每一天，努力將獨特的自己的某個重要部分貢獻給世界；做些只有你能做的事；讓我們看見你的一部分真心。

行運太陽在五宮

在電影《慾望小鎮》（*State and Main*）中，住在大城市的作家造訪一座小鎮，與一名當地女子聊到社區劇團以及該團即將推出的作品。「我以為，在小鎮中，你必須自己找樂子。」作家觀察到。「大家都自己找樂子啊。」女子回答說，「如果你不自己找樂子，就不好玩了，那是娛樂啊。」

在十二宮圖中，五宮是你自己找樂子的地方。有時候，它也是你娛樂他人之處。這也是你找時間擺脫日常生活的義務，縱情於遊玩、創造、休閒的地方。

事實是，你不可能始終多產或創意十足。消遣的目的是：重新填滿你所汲取的水井。就連工作狂，也需要不時下午休個假。

在太陽進入星盤這一部分之前二或三個月，要好好儲蓄可以執行的有趣點子。或許居住的城市中有個你從未探訪過的景點，你想要閱讀的幾本書，或是一直被延後、與摯友同遊的一趟週末行。要設法存夠點子，趁太陽在五宮時，每週執行兩、三個。

太陽過境五宮也是你成為他人靈感的機會。即使你並不覺得好像過著最興奮雀躍的生活，但我還是願意打睹，至少有一個人景仰你。本月，跳脫你自己的一貫作風，將幸福快樂送給他人，讓別人在你身上找到靈感。

行運月亮在五宮

這是每個月最有創意的時間之一，一個豐饒的機會，可以將脆弱性和情緒紛擾蛻變成藝術。假使你有閒情逸致利用打字機、工作室、廚房或小工廠，透過一點狂野的創意表達自己，那麼這個行運恐怕是整個月以來你將感受到最多樂趣的時間。

月亮在五宮時，子女可能會有點考驗你的耐性。如果你有小孩，不妨安排玩耍日和其他活動，讓彼此休息一下。或者，拋開正常作息兩、三天，設法一起享受某個藝術活動。關鍵在於，找到欣賞對方的方法，有時相聚，有時分開。

行運水星在五宮

在五宮，行運水星尋找與盡興愉快相關的新點子、技巧或策略。水星與生俱來的好奇心與對多樣化的喜愛，將在這個行運期間引領你發現玩得更開心，找到愛、通常更自得其樂的方法。要優先考慮閱讀新書、與朋友同遊，以及將至少一項新技巧或作品，新增至你的創意項目。你將會發現，在這個行運期間好好用腦是歡樂愉快的（好好用腦是水星對美好時光的想法）。假使你曾經考慮加入某個約會網站，這可是採取行動的好時機，因為你的自我推銷和操縱神祕科技的能力，現在可是比平時更優秀喔！

行運金星在五宮

當我們決定炫耀自己的創作時，世界並非總是帶著溫和的放縱深情地看待我們。那是五宮行運的詭譎之處，只要你不在意人們對你的創作或是歡樂和遊樂的點子有何想法，這個行運就可以非常好玩。這是一個相當快速的行運，因此，可能不會為你帶來生命中的愛，但很可能使你懂得欣賞自己喜愛玩樂的那一面、創造性的努力、或是自己的子女。

當金星過境五宮時，你八成會接收到創作上的支持和討喜的評論，但希望你太過忙於玩得開心或享受現金的流入，無暇在意他人對你的穿著、作為或你愛誰有何看法。金錢可能會出現，成為推動某個新的創造性工作的動力，或是金錢可能被提供給你已經創造出來的某樣東西。

行運火星在五宮

火星過境五宮時，要認真地玩。追求愛慕的對象，別讓他人捷足先登。創造與浪漫的能量和動力處於巔峰，因此，要優先考慮喜悅、遊樂、浪漫、創造力。對火星來說，競爭比合作容易，因此，如果你正與他人合作創造性的案子，可預期會有些口角；你會希望一切照你的意思，因此，在這段行運期間，最好將焦點放在個人的計畫上。

假使你有子女，在這個行運期間，他們會很難管教。務必引導子女走向高能量的活動，耗掉一些精力，不過一路上，你可能需要提供一些關於耐性和運動家精神的課程。

行運木星在五宮

你願意冒險讓世人看見你真正是誰嗎？許多人說，我們希望生活中擁有更多的愛和創意，而木星五宮喚起對情色浪漫的憧憬，於是許多快樂時光耗在玩手指彩繪。

但以愛或創意給出真心是有風險的：可能達不到自我期待，或許可能被拒絕。木星行運催促你去冒那個風險。除了你最大膽且最衷心的努力，來到創意之宮的木星不會退而求其次。要嘗試某種新嗜好，用新方法處理你的創意作品，或單純地以某種嚇人但有點刺激的方式分享你自己。好好擁抱內在的探險家，表達你的真實信念，同時有個性地好好表現。

行運土星在五宮

土星過境五宮堅持你要創造持久不墜的事物。這需要你付出某些最辛勤的努力；有時候，你會喪失信心，以為永遠達不到目標。這是一個往往與真正有孩子相關的行運，何況對你的人生方向影響最為深遠，或是向你需索最多的莫過於子女。

這個行運期間出現的浪漫戀情往往具有師徒的品質，一方的年紀較長、較有歷練。某種障礙——例如，地理距離或第三者介入——可能存在於關係之中。

土星過境之處也帶來身分地位的改變，在五宮，範疇可能從為人父母到轉換職業。這類身分地位的改變，不見得會帶來無條件的立即喜悅；就連開開心心的新科父母，也會變得十分熟悉精疲力竭和自我犧牲，那是為新生命的茁壯提供強健基礎帶來的。在這個行運期間，假使你開辦某個有創意的企業，或致力於實現某個心愛的夢想，可預期起步十分辛苦且經常幻滅，但不要讓這些打擊你！土星不會阻止你擁有真正想要且願意努力求取的事物，但他時常在途中設置路障，考驗你的承諾。要證明你準備就緒且值得，要堅持不懈。

行運天王星在五宮

這個行運始於不滿。你的人生缺乏創新的機會或愛；你的心一直在睡覺，但當天王星緩緩行經五宮時，你的心將會覺醒。天王星的影響力並不是隱微不顯的，何況它在驚詫的元素中歡騰。戀愛情事、創新的機會，有時甚至是孩子出現，將你搖醒。偶爾，這些對你人生造成的衝擊，將會因驚險刺激而造成不便。

假使你已耗費多年辛勤耕耘某個創意園地，那麼這可能是帶來重大突破的行運，起初可能顯得更像一次崩潰！如果你對特定活動的想像和熱情已然陳腐，那就告別吧！除非你擺脫了令你感覺不到生氣的事物，否則無法前進到使你覺得活力四射的活動。

行運海王星在五宮

在信心與幻覺之間有一條細線，而海王星的行運總是專門致力於探索那條線。當海王星過境五宮，那條線剛好通過你的創造性自我的核心。你堅持著撰寫小說、成為演員或是生兒育女的夢想嗎？是否長久緊握不放，執著到連朋友、家人、社會甚至自己的內在聲音，都告訴你毫無希望了？有人稱之為信心；有人說它是幻覺。你八成有好長一段時間不知道孰是孰非。但如果放掉夢想的時間到了，海王星將會給你信號。一旦夢想帶來的苦痛多於喜悅，那麼八成就是它需要離開你的人生的線索。

在這個行運期間，浪漫戀情尤其可能是極其命運多舛的，往往涉及來自跨種族、階級或文化界限的吸引力。時常，一方被期待扮演拯救另一方的角色。李奧納多．狄卡皮歐[1]與凱特．溫斯蕾[2]在電影《鐵達尼號》當中所刻畫的角色，就是完美的典範，包括延伸至發生在海上（由海王星所支配）的整個關係。蘿絲來自貴族背景，而傑克貧窮但自立。蘿絲即將嫁給一名無賴，走入基於財務方便性而結合的婚姻，她絕望到企圖自殺。還好，傑克適時出現救了她。

儘管是悲劇收場，卻是一則動人而浪漫的故事。但值得注意的是，這則愛情故事之所以動人，理由之一在於，這對不可能的情侶絕不會面對在人間一起生活的現實。來自不同世界的兩個人絕對可能燃起戀情，但在現實中，這類結合需要的不僅只是浪漫的吸引力。開始於海王星過境五宮的戀情，可能是銷魂癡迷的，但恐怕熬不過日常生活的現實面。

行運冥王星在五宮

有時候，很難精確說出冥王星行運將會如何演出。冥王星會剝了你的皮、害你支離破碎嗎？它將使你與突然名利雙收的強大力道連成一氣嗎？兩種情況我都見過。多數時候，當冥王星過境這個主掌以創意表達自己、戀愛情事以及子女的宮位時，我的個案的說法是：情愛上有困難，創造性的工作面對奮力拚搏。本該帶來享受和娛樂的嗜好及消遣，變成充斥著權力鬥爭與背叛。浪漫戀情結局悲慘，往往其中一方以不健康甚至是執迷的方式緊握不放。

冥王星行運在此幫助你擺脫對關係的虛假期待，促使你與更適合真我的創造性追求連成一氣。假使你為人父母，這恐怕是子女關係的考驗期。你可能會經驗到操控的課題，或是子女可能發展出困擾你的特徵，或是做出使你煩惱的重大決定。為人父母，最困難的任務之一是，知道何時介入、何時讓孩子單獨，而那是這個行運期間，你將面臨的許多挑戰的本質。

行運北月交在五宮

不論你本命北月交的夢想是什麼，北月交過境五宮都要求你好好檢視是否正全心全意、真心地追求那個夢想。你正用一種使你全然快樂、不管他人如何反應的方式，追求那個夢想嗎？

北月交過境五宮，南月交必在十一宮。融入的衝動將會相當強烈，想要成為群體的一員，融入，而非孑然獨立。這條路舒服自在，但卻不是成長與幸福之路。這個行運將會為五宮帶來一或兩次日／月蝕，示意某個真實的片刻：你將生育出一個以你的真實影像創造的夢想嗎？還是勉強將就，給出世人期望的那個你？

譯注❶：一九七四年生，美國男演員、電影製片人。
譯注❷：一九七五年生，英國女演員兼歌手。

十一宮：就在穀倉裡大秀一場吧！

傳統名稱：友誼宮

管轄領域：群體、社團、網絡；朋友、事業掙得的金錢、投資、廣播、希望和祈願、有用的人

立場相同者：水瓶座；土星、天王星、木星（傳統占星家認為，木星十一宮是落在它的「喜悅」宮）

我從來不是經常呼朋引伴的人；那需要許多的民主、許多的平等。生來獅子的我，就占星角度而言是無法融入群體的。

但就連最堅持個人主義且創意十足的人，最終也會面臨到某項只能靠群體努力才能完成的計畫。某個積極進取的孩子寫了一個劇本，然後你知道，接下來他會呼朋引伴，一派米基·魯尼（Mickey Rooney）[3]的作風，喊道：「嗨，各位，就在穀倉裡大秀一場吧！」

電影導演常被稱作暴君，偶爾是自大偏執狂，但就連導演也需要一大群人幫忙實現願景。故事必須有人撰寫，資金必須有人籌措，燈光、攝影以及其他技術細節必須有人控管，必須有人演出，必須有人替餐飲服務桌備貨，必須有人確定大家在鏡頭前狀況好到無話可說。

這是十一宮的創造力在運作。有共同興趣的一群人，集中個人的創造才華，造就超出個人能力的東西。這是俱樂部、社團、兄弟會和婦聯會以及政治活動的宮位，也是創意構思希望被傳達到未來、可以在未來成為傳說的宮位。

行運太陽在十一宮

當太陽進入十一宮，要好好擁抱你的友誼。不要吝惜你的讚美、財物、時間，這是將社會契約團結在一起的灰泥。要謹記，友誼是人生唯一完全可以選擇的關係：你們在一起只是因為相互喜歡、彼此關懷。

所以要出席。當朋友在咖啡館唱歌、在社區劇場作品中演出或是舉辦派對時，務必到場。朋友生日時要露面，即使只是一通電話，讓朋友知道你想到對方。

也要培養新友誼。也許你認為樂於結交的某人正徘徊在你的生活周邊。別再拖延；開始培養友誼吧，承諾某天一起喝咖啡。或是，當你接受下一個臉書朋友的邀請時，趕緊寫幾個字打聲招呼。好好招待自己，迎向友誼全然隨意的快樂。

譯注❸：一九二〇—二〇一四年，美國電影演員兼藝人。

行運月亮在十一宮

月亮是一股敏感、直覺的勢力，而月亮在十一宮，你比平時更能與朋友和同事同調。規劃往往觸發你強烈情緒的社交活動時，要好好考慮這點；對朋友的話語、聲調、肢體語言，此時你將脆弱易感，容易因別人的無意之舉而動氣。

要留意每年新月落在出生圖十一宮的那個月。這是強而有力的時間，適合設定與友誼相關的意圖、接收事業上的回饋、找到幫得上忙且可以協助你達成目標的夥伴。

行運水星在十一宮

行運水星的宮位位置告訴我們，最重要的是，你在掛心什麼。有幾個星期，水星過境十一宮，你的友誼和你的未來盤據心頭。要為你的人生和你的傳承訂定長程計畫。連絡好一陣子沒有聊天的朋友（假使水星在你的十一宮逆行，這些可能是許久不曾連絡的朋友）。

十一宮與科技有些關聯。水星過境這裡通常是取得技能、接觸點、設備的好行運，也適合建置系統，改善你與人生中種種小裝置的關係。

行運金星在十一宮

本月，你對快樂的想法八成包含比平時花更多時間與朋友相處。在這個行運期間，各種社交聚會容易更有回報，對陌生人示好也深受歡迎。就是這時候，該去培養社群媒體的關係，或是購買新穎的小玩意（只要金星不逆行）。

十一宮代表專業帶來的回饋，因此，你可以合理地期待額外的金錢、讚美或機會，透過你的事業或參加的相關社會組織來到你面前。通常，這是社交的絕佳行運，包括專業會議與網路連線功能。

行運火星在十一宮

行運火星致力於要你為自己的財產而戰，若將火星引進十一宮的關係，這可是個棘手的元素。理想的情況是，各群組合作，達成共同的目標。在完美的世界中，朋友總是相互支持。當然，我們並不是活在完美、理想的世界裡，何況，有時候這些關係變得乏善可陳或被證明是虛假的。火星過境十一宮可能帶來與朋友和同事的衝突，但它同時也消除誤解，讓每一個人知道自己的立場。

火星可以指出領導機會，因此，你可能發現自己參與了群體活動，或是服務於某個委員會（即使這不是你平時的作風）。十一宮也與未來相關，因此，這可是個絕佳的行運，適合啟動需要勇氣和動機的長期計畫。

行運木星在十一宮

假使你曾經希望某段友誼會變成「不僅止於此」，這可是你一直等待的行運：我在木星過境十一宮時墜入愛河，跟最要好的朋友結了婚！我不會說，這種事經常發生，但這是個不錯的隱喻，象徵這個行運的基本意涵。木星過境十一宮邀請你擴大友誼和其他交往的範疇。可能時候到了，適合結交來自不同國家或背景的朋友；你可能會在大學裡、旅行時或透過教會，找到終生的連繫。木星被認為是最幸運的行星，而這可是美妙的行運，只要你願意敞開心靈，在新的地方尋找友誼——又或許是願意在現存的友誼中找到新的東西。

行運土星在十一宮

土星時常被說成與業力的觀念相關，業力堅稱，凡是你放出來置入世界的，都會以同樣的方式回到你身上。這似乎符合真理：當你努力、認真地工作，犧牲多年，土星行運往往為你帶來獎賞。你將會發現，你掙得了特定的地位和尊重，成了同業當中或朋友之間的權威；就專業而言，你已經達標了。假使你年紀尚輕或是業界新人，獎賞可能不會那麼大（你還有欠款待繳），何況你的專業前景應該仍有待改善。

在這個行運期間，專業網絡以及主要發生在群體中的各類友誼將會出現挑戰。在專業上達到更高層次的一部分是，你被期待要回報更多給所屬社群。在這個行運期間，參與董事會或擔任其他領導角色是可能的，而且通常充斥著鬥爭。但要謹記，帶你來到這個位置的所有活動同樣有其困難和忘恩負義的面向。土星忙著持續追蹤，而且一定會因你現在的盡力而為，而在未來獎賞你。

行運天王星在十一宮

我酷愛魚兒離水的故事。電視節目如《北國風雲》（*Northern Exposure*）或《怪醫馬丁博士》（*Doc Martin*），描述大城市的主角如何應付農村生活的怪異行為，都是我的最愛。好玩的是：觀賞某人來到一個完全不熟悉的環境，當地的其他人早已形成了社群聯繫，然後留意這些人如何互動。

不過，這樣的情境在現實生活中可能就不那麼有趣。這個行運可能會發現你自己有點格格不入。或許在同一個地方多年之後，你搬到一座新城市或換了一份新工作，必須重新開始尋找新朋友。在很大程度上，我們是由身邊的同伴定義的。雖然任何重大的遷移都很困難，尤其是在開始的時候，但這可能也是重新定義自己的難得機會。在新的地方，你可以成為你想要成為的任何人。那份自由起先有點無所適從，但也可能是非常興奮雀躍和自由解放的。

行運海王星在十一宮

你知道誰是你的朋友嗎？當海王星過境十一宮結束時，你將會知道。有時候，朋友會以與你原本想像截然不同的形式出現。然而，更常見的是，我們與朋友日漸疏離，卻沒有意識到。你愈來愈常被擁有共同理想或靈性關懷的朋友和網絡所吸引，這些人將不會被海王星的浪潮沖走。

在這個行運期間，經常出現某種悲傷以及渴求因朋友而感受到的歸屬感。你也可能必須與現實妥協，明白你的未來不會完全如你所想。這可是一段十分漫長的行運，因此，你將有充分的時間去習慣這個概念，同時為自己設想新的未來。

行運冥王星在十一宮

可以肯定地說，你永遠找不到真正的朋友，除非你能夠接受自己的真實樣子，同時認出他人何時處在虛假的狀態。這是冥王星過境十一宮的含意。有一群讓你不感到孤單的親友一同進出，這再也不夠了。你想要「真正的」朋友，那種可以分享你那些不太可敬的特質的朋友。

如果你習慣向人們展現對方想看見的面向，而不是你的真實樣貌，那麼這個行運將會治癒你這個毛病。假使習性根深柢固，那麼你可能會無意識地召來專搞分化的夥伴，例如，討厭的朋友，或是實在令人反感的男友或女友，成為演繹自我黑暗面的替身。「愛我，愛我那些討厭的其他部分！」你向世人宣告，然後當有人確定他們可以在沒有你我雙方的情況下辦到時，你就會開始發展因脫離群體而得來的力量。

行運北月交在十一宮

即使你天生是孤狼，「需要一座村莊才能養育一個孩子。」這句諺語還是有幾分真實性。子女，或是跟子女一樣的創造性工作，出現在五宮，而十一宮是眾人一起撫養子女或針對藝術願景協同合作的地方。在這個北月交點的行運期間，不論時間多麼短暫，都要伸出雙臂，去接觸與你分享創造熱情的團體。

北月交過境十一宮，代表輕易之道的南月交位於個人自我表達的五宮。如果你偏愛凡事自己來，那也無妨；你不必改變本性，也不必下半輩子忙著團隊合作。但現在，好好探索這些，當作一種可能性，不要退縮到孤獨的創意天地中。這個行運將為你的十一宮帶來一或兩次的日／月蝕，你可能會發現，你來到一個轉折點，要尋找一群你所謂的同袍。有時候，這意謂著，放下不再豐富你的生命的夥伴關係。

第十五章

六宮和十二宮

此世與來生

很容易便可看出天堂的觀念從何而來。生而為人，困陷在一具不甚方便、需索無度的肉體內，置身在時常感覺猶如煉獄的不完美人間。「神」怎麼可能住在這樣的屋子裡：床鋪凌亂，換洗衣物四散，人們相互嚷嚷，說著哪些帳單還沒繳清？或是坐在某個隔間區，每週四十小時執行著機械性重複、吸吮靈魂的職務，更甭提在監獄內或醫院裡？

並不是每一個人都過著混亂、悲慘的生活，至少不是始終如此。何況多數時候，我們愉快地承受自己的職責和局限。但為了替自己的日子帶來令人振奮的意義和秩序感，我們時常覺得自己必須朝天堂邁進，而那是遙遠、不可知、完全與地球的凌亂分開的。

在十二宮圖中，追尋超越人間乏味的苦差事，是以六宮和十二宮的軸線作為象徵。這兩個宮位由一根無形的軸桿連結相反的兩端，暗示人間與非人間是連結的，指出認識彼端才能知道此端。在六宮，我們照料俗務俗事，我們工作、打掃、刷牙。在十二宮，心智要我們扮演孤獨的僧侶，鑽研神聖的經文，而在六宮，我們是為僧侶帶來茶點的僕人。

我向來不喜歡以上述方式看待這些宮位，那似乎是頌揚十二宮，同時貶低六宮。更確切地說，我將六宮的相關事物看成是接通十二宮靈性超越的最可靠方法。經由六宮淨化、崇敬、謙卑的儀式，我們將苦差事蛻變成神性。六宮絕非十二宮的繼子繼女，無人疼愛，它其實是十二宮的門檻。

當行運行星喚醒你星盤的這個軸線時，你的習性和儀式，你對生命的意義和目的感，都會遭到挑戰、得到擴大、受到啟迪。假使出生時，你就有行星落在這兩個宮位，那麼行運此處就有特別的意義，會造成特別的共鳴。如果沒有，這些行運會賜給你一次特殊的機會，可以探索星盤中這個豐富的領域。

六宮：將住家整理得井然有序

傳統名稱：健康宮

管轄領域：健康、工作、服務、奴僕、同事、職責、習慣、作息、雜務、照料、寵物和小動物、技能

立場相同者：處女座；水星、火星（傳統占星家認為，火星六宮是落在它的「喜悅」宮）

每天晚飯後，我開始飛快忙著實際的工作。倒掉剩菜剩飯、清洗碗盤、打掃廚房地板、把換洗衣物從洗衣機移到烘乾機、將貓咪的垃圾箱清理乾淨、替我們的小小貓咪糖尿病患注射適量的

腴島素。在你家，我想也是大同小異。

大多數人會說，不見得喜歡這些雜事；八成是邊聽收音機或邊看電視，忽略了忙著這些雜務的事實。但是，如果這些工作（幾十件小事）沒有完成，生活就會開始蹣跚踉蹌，好似無油的引擎，嘎地一聲停頓下來。忽略日常生活的細節，你很快就會發現你在空轉。

行星過境六宮時，它們喚醒你對秩序的渴望。你的生活，在某種程度上已經變得一團亂；時候到了，該要收拾乾淨，好好整理分類。

行運太陽在六宮

日常生活的雜務可以是乏味的苦差，也可以是神聖的儀式，差別在於一個人的態度。六宮是最容易通向開悟的道路，因為它所掌管的事務占據了我們每天大部分的時間。所以，在這個行運期間，快樂之道是：不僅要洗碗，而且要將洗碗變成請求秩序、尊嚴、清明的祈禱。

太陽在六宮時，要樂於助人。有時候，你會發現自己盡力侍候著他人，但服務他人是靈性教誨的重要成分。透過服務，我們有機會體驗謙卑。

最後，當太陽行經六宮時，重要的是：給予他人應得的權益。當今這個時代，我們急於批判。我們是否同樣急著鉅細靡遺地告訴他人，到底有多讚賞對方？處女是與六宮相關的星座，我認識的一位處女座女士曾說，她相信完全誠實，但對她來說，那意謂著，當她讚賞一個人的某樣東西時，她會表示十分欽佩。讚賞是快樂的關鍵，不論是接收還是給出讚賞。

行運月亮在六宮

這是個稍縱即逝的次要行運，月亮每個月大約兩天半左右，行經你的星盤的一個宮位。月亮是一股變化無常的勢力，因此，若要改變與健康、工作、服務相關的習慣和作息，這是當月的最佳時機。

在這個行運期間，你可能有點煩躁，容易被家事之類的尋常責任淹沒。日常世界可能突然間看似完全難以控制。要忍耐一下，這是一個快速的行運！

每年，新月在六宮是一段強而有力的時間，可以設定與你的健康和工作相關的意圖，也可以在生活中找到可靠的幫手。

行運水星在六宮

行運水星帶來的禮物是「好奇」。當你的心智被某個問題吸引時，這問題通常會得到解決。當你的好奇心被創造利用資源、時程、系統、時間表的更有效方法喚醒時，要讓它落實到位。

持續幾週，在水星過境六宮期間，你終於有興致清理生活中的凌亂。把這一切交給水星，就像你會給不安的孩子一件玩具，讓孩子專注。要全面稽核整個家庭、你的習性和生活目標；可以如何簡化作息同時精煉目標？為了改善健康，你現在可以做什麼？或是怎麼做更好？

行運金星在六宮

你該如何讓日常生活更愉快，更和諧、平衡？當金星過境六宮時，不需要別人告訴你，該吃更均衡的飲食、該帶一束鮮花回家，或是該為你的辦公室購買漂亮的文件夾和事務機。金星六宮的恩典是：理解實用不必是醜陋而沉悶無趣的。你當然可以既頌揚造型又讚美功能。讓每一個片刻、地點、作息變得比原本更可愛些，這是這個行運的作業和禮物。

金星是「關係」行星，所以這個行運可能會為你的日常生活帶來討喜的新人。和藹的新同事、比較開心的咖啡服務生，或是面帶微笑的新髮型師，都可以大大降低熟悉作息的無聊單調。

行運火星在六宮

火可能是危險的，但本質上，火也可以淨化，消除枯枝且使土壤肥沃，有利作物生長。當行運火星行經六宮時，情況正是這樣。你的住家、工作、習慣，需要定期打掃、重新安排，才能為有用的東西騰出空間，或為你帶來喜悅。你的衣櫥和食品儲藏室需要好好清洗。時候到了，終於該把辦公室中那堆難處理的文件用碎紙機撕碎並歸檔。你那容易就讓事情堆積起來，陷入徒勞無益的習慣，而火星每隔兩年半過境六宮一次，將會使你興起動機，清除障礙，讓新鮮得以滋長。

六宮被連接到有助於身體健康的作息和習慣。如果你在這方面很難興起動機，那麼火星六宮就是個好行運，可以克服惰性，養成更優、更健康的習慣。運動尤其是火星的轄區，所以，讓這個行運擔任不講廢話的教練，促使自己動起來吧！

行運木星在六宮

當木星蒞臨這個工作、健康、習性的宮位，時常一開始便因為生活太過狹小而生起不舒服的感覺。你的工作沒什麼挑戰，或是薪水不夠多。家中一片狼藉，無法隨心所欲地經常出門旅行。木星帶來不滿的禮物，然後最終產生打破常規的動力。

木星過境六宮打開你的小世界，迎向更大的機會，那是你從不曾認為可能的夢想。這有點勢不可擋，但卻無可否認地令人雀躍！如果你是為自己工作，木星將會督促你去嘗試新方法、推出新產品或服務、或是擴展業務。今年，你將會真正樂在工作；假使情況並非如此，你幾乎一定會採取自我解放的步驟，讓自己邁進至更令人滿意的處境。

木星六宮通常保證身體健康，八成是因為你態度良好。不過，各種過度放縱都需要加以遏止。暴飲暴食或飲酒過量顯然是有問題的，但沉迷於極端的時尚飲食法、過度操勞身體、運動做得太急促，長期而言也同樣有害。

行運土星在六宮

凡是有真實價值的東西，都需要努力、耐性和毅力。當土星過境六宮，這些工具唾手可得。你這一生，一直想要成就什麼事情呢？什麼樣的實際考量正在牽絆你？土星六宮將會強迫你開始下苦工，盡最大努力排除那些障礙。你現在從事的工作、養成的習慣以及展現的毅力，將會直接影響你未來的成功。

這不見得是一個輕易的行運。你可能對抗著健康課題、覺得大材小用，或是因目前的地位與你對自己的人生期望有所落差，而飽受低自尊之苦。不過，土星的犧牲、努力工作、承諾是有回報的，所以，只要盯緊你的長期目標，同時拒絕因氣餒而不努力向前。出席露面，讓自己置身在你知道可以邁向成功的情境，同時對必須努力工作好讓成功發生做出承諾。你遲早會將這個行運看作一生的重要時期，你在這時播下了種子，促成了最令你滿意的成就。

行運天王星在六宮

你的人生一直有點乏善可陳嗎？是否年復一年地在同樣的地方工作？住在同樣的屋子裡？與同樣的朋友交際應酬？和伴侶起著同樣的爭執？

一旦行運天王星進入六宮，這一切就結束了。你會發現，自己做著從未夢想過你會做的事。也許你的健康作息需要重新調整；天王星可以辦到。你的工作可能使你無聊厭煩；天王星徹底拒絕無聊，所以，他將會關照你現在不是的那一面。

當天王星行經六宮的漫長行運期間，你知道你的日常生活需要改變。如果你不自己動手，天王星將十分樂意替你執行，但你可能不喜歡他的方法。他會突然採取行動，難以預測，你永遠不知道接下來會發生什麼事。有時你將納悶——在你分解一切之後還有什麼會留下。這就好像那個片刻，你已將所有東西從衣櫃裡拿出來清乾淨，而現在，卻不知道是否有精力將一切歸位。也許你沒有精力，但不要緊，因為天王星精力充沛。

行運海王星在六宮

從前，漫長的旅程意謂著，上船，一次旅行幾個月。那趟旅程必定始終如此平靜，出海來到大洋中間，與其餘世界斷離。搖來晃去、閱讀、釣魚、寫作、沉思；看著太陽升起、落下；活在每一個片刻，沒有分神之事可以將你拉進過去或未來。

當海王星過境六宮，彷彿你正攀上一艘大船，開始漫長的旅程，這是一段間歇，遠離你長久以來熟知的日常生活。如果年齡恰當，你可能會退休，離開職場生活；如果太年輕無法退休，你的工作現在必須符合你的靈性使命感。這個行運期間發生在你身上的每一件事都有意義，旨在推動你沿著你的靈性之路走得更遠一點。你唯一需要的是：登船，然後臣服於這趟旅程。

行運冥王星在六宮

冥王星過境之處，我們覺察到個人無關緊要，我們得到召喚，要與某樣更大的東西連成一氣。冥王星過境六宮迫使你面對必得全神貫注、全程參與的生死處境。或許你承擔一件事，要求你對戲劇性的緊急情況做出回應。可能是與你非常親近的某人，因某個嚴重的問題掙扎著，需要你不斷的協助和支持。你可能只是搬到某個地方，每一天，你都被提醒著：生命的脆弱以及在極端環境生存的挑戰。

冥王星過境是最漫長的，而且這些行運描述的變化，是那種需要許多年才能完成的重大蛻變。當冥王星離開六宮時，你的日常生活一定看起來與行運之初截然不同。若要確保你會喜歡最後的成品，當盡最大努力提供最優質的服務，服務你身旁的人以及對你來說含義重大的目標。要行善、做好事，不期望任何回報。要謙虛，要誠實，要善待他人，要活出使你自豪的人生。

行運北月交在六宮

在這個行運期間，你最大的靈性成長將會來自於——透過工作、犧牲、慈悲善行，提供支持與服務給他人。這個行運往往為職場帶來變化，甚至是促成新的事業。你也可能發現自己處於需要支持伴侶或生命中其他重要他人的位置。萬一升起憎恨的感覺，這可能需要莫大的慈悲，不僅是針對你要支持的人，也針對你自己。這可是一個挑戰性十足的行運，尤其當日／月蝕落在六宮的月分，因為將他人的需求與渴望置於自己之上，在當今這個時代並不特別流行。

當北月交過境六宮的時候，南月交在十二宮。對你來說，此時天下最容易的事莫過於退縮到自憐自艾和自我毀滅的行為，或是屈服於被責任淹沒的感覺，但這是該承認事情原貌並採取實際步驟來加以改善的時候。

十二宮：庇護所

傳統名稱：玄祕宮

管轄領域：隱藏的敵人、自我挫敗的行為或態度、醫院、監獄、心甘情願的退隱、祕密事件、隱私、無意識、夢境、信仰

立場相同者：雙魚座；木星、海王星、土星（傳統占星家認為，土星六宮是落在它的「喜悅」宮）

夏天，我們全家時常長途駕車四處行，到加州探望親戚。一天最美好的時光是日出，我們會在新墨西哥州蓋洛普鎮（Gallup）之類的某座城鎮醒來，坐進旅行車，繫好安全帶，然後啟程穿越四十號州際公路，看著天空從墨汁般的漆黑轉變成柔和的藍、粉紅、紫，直到太陽升起，我們會在路旁的餐廳停下來吃薄餅。大家安靜地坐在座位上，昏昏欲睡、舒適溫和，沒有白天時光的防身盔甲，吃著早餐，凝視著外面的早晨，沒有人必須開口說話。

日出之後的兩小時是當天十二宮的時間，太陽在此時過境天空中低於東方地平線的這個部分。對許多人來說，這是柔軟而朦朧的時光，但按照定義，這也不是占星傳說中那類黑暗、不可穿透、可怕的東西。我們聽到這時段被描述成監獄、地牢、療養院、醫院、修女院，而且的確是

這樣，我認為這些必然與十二宮的本質有關，我們在這些地方被單獨留下，與自己的思緒相處，要懺悔、療癒、祈禱。

但我喜歡這樣想：這些地方代表經驗的過程，不是經驗的整體。在十二宮，我們尋求療癒，尋求賜福，尋求靈感。假使我們將傳統的十二宮位置想成意圖的領域，而不是監禁的地區，十二宮便會呈現出相當不一樣的面向。

十二宮就像一天的頭幾小時，是生活中最柔軟、最流暢、仍舊有點依戀夢境的部分。而且因為我們不是一成不變的，所以，十二宮是想像力發揮之處——想像我們可以是什麼，不只是想像自己現在的模樣。你可以在這個宮位「想像」你的生活，想像如何活在人間，但同時至少一腳跨進另一個世界。它是一個直覺與沉思被柔和點亮的宮位。處在靜心或祈禱的最佳時刻，你在十二宮。當你閱讀小說、迷失在想像的世界時，你在十二宮。當你停下來、注視著剛組好的書桌時，你在十二宮。凡是你的心與靈在寂定中結合的地方，都成為十二宮的廟宇。

行運太陽在十二宮

每年有兩個月時間，你需要安排個人的避靜期。一是生日前那一個月，行運太陽在十二宮則是另外一個月。

行運太陽在十二宮的那個月就像月亮的黑暗期。你內在發出的亮光少之又少，你疲倦或是沒有靈感，很容易放棄，可能會覺得有點脾氣暴躁。

可以的話，在這個月找些時間休假。至少，將你對社會的承諾減至最少。花時間獨自做做白日夢、看書、聽音樂，走在海灘上、樹林間，漫步山上，與大自然神交，與自己交談。這是靜心時間，所以，不要想太多。只要在本月的生活中留些空檔，為你的電池重新充電。

行運月亮在十二宮

每個月，利用這個機會練習照顧自己。當你面對移動較為緩慢的行星過境十二宮的漫長行運時，你所開發的技能——不將日程表塞得過滿、學會拒絕、開闢屬於自己的時間、充分休息——將是絕對無價的。要定期與自己約會，安排「心理健康日」，包括：安靜地徒步旅行、欣賞最愛的老電影，或是度個沒有社交活動的週末。

行運水星在十二宮

當水星過境十二宮時，你八成睡不好。內在猿猴般浮躁不安的心幾乎不可能沉默不語，你無法停止思考各種寧可不想的東西。即使沒什麼特別的事打擾，你也會發現自己但願可以暫且將頭腦的音量調低。

替代之道是，放任自己每天好好打盹兒，寫下大量日誌。水星正在過境，盤點著貯存在你無意識中的一切，確保隱藏在那裡的東西沒有一件會被更多地揭露出來，公開討論。這是個寫作的多產期，也適合與你的日誌或讀者分享私密的想法，或是與真正信任的人交談。但等水星離開十二宮時，你將準備好多睡一些。

行運金星在十二宮

這裡有個金星過境十二宮的簡單儀式：將臥房的衣櫥打掃乾淨，扔掉所有破碎、醜陋的塑膠衣架，以及二十年來不合穿的所有衣服。用吸塵器把討厭的東西吸乾淨。如果特別心血來潮，不妨將衣櫥內部漆上某種可愛的顏色。好好整理衣服和鞋子，讓衣櫥變漂亮。

假使無意清理衣櫥，也可用類似的方法處理住家或車庫的某個醜陋、凌亂的其他部分。甩掉難看、破損或是你討厭的東西。使住家的這個部分變得漂亮好看，讓你覺得願意向訪客展示。

真相是，衣櫥的狀態，或是生活中只有你看到的其他地方，都是相當不錯的晴雨表，顯示沒人在看的時候，你如何對待自己。那通常是基於你內在的感覺。所以，當金星在十二宮的幾週期間，要對住家的那個部分（還有你自己）展現些許的愛。

行運火星在十二宮

火星的十二宮行運可以是真情流露、充滿活力且樂於助人的，但除非你真正準備好擁有這些特質。火星過境十二宮就像把教官帶進醫務室——吵死了！他在醫務室內來回踱步，祭出所有牽絆你、使你得不到心中欲求的恐懼訓斥你。他大吼大叫，不斷督促。這一切全在你的內在進行著。

為難自己並不是善用這個行運的方法，反而該要捲起袖子，開始工作。現在是什麼在後面拉扯你？你愈早知道，就能愈快將它推開。你現在害怕什麼呢？只要面對自己的弱點和怪癖，你就比你所認可的自己更有勇氣。當火星在十二宮時，要打擊心中的惡魔。當你發現自己陷入負面、甚至是殘酷的自我對話時，要停止。痛打自己不是這時候的目標；發展實力和勇氣才是。

行運木星在十二宮

木星的立意良善。他開心地跳進古人所謂的「自我化解」宮位，敦促你放輕鬆。然後，他花了一年的部分時間在你的個人地牢閒晃，於是開始看見你的重點。「這裡實在黑得可怕，」他暗忖，「如果有一扇窗戶或什麼，你就可以看到外面的美景。好吧，至少我可以好好看看書。」然後幾個月過去了，我們這位平時快活的朋友開始鬱卒了。「我就是想達到某個進度，」他喃喃抱怨，「你卻只能讀那麼多本書、寫那麼多行俳句詩、打那麼多個盹！」

木星過境十二宮近尾聲時，你們雙方都準備好要讓他離去。你想要得回平和、安靜的庇護所，沒有木星的盛大、熱誠、隆隆作響的內在聲音，不斷嘮叨你該要出去好好玩一玩。一宮的牧場比較明亮、活潑，木星一定會更快樂。

行運土星在十二宮

在行運土星進入我的十二宮之前的那一年，幾位好友與我分享他們經驗到土星過境十二宮的故事。他們面臨了健康問題、家庭危機和工作挑戰。通常，他們被迫緩慢下來，步調不再像平時那樣積極有力，因為身體需要放輕鬆。

我相信他們的話，也留心注意。但那並沒有使我免於在土星進入十二宮的兩、三週內，因第一個嚴重的健康問題而病倒。

在現代占星學中，我們試圖避開古代占星家那種比較嚇人的語言；當年的占星師總把十二宮說得特別嚴厲，還警告大家，說這是疾病和幽禁的宮位。十二宮並非總是這樣。我第一次經歷這個行運是在二十出頭，當時健壯而熱誠；我學會用比較屬於心理學的方式去經驗它（不輕鬆喔）。

絕對有道理的是：假使你超過五十歲，而且不曾好好照顧自己，那你最終一定會碰壁。你是凡人；你有極限；不論你幾歲，這就是土星過境十二宮要你明白的。**你有極限**。要草擬更合情理的邊界；要更常拒絕，要好好照顧自己，否則，土星將會找到巧妙而令人不快的方式促使你做到這點。

行運天王星在十二宮

天王星在星盤的每一個宮位度過漫長的時間，我可以告訴你：他不準備耗費那些年在你的十二宮枯坐沉思。他甚至比水星更躁動不安，而且逗留時間更加漫長。他會在入境幾週內為這地方重新布線完成，架起一套巨型音響系統。他會不斷邀人過來，坦白說，這些人多半有點怪異。天王星總是因咖啡因或其他刺激物而興奮，他睡得不多，有鑑於此，你也睡得不多。

與一個喧噪、怪異、亢奮、在你的無意識閒晃的室友同住約七年，實在是一段漫長的時間。安靜和休息被長久剝奪，沒有溫和的避難所，你可能會開始有點瘋癲古怪。要練習訓練你的無意識，用靜心甚至是催眠。在這個行運期間，真正迷人的藝術或智性突破是完全可能的，但你必須找到方法，防止自己精疲力竭。

行運海王星在十二宮

我們隱瞞了許多關於自己的事情，包括對自己隱瞞。我們暗藏的恐懼、羞愧和癡迷都住在十二宮；行運海王星在此是放下這些有毒祕密的機會。不過，放手的過程有點嚇人，而且因為海王星過境相當漫長，也令人有點疲倦。

當海王星的海洋處在高潮時，一切看似不錯，甚至比平時更好。但當潮水退去，一切便被留在海灘上，暴露在外，包括我們甚至不知道當年四散在無意識的東西！海王星過境十二宮期間，必須放下的事物包括我們對世界如何運作的信念，以及珍視不放、將自己看作受害者的概念。我們不讓這些事物平白離開，也因此，海王星必須留在這裡如此漫長的時間，才能完成工作，沖刷洗去，日復一日，直到我們像石頭一樣磨損，直到唯一剩下的是信心。

行運冥王星在十二宮

冥王星很得意自己善於掌控事物。他喜歡過境十二宮；那裡有各式各樣你試圖忽略的有趣東西，也因此可以讓他接管整場演出。他樂於挖出往日的疼痛、羞恥和尷尬，要你好好正視。冥王星過境這裡時，你的心智不太平靜。不過，你將得到的是一次無價的機會，可以檢視並丟棄昔日的心理牽掛，找出你的真正實相。一旦冥王星進入一宮，你將會需要那份成為健全、完整個人的實力。

行運北月交在十二宮

通常，北月交過境一宮，將你置於應對環境快速變遷的位置上。你可能必須搬家，或是處理關係中的課題，而你發現自己不斷遭到圍攻。但是，一旦北月交進入十二宮，事情通常會平靜些。這時候，許多人會暫時垮掉，盡可能避開世間的強索。不要抗拒；這是你稍事休息和靈性復甦的適當時機。

當北月交過境十二宮時，南月交位於工作和日常作息的六宮。逃遁至加班、運動以及其他行為的誘惑力，將會相當強烈，雖然表面上很健康，但其實可能適得其反。十二宮向你示意，要花時間與內在的自我共處。可利用六宮的組織天賦，設計一份有充分停工餘地的日常作息。

第十六章

範例解讀
以影星米高福克斯為例

一九九〇年代初期開始，友人和我就一直是職業占星師。儘管多年以後，我們仍舊時常一起笑談當年兩人如何拿著全新的出生圖坐下來，準備解讀，然後完全不知道這張星盤有何意涵。尤其當你開始加入行運之類的東西，所有那些符號更是開始到處游，游成了一團巨大的天體。

你可能會有同樣的感覺，尤其如果你剛吃力地讀完本書的一到十五章，涵蓋了每一種可能的行運組合。幸好，做了許多年的這類事情後，占星師可以發展出整理這一切的策略。多年來，我已大大簡化了自己的流程，那正是我想在本章與讀者分享的內容。

了不起的福克斯先生

如範例所示，我提供演員兼活動家米高．福克斯的出生圖。福克斯自從一九八〇年代在情境喜劇《天才家庭》（*Family Ties*）中擔綱演出以來，便享有盛名，包括主演風靡一時的《回到未來》（*Back to the Future*）系列電影。一九九八年，時年三十七歲的福克斯宣布，他被診斷出患有早發性帕金森氏症。相貌永遠年輕的福克斯現年五十多歲，偶爾在電視上演出，但大部分時間都用在妻子和四個孩子身上，以及致力於倡導帕金森氏症研究。

出生圖

我們來看看福克斯一生中幾個關鍵事件的行運。首先，要認識一下他的出生圖（參見圖16-1）。本命行星之間的相位以及行星的宮位配置，確認一張星盤的「滑稽天性」，那些非常敏感的區域，對行運帶來的額外壓力反應最為強烈。

米高．福克斯於一九六一年六月九日上午十二時十五分出生在加拿大艾伯塔省（Alberta）的埃德蒙頓（Edmonton）。他的太陽在雙子座，位於四宮一開始，傳統上，四宮是住家、家庭、歷史和靈魂沉思的宮位。假使太陽沒有與上昇點和天頂形成強旺的相位，可能福克斯會滿足於過著安靜的私生活，而不是在十八歲離家，投身演藝界尋求事業發展。本命太陽在四宮的人，踏在一條發展深度自信和在人間有居家感的終生旅程上。四宮太陽的人情感真摯，令他人覺得能夠與其深度連結。

福克斯的本命太陽與在寶瓶座的本命上昇點形成幾近完美的三分相。上昇點象徵我們有意識地培養以回應早期環境的人格面具、技巧和特徵，目的在幫助我們待人處世。上昇寶瓶的人格有點酷，但也擁有令人稱羨的能力，有辦法使他人自在安逸，甚至讓完全陌生的人覺得他們認識你。當本命太陽與上昇點形成好相位時，你的所見即所得；這人發現「做自己」相當容易。太陽

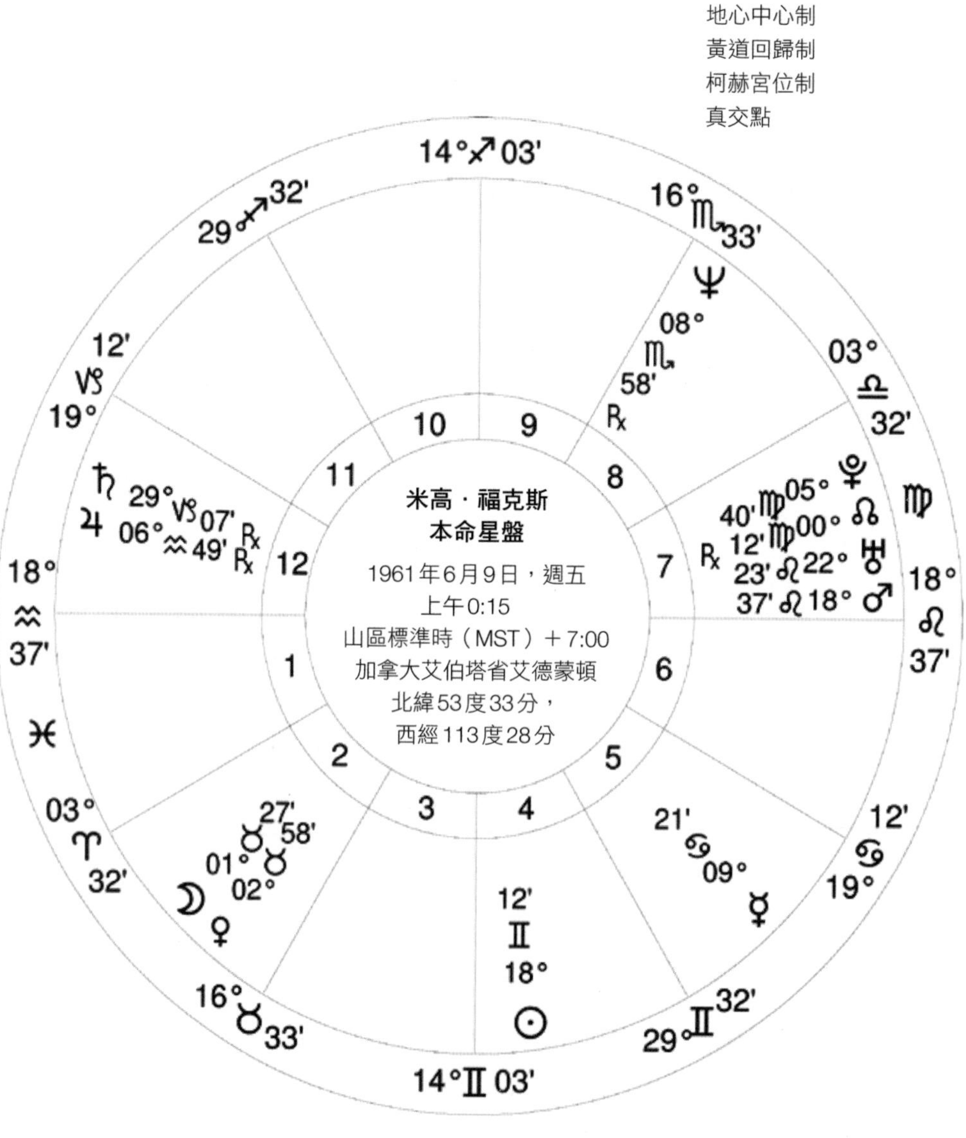
地心中心制
黃道回歸制
柯赫宮位制
真交點
米高・福克斯
本命星盤
1961年6月9日，週五
上午0:15
山區標準時（MST）＋7:00
加拿大艾伯塔省艾德蒙頓
北緯53度33分，
西經113度28分

圖16-1

／上昇的人通常魅力非凡，顯得自信，擁有友善、樂觀的人格。

福克斯的本命太陽也與他的天頂（事業和聲譽的角度）形成接近的對分相。我很喜歡福克斯自傳的書名《回到未來的幸運兒》（*Lucky Man*）；他的「幸運」星座射手在天頂。當然，由於射手座的守護星木星與勤勞的土星合相，福克斯是一個一旦「準備」遇見「契機」、幸運即刻降臨的實例。

福克斯的太陽，與七宮獅子座的強大火星／天王星合相，形成六分相。成就盛名的人時常有太陽、月亮、金星或火星與天王星形成接近相位。天王星象徵那道閃電，那道小小的額外「東西」，讓人興起去觀賞的興致。火星與天王星合相可能表示在廣播相關領域工作，而且表示那人擁有我們所謂的動物磁性。福克斯通常不被視為是性感象徵，但他對兩性大眾都有巨大的吸引力。

七宮是夥伴關係的宮位，而福克斯與女演員崔西・寶蘭（Tracy Pollan）享有長久、快樂的婚姻。福克斯的年齡與前美國總統歐巴馬相近，他們的上昇點都在寶瓶，且度數完全相同。兩人在七宮同樣擁有這個令人生畏的火星、天王星、北月交和冥王星組合，而且兩人都有幫夫運旺的強力配偶。

水星在巨蟹五宮，這是一個創意十足的位置。如果你有水星在五宮，你八成擅長許多事情，事實上，你大概相當擅長決定去嘗試幾乎每一件事。水星與海王星三分相，且與月亮、金星、冥王星形成六分相；這是一個聰明人，有許多不同的出路可以表現他的才華。

福克斯的月亮和金星在金牛座合相，金牛對這兩顆行星來說是強勢星座。儘管過去有毒品和酒精問題（因月亮和金星，與逃避現實的海王星對沖，又與有強迫症的冥王星形成三分相），且曾是美國最負盛名的男性之一，但福克斯一直設法保持神智清醒，維繫著腳踏實地且不矯飾誇耀的聲名。

月亮和金星在二宮（金錢的宮位），且與木星和土星形成四分相。福克斯成長在一個努力量入為出的軍事家庭，在他的自傳中，他講述了早年在好萊塢簡直是挨餓。他最終結合運氣（木星）和努力工作（土星），變得十分富有。他的自傳還描述說，在同時拍攝他的熱門電視劇和《回到未來》期間，時間調度相當磨人。他是個任勞任怨的傢伙。

星盤的作用點

出生圖中的每個角落都很重要，每一丁點都可以產生奇妙的洞見。但在與個案合作的過程中，我發現，個案來找我，幾乎不曾因為一切順遂只是想諮詢一下，做些微調。來找我的人，大部分是因為遇到危機，有大事正在發生，他們被當時的情況嚇壞了。

每一張出生圖中都有特別敏感的高壓點。要查詢那些點位的行運，然後找出問題的根源。

為了找出這些點位，我首先查找接近四角（一、四、七、十宮宮首）的本命行星。例如，在福克斯的出生圖中，太陽與天底（四宮宮首）合相，且與火星和天王星（二星與七宮宮首的下降點合相）形成六分相。接近任何四角的行星都是高壓點，引發的共鳴一如緊繃的鼓膜。凡是觸及這些行星的行運，整個星盤便會甦醒過來，留神注意。

接下來，我尋找包含太陽或月亮在內的緊張組合。在福克斯的星盤中，月亮和金星與海王星對沖，與木星／土星呈四分相。當二或多顆行星彼此對沖，且與另一顆行星形成四分相，這個配置稱為「T型三角」（T-square），它是星盤中一套動態的行星網絡。

木星與土星合相是一個世代合相，每二十年發生一次，落在同樣兩、三年內出生的每一個人的星盤中。這是一個困難的組合，感覺有點像試圖一腳踩油門、一腳踩剎車的駕駛。出生圖有這個相位的人是十分野心勃勃、努力工作的。他們時常覺得自己起步不利，必須額外努力，才能抵達想去的地方。

在第十二宮，這個組合可能表示睡不好、自我挫敗的習慣甚至是慢性健康問題。加上與月亮和金星形成四分相，於是這些掙扎變得非常個人，甚至在日常生活上造成痛苦。月亮／金星與海王星對沖，以及與十二宮行星形成四分相，都是成癮的真正危險信號，尤其還與冥王星形成三分相（注：六分相和三分相之類的「好」相位，當困難行星捲入時，不見得總是好事！「好」可能只是意謂著，事情不間斷地流動，有時候，有一套行星檢查和平衡系統是有幫助的，可讓冥王星之類的行星循規蹈矩）。

我會注意，土星、天王星、海王星、冥王星之類的行星以及月交點（還有日／月蝕）何時過境固定星座（金牛、獅子、天蠍、寶瓶）。行運至這些星座，將會啟動這組月亮／金星、木星／土星以及海王星T形三角，然後觸發可能與其相關的任何自我挫敗行為。

內圈
米高・福克斯
本命星盤
1961年6月9日，週五
上午0:15　山區標準時（MST）＋7:00
加拿大艾伯塔省艾德蒙頓
北緯53度33分，西經113度28分

地心中心制
黃道回歸制
柯赫宮位制
真交點

外圈
《回到未來》發行
本命星盤
1985年7月3日，週三
下午12:00　東部夏令時（EDT）＋4:00
美國紐約州紐約市
北緯40度42分51秒，
西經74度0分23秒

地心中心制
黃道回歸制
柯赫宮位制
真交點

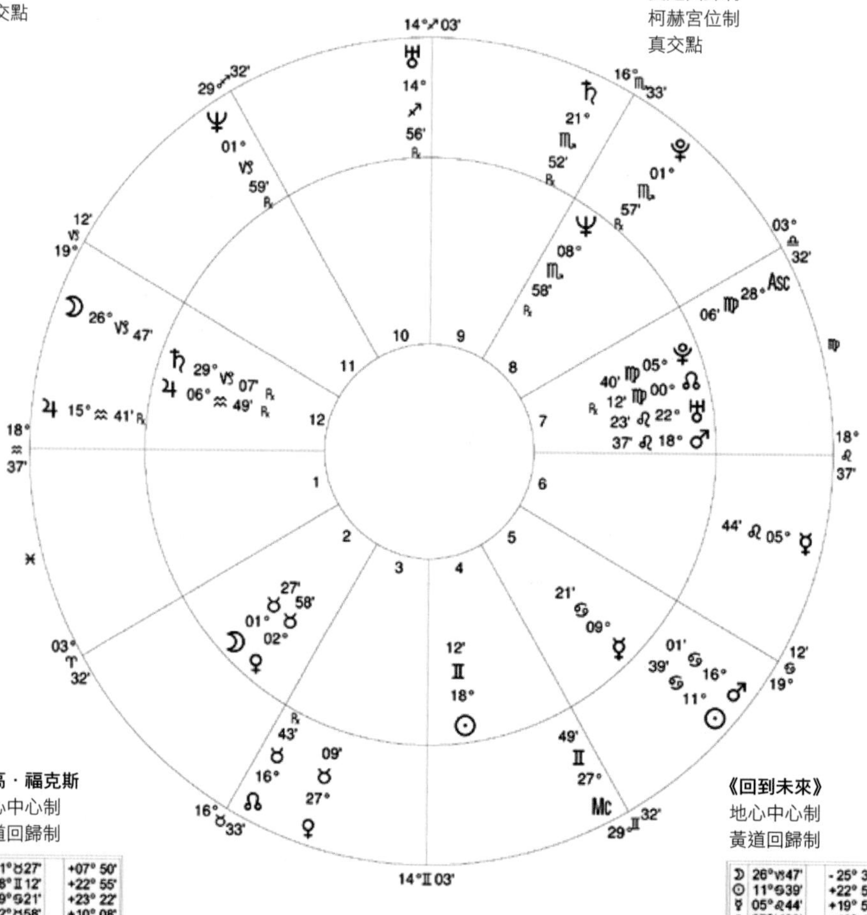

米高・福克斯
地心中心制
黃道回歸制

☽	01°♉27'		+07° 50'
☉	18°♊12'		+22° 55'
☿	09°♋21'		+23° 22'
♀	02°♉58'		+10° 08'
♂	18°♌37'		+16° 33'
♃	06°♒49'	℞	- 19° 02'
♄	29°♑07'	℞	- 20° 26'
♅	22°♌23'		+14° 44'
♆	08°♏58'	℞	- 12° 46'
♇	05°♍40'		+21° 15'
☊	00°♍12'	℞	+11° 24'
Mc	14°♐03'		- 22° 29'
Asc	18°♒37'		- 15° 15'

《回到未來》
地心中心制
黃道回歸制

☽	26°♑47'		- 25° 30'
☉	11°♋39'		+22° 56'
☿	05°♌44'		+19° 59'
♀	27°♉09'		+16° 47'
♂	16°♋01'		+23° 27'
♃	15°♒41'	℞	- 16° 52'
♄	21°♏52'	℞	- 16° 04'
♅	14°♐56'	℞	- 22° 37'
♆	01°♑59'	℞	- 22° 16'
♇	01°♏57'	℞	+03° 44'
☊	16°♉43'	℞	+16° 50'
Mc	27°♊49'		+23° 25'
Asc	28°♍06'		+00° 45'

圖16-2

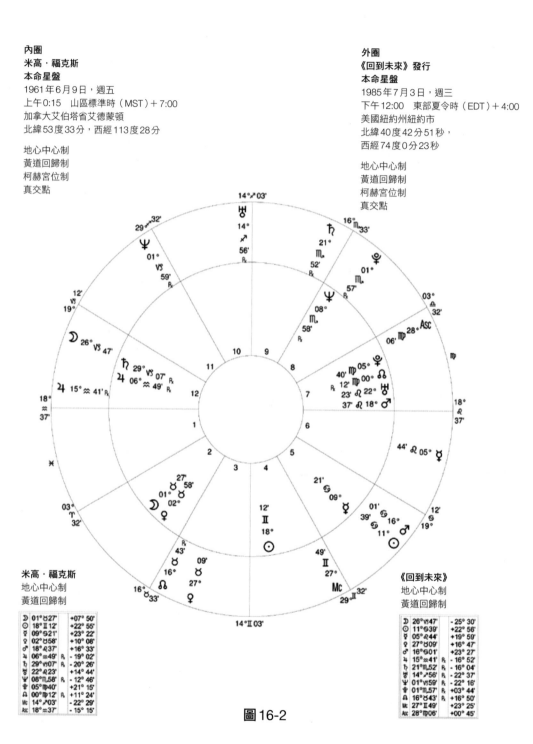

當某人聲名大噪時，命盤呈現什麼模樣

假裝一下，現在是一九八五年夏天，米高·福克斯來找你解讀星盤。他急待解決的問題是：他的新電影《回到未來》會取得成功、事業一飛衝天嗎？

從他的出生圖，我們已經知道，這是一位魅力非凡、勤奮努力、可愛、幸運的人，除此之外，我們來看看他在發片當天的行運，看看找到什麼（參見圖16-2）。

占星學上的關鍵年齡

首先，我考慮個案的年齡。某些年齡是每一個人的星象交通擁塞期。例如，十四、二十一、二十八／二十九、三十五至四十二、五十五至六十歲，往往都是非常忙亂的時期，因為外行星與它們在出生圖的位置形成關鍵的角度。福克斯在一九八五年是二十四歲，每一個人都在這個年紀經驗到木星回歸。此外，這是一段愉快的間歇，介於二十一歲的瘋狂叛亂（行運天王星與本命天王星四分相，行運土星與本命土星四分相）與大約二十九歲（土星在這時回歸到它的本命位置）之間。

行運行星與四角合相

接下來，是否有任何「外」行星（木星、土星、天王星、海王星或冥王星）與星盤的四角形成合相？這一天，行運木星距離福克斯的本命上昇點僅僅幾度，這是每十二年才發生一次的行

運。木星跨越上昇點就像聯合包裹服務公司UPS將一只非常不錯的包裹送到你家門前。而且要記得，福克斯剛經歷了他的第二次木星回歸，因此正開始一輪全新十二年的個人成長和探索週期；這是一顆精力充沛的木星。

比較戲劇性的是，行運天王星（爆炸性突然轉變的行星）剛剛行經福克斯出生圖的天頂。凡是活到八十四歲的人，都有機會享有至少一次這樣的行運，不過少有人像福克斯一樣臻至盛名。別忘了，天王星在福克斯的出生圖中非常突出，很接近四角之一，且與火星合相，與太陽六分相，也與本命天頂形成三分相。當彼此形成強勢本命相位的兩點又因行運相聚時，行運的意義就大上許多。

單是具備這兩項資訊，我們就可以大膽表示，大事即將降臨在這位迷人的加拿大男演員身上。

行運行星與本命太陽或月亮的相位

接下來，我們將要查看，行運外行星是否正與本命太陽或月亮形成接近相位。這個日子當天，行運木星與本命太陽形成三分相，這個相位通常指出有裨益的成長與人氣（假使不謹慎，這會使你變得有點自滿）。土星正與太陽形成補十二分相，這可能表示，某種成長正循序漸進，而且不會是舒服的。天王星與本命太陽對沖，帶來突然的關注，程度大到可能令四宮太陽的人產生些許恐慌。而剛剛進入天蠍座的行運冥王星，正與本命敏感的月亮／金星組合形成緊繃的對分相。當冥王星與金星或二宮的行星連結時，往往帶來巨大的財富，而這齣電影迅速將已經成功的福克斯推升到一個罕見的收入階層。

如果我在這時與福克斯聊天，我八成會說這樣的話：「你知道你的生活不會再一樣了，對吧？」我會建議，要確定他真的信任他的財務顧問，而且要有一份適當的計畫，才能在一趟勢必非常令人興奮但可能使人精疲力竭的旅行期間，在情緒上和身體上好好照顧自己。

木星回歸

之前提過木星回歸，現在更仔細看一看。木星不像他的其他外行星兄弟移動得那麼緩慢，但十二年一輪的週期是不容小覷的。你一生只會經歷幾次木星回歸，最多大約八次。此外，值得記住的是，木星是一顆神氣活現的特大號巨型行星，因此它的過境絕不是隱微不顯的。

當木星回歸到它在你出生圖中的位置時，你正展開一輪重要的全新成長週期。尤其，在此期間，事業和教育的發展令人振奮。整體而言，木星回歸是一趟幸運的行運，但它也像一輛強而有力的大車：除非你是個非常謹慎且經驗老道的司機，否則很可能開出路面。

外行星與太陽和月亮以外的行星的相位

這個日子當天，有許多與火星相關的行運外行星活動，我們知道，在福克斯的出生圖中，火星是一顆關鍵行星。行運木星與火星對沖，行運土星與火星四分相，行運天王星與火星三分相。

假使這聽起來像是許多混雜的訊息，我相信感覺上也是那樣。一方面，天空是極限（木星），但另一方面，地平線上有許多十分辛苦的工作（土星），而且，順帶一提，你將再也認不得自己的人生（天王星）。

我會留意一下行運海王星和冥王星，兩顆行星正與本命水星和金星形成相位。精神耗弱加上多樣的自我放縱機會，可能因飲酒或毒品過量建構起一場完美風暴。但當海王星與金星連結，也同時冒出戀情的呢喃低語。就在這段期間，福克斯與女演員崔西．寶蘭合作，後者在《天才家庭》中飾演福克斯的女友。兩人後來重逢，墜入愛河，並於一九八八年結婚。

日／月蝕

這個日子當天，月亮的北交點在金牛座。這告訴我們，這一年五月和十一月左右（行運太陽與月交點合相）的日／月蝕，八成將與福克斯出生圖中最高度緊張的配置形成接近相位：月亮／金星、木星／土星、海王星T型三角、以及上昇點對沖獅子座的火星和天王星。我會參照一九七五至一九七六年，那是前一次日／月蝕與這些點位形成相位的時期，方便更詳細洞悉，明白可以對目前的日／月蝕有何期待。

福克斯在自傳中寫道，那段期間，他經歷了生平第一份也是唯一一份「真正」的辦公室工作。對音樂癡迷的他，用那個夏天賺來的錢買了一把吉他。隔年夏天，他找到了他的第一份電視演出工作，單是一週內賺進的錢財，就等同於他的「真正」工作整個夏天支付給他的酬勞。這標記了一個觀點上的關鍵轉捩點，使他對工作、收入以及決意做喜歡的事來成就事業等方面，有了全新的看法。

火星

談論事業時，要看一下行運火星與本命火星的相對位置，這有幫助。這個日子當天，行運火星在他的本命火星後方，相隔整整一個星座。大約一個半月內，他會遇到一次火星回歸。對於處在這個火星週期階段的人，我給出的忠告通常會是：充分休息，騎乘在目前波浪的頂峰，同時保存能量，應付兩、三個月內開始的全新工作週期。在火星週期不利開創的階段展開新局，可能導致身心耗竭、白費力氣，尤其當你像福克斯一樣，已經度過精疲力竭的一年，忙著拍攝某齣預算龐大的電影同時錄製你的熱門電視劇，那就更要特別注意。

次要行運

平時我不會非常注意某個特別日子的行運，但對福克斯來說，這不是一個普通的日子。我會尋找內行星（特別是太陽、月亮或水星）與出生圖之間的某種連結。這個日子當天，行運太陽在巨蟹座十一度，與福克斯的五宮水星合相，行運水星對沖本命木星（且與月亮／金星以及海王星形成四分相），而行運月亮在魔羯座，與他的本命土星合相。這些是次要的「計時」（timing）行運，告訴我們，在幾天的時間內，來自木星、天王星、海王星和冥王星的主要行運相位將會被觸

內圈
米高・福克斯
本命星盤
1961年6月9日，週五
上午0:15　山區標準時（MST）＋7:00
加拿大艾伯塔省艾德蒙頓
北緯53度33分，西經113度28分

地心中心制
黃道回歸制
柯赫宮位制
真交點

外圈
谷底
本命星盤
1992年6月27日，週六
下午12:00　東部夏令時（EDT）＋4:00
美國紐約州紐約市
北緯40度42分51秒
西經74度0分23秒

地心中心制
黃道回歸制
柯赫宮位制
真交點

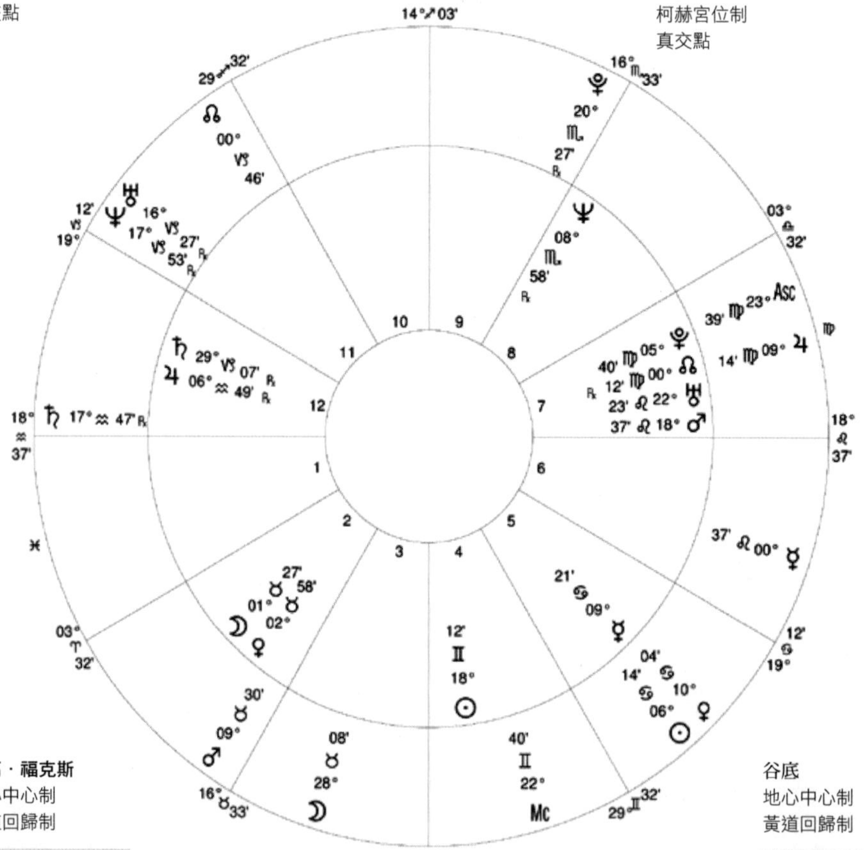

米高・福克斯
地心中心制
黃道回歸制

☽	01°♉27'		+07° 50'
☉	18°♊12'		+22° 55'
☿	09°♋21'		+23° 22'
♀	02°♉58'		+10° 08'
♂	18°♌37'		+16° 33'
♃	06°♒49'	℞	- 19° 02'
♄	29°♑07'	℞	- 20° 26'
♅	22°♌23'		+14° 44'
♆	08°♏58'	℞	- 12° 46'
♇	05°♍40'		+21° 15'
☊	00°♍12'	℞	+11° 24'
Mc	14°♐03'		- 22° 29'
Asc	18°♒37'		- 15° 15'

谷底
地心中心制
黃道回歸制

☽	28°♉08'		+22° 32'
☉	06°♋14'		+23° 18'
☿	00°♌37'		+21° 14'
♀	10°♋04'		+23° 44'
♂	09°♉30'		+13° 34'
♃	09°♍14'		+09° 09'
♄	17°♒47'	℞	- 16° 24'
♅	16°♑27'	℞	- 22° 51'
♆	17°♑53'	℞	- 21° 30'
♇	20°♏27'	℞	- 03° 19'
☊	00°♑46'		- 23° 26'
Mc	22°♊40'		+23° 14'
Asc	23°♍39'		+02° 31'

圖16-3

發，他們的能量將被釋放到人世間。

這就是《回到未來》的發片時間，促使米高．福克斯成為全球最大牌的明星之一。

一個人觸及谷底的慘狀

一九九二年夏天，剛經歷一連串票房失利的米高．福克斯，承受著一個可怕的祕密：前一年十月，他已被診斷出患有帕金森氏症。福克斯沉浸在他所描述的否認當中，酗酒以對。在他的自傳裡，他確認在一九九二年六月二十七日當天，他觸及個人的「谷底」（參見圖16-3）。

占星學上的關鍵年齡

福克斯剛滿三十一歲，前一年經歷了第一次土星回歸，時間大約就在他收到罹患帕金森氏症的診斷結果。如果他是我的個案，而我不知道細節，我會談到，這次土星回歸是一段艱難期，強調需要以某種重要的方式權威掌控自己的生活，然後詢問他是否經歷了精神或健康危機（土星在十二宮）。這是一次意義非凡的土星回歸，代表持續不斷的成熟過程，影響所及，遠遠超出實際的行運時間。

行運行星與四角合相

這一天，只有一顆行運行星與星盤的四角之一合相，但這是一個難題：行運土星與他的本命上昇點在一度以內合相。

土星過境十二宮可是令人敬畏的。時候到了，該要整理心理櫥櫃中的各類骸骨，同時好好負起責任。這可能是一個困難重重且時常令人沮喪的過程，尤其對本命土星落在這個宮位的人來說（這些人櫥櫃中的骸骨特別毛骨悚然）。

土星終於跨越上昇點是一個每二十九年一次、絕對關鍵的行運。我見過它獎勵人、懲罰人、癱瘓人（富蘭克林．羅斯福總統的例子最為寫實，他在這個行運染上小兒痲痺症）。這在很大程度上取決於你如何關照行運土星在十二宮的工作。

對福克斯來說，土星過境十二宮是他一生中最困難的時期之一，開始於一九九〇年一月他父親去世。一九九一年十月，他收到帕金森氏症的診斷結果。他又花了一年時間酗酒和否認，才準備好接受行運土星來到上昇點的挑戰，採取行動，面對剛出現在生活中的現實狀況。

行運行星與本命太陽或月亮的相位

這個日子當天，木星正過境七宮，準備與本命太陽形成四分相。結果，福克斯的妻子崔西（七宮）戳破（四分相）他的傲慢（太陽）。行運土星，除了與上昇點合相之外，也與福克斯的太陽形成三分相。還好，他決定承擔個人的責任（太陽），接受現實情況（土星）。

天王星／海王星和冥王星全都與太陽形成補十二分相。當二或多顆行星彼此形成六分相，且同時與另一顆行星形成補十二分相，這個配置被稱作「上帝之指」（yod）。成為兩個補十二分相焦點的行星（此例是太陽，象徵驕傲和不可或缺的自我）就是那顆被「指向」的星球。這個象徵符號的最完美表達，莫過於崔西・寶蘭那天早上用這個問題質問她老公：「你就是想當這樣的人嗎？」太陽是我們想要成為什麼人的象徵，而福克斯打定主意，當時那個一團糟的醉漢不是他想要成為的那個人。

外行星與其他行星的相位

在這個日子當天，行運木星（在處女座，與本命冥王星合相）與本命月亮／金星三分相是一種裝飾音，象徵一個不怕在你不對時與你對抗的夥伴，而且這麼做的人是出於由衷的愛。許多人觸及個人的谷底時，生命中並沒有疼愛和支持他們的人留在身邊。就連處在最低點，福克斯都還是個幸運兒。

行運土星在這個日子當天與火星／天王星對沖。十五年前，亦即一九七七年，行運土星位在星盤的對宮，與本命火星和天王星合相。當時，福克斯是一個興奮雀躍的年輕小子，努力演出他的第一齣電視連續劇，開始踏上引領他來到此時此地的事業前程。

日／月蝕

這個日子當天的行運月交點落在魔羯座和巨蟹座前幾度內。十年前，一九八二年六月二十一日當天，日蝕來到同樣這個點位。三個月後，《天才家族》首映。一九九二年六月，生命再次準備好，為福克斯做出不可挽回的改變。此時距離他向大眾揭露罹患帕金森氏症還有六年，但這個時刻，他開始更有效地主動掌控，擬出如何繼續生活下去（以及面對診斷結果）的方法。

次要行運

有趣的是，這個日期當天的太陽位置（巨蟹座六度），與《回到未來》發片當天的太陽位置，相距在五度以內，且與本命水星非常接近合相。月亮在金牛座的最後幾度，與本命土星形成三分相。而方才進入獅子座的水星，剛剛結束與土星對沖。放眼望去，陰暗無以復加；現在該是轉個彎、讓光明進來的時候。

• • •

各位朋友，這就是占星師舉例說明如何整理和解讀關鍵事件的行運。我的方法不是唯一的一種，也不見得就是「對」的；解讀行運的方法，就跟占星師解讀星盤的方法一樣多。我希望，讀者能夠運用我舉的例子，以及本書的其他工具加以練習，最終發明你自己的策略。

我們每一個人，不論知名與否，都活出一連串豐富迷人的故事構成的人生。我酷愛追蹤人們的生命故事，也因此對占星學深感興趣。或許，你拿起本書也是基於類似的理由。學習分析行運是占星學提供的諸多工具之一，以此更加理解你自己的故事和摯愛的故事。行運是本書章節的特色，提供各章節副標，而最重要的是，提供一份整齊的大綱，可以理解並預測生命的最高峰和最低潮。

我在一個炎熱、緩慢的夏天寫成這本書，當時，行運冥王星與我的本命天頂形成緩慢、懶散的三分相。這暗示一趟轉化蛻變之旅，那也是本書向來之於我的意涵。當你嘗試與他人分享時，你才真正明白自己知道什麼。

感謝你成為其中一個「他人」，但願迷人的行運構成你的一生！

誌謝

假使曾有木星仁慈的證據，那就是，有機會在木星行經我的九宮期間完成本書。所以，多虧了木星，還有非行星的人類，包括：我的經紀人瑪麗蓮・艾倫（Marilyn Allen），以及促使這艘船啟航並好心邀我登船的編輯吉兒・亞歷山大（Jill Alexander）。我深深感謝順風出版社（Fair Winds Press）製作團隊，特別是約翰・葛廷斯（John Gettings）、莉亞・特拉科薩斯・珍妮斯（Leah Tracosas Jenness）、凱西・德瓦斯基（Kathy Dvorsky），感謝他們去蕪存菁，讓一切看上去那麼的別致。

沒有人直接點出，但我知道，我在寫書的時候，實在是不好相處。所以，我特別感激寬容我、鼓勵我的朋友們，尤其是提姆・托密（Tim Tormey）、道格・亞代爾（Doug Adair）、法蘭克・瓜爾科（Frank Gualco）、姬諾・金恩（Jeannel King）、娜托莉・摩爾（Natori Moore）、西蒙妮・巴特勒（Simone Butler）、洛莉・羅德弗（Lori Rodefer）、黛娜・格哈特（Dana Gerhardt）、潔西卡・謝波德（Jessica Shepherd）、馬修・庫里（Matthew Currie）、聖地牙哥占星學會（San Diego Astrological Society）的每一位成員，以及在那段期間忍受我的任性、眼淚、老是沒空的家人，包括德魯・艾略特（Drew Elliott）、海瑟・葛魯齊（Heather Galluzzi）、斯特勞德（Stroud）一家人、凱西・麥克勞林（Kathy McLaughlin）。

要向羅伯・韓德（Robert Hand）與史蒂芬・福雷斯特（Steven Forrest）鞠躬致意，他們是備受尊敬的占星學大師，早先談論行運的著作啟發我，使我開始自我懷疑，然後要向我的第一任老師兼永遠的朋友黛安・龍格倫（Diane Ronngren）鞠躬致意。

最重要的是，我感謝強尼・肯特（Jonny Kent），他是我認識過最有耐性的男人。將你帶到我面前的那些行運是我今生最幸運的時刻。

附錄

1. 各行星所在星座（2015-2025年）

表一：各行星所在星座，2015~2025年，木星—冥王星	
木星進入處女座	2015年8月11日
木星進入天秤座	2016年9月9日
木星進入天蠍座	2017年10月10日
木星進入射手座	2018年11月8日
木星進入魔羯座	2019年12月2日
木星進入寶瓶座	2020年12月19日
木星進入雙魚座	2021年5月13日
木星進入寶瓶座	2021年7月28日
木星進入雙魚座	2021年12月29日
木星進入牡羊座	2022年5月10日
木星進入雙魚座	2022年10月28日
木星進入牡羊座	2022年12月20日
木星進入金牛座	2023年5月16日
木星進入雙子座	2024年5月25日
木星進入巨蟹座	2025年6月9日
土星進入射手座	2014年12月23日
土星進入天蠍座	2015年6月15日
土星進入射手座	2015年9月18日
土星進入魔羯座	2017年12月20日
土星進入寶瓶座	2020年3月22日
土星進入魔羯座	2020年7月2日

表一：各行星所在星座，2015~2025年，木星—冥王星　（承上頁）

土星進入寶瓶座	2020年12月17日
土星進入雙魚座	2023年3月7日
土星進入牡羊座	2025年5月25日
土星進入雙魚座	2025年9月1日
天王星進入金牛座	2018年5月15日
天王星進入牡羊座	2018年11月6日
天王星進入金牛座	2019年3月6日
天王星進入雙子座	2025年7月7日
天王星進入金牛座	2025年11月8日
海王星進入牡羊座	2025年3月30日
海王星進入雙魚座	2025年10月22日
冥王星進入寶瓶座	2023年3月23日
冥王星進入魔羯座	2023年6月11日
冥王星進入寶瓶座	2024年1月21日
冥王星進入魔羯座	2024年9月2日
冥王星進入寶瓶座	2024年11月19日

2. 行星的逆行期（2015-2025年）

表二：行星的逆行期，2015~2025年	
水星逆行	**金星逆行**
2015年1月21日~2015年2月11日	2015年7月25日~2015年9月6日
2015年5月19日~2015年6月11日	2017年3月4日~2017年4月15日
2015年9月17日~2015年10月9日	2018年10月5日~2018年11月16日
2016年1月5日~2016年1月25日	2020年5月13日~2020年6月25日
2016年4月28日~2016年5月22日	2021年12月19日~2022年1月29日
2016年8月30日~2016年9月22日	2023年7月23日~2023年9月4日
2016年12月19日~2017年1月8日	2025年3月2日~2025年4月13日
2017年4月10日~2017年5月3日	
2017年8月13日~2017年9月5日	**火星逆行**
2017年12月3日~2017年12月23日	2016年4月17日~2016年6月30日
2018年3月23日~2018年4月15日	2018年6月26日~2018年8月27日
2018年7月26日~2018年8月19日	2020年9月9日~2020年11月14日
2018年11月17日~2018年12月6日	2022年10月30日~2023年1月12日
2019年3月5日~2019年3月28日	2024年12月6日~2025年2月24日
2019年7月8日~2019年8月1日	
2019年10月31日~2019年11月20日	**木星逆行**
2020年2月17日~2020年3月10日	2014年12月8日~2015年4月8日
2020年6月18日~2020年7月12日	2016年1月8日~2016年5月9日
2020年10月14日~2020年11月3日	2017年2月6日~2017年6月9日
2021年1月30日~2021年2月21日	2018年3月9日~2018年7月10日
2021年5月29日~2021年6月22日	2019年4月10日~2019年8月11日
2021年9月27日~2021年10月18日	2020年5月14日~2020年9月13日
2022年1月14日~2022年2月4日	2021年6月20日~2021年10月18日

表二：行星的逆行期，2015~2025年	（承上頁）
2022年5月10日~2022年6月3日	2022年7月28日~2022年11月23日
2022年9月10日~2022年10月2日	2023年9月4日~2023年12月31日
2022年12月29日~2023年1月18日	2024年10月9日~2025年2月4日
2023年4月21日~2023年5月15日	2025年11月11日~2026年3月11日
2023年8月23日~2023年9月15日	
2023年12月13日~2024年1月2日	
2024年4月1日~2024年4月25日	
2024年8月5日~2024年8月28日	
2024年11月26日~2024年12月15日	
2025年3月15日~2025年4月7日	
2025年7月18日~2025年8月11日	
2025年11月9日~2025年11月29日	
土星逆行	**冥王星逆行**
2015年3月14日~2015年8月2日	2015年4月17日~2015年9月25日
2016年3月25日~2016年8月13日	2016年4月18日~2016年9月26日
2017年4月6日~2017年8月25日	2017年4月20日~2017年9月2日
2018年4月18日~2018年9月6日	2018年4月22日~2018年10月1日
2019年4月30日~2019年9月18日	2019年4月24日~2019年10月3日
2020年5月11日~2020年9月29日	2020年4月25日~2020年10月4日
2021年5月23日~2021年10月11日	2021年4月27日~2021年10月6日
2022年6月4日~2022年10月23日	2022年4月29日~2022年10月8日
2023年6月17日~2023年11月4日	2023年5月1日~2023年10月11日
2024年6月29日~2024年11月15日	2024年5月2日~2024年10月12日
2025年7月13日~2025年11月28日	2025年5月4日~2025年10月14日

表二：行星的逆行期，2015~2025年	（承上頁）
天王星逆行	
2015年7月26日~2015年12月26日	
2016年7月29日~2016年12月29日	
2017年8月3日~2018年1月2日	
2018年8月7日~2019年1月6日	
2019年8月12日~2020年1月11日	
2020年8月15日~2021年1月14日	
2021年8月20日~2022年1月18日	
2022年8月24日~2023年1月22日	
2023年8月29日~2024年1月27日	
2024年9月1日~2025年1月30日	
2025年9月6日~2026年2月4日	
海王星逆行	
2015年6月12日~2015年11月18日	
2016年6月13日~2016年11月20日	
2017年6月16日~2017年11月22日	
2018年6月19日~2018年11月25日	
2019年6月21日~2019年11月27日	
2020年6月23日~2020年11月29日	
2021年6月25日~2021年12月1日	
2022年6月28日~2022年12月4日	
2023年6月30日~2023年12月6日	
2024年7月2日~2024年12月7日	
2025年7月4日~2025年12月10日	

3. 新月表（2015-2025年）

表三：新月表，2015~2025年（由格林威治標準時間推算得出）	
2015年1月20日	寶瓶座00度08分
2015年2月18日	寶瓶座29度59分
2015年3月20日	雙魚座29度27分
2015年4月18日	牡羊座28度25分
2015年5月18日	金牛座26度55分
2015年6月16日	雙子座25度07分
2015年7月16日	巨蟹座23度14分
2015年8月14日	獅子座21度30分
2015年9月13日	處女座20度10分
2015年10月13日	天秤座19度20分
2015年11月11日	天蠍座19度00分
2015年12月11日	射手座19度02分
2016年1月10日	魔羯座19度13分
2016年2月8日	寶瓶座19度15分
2016年3月9日	雙魚座18度55分
2016年4月7日	牡羊座18度04分
2016年5月6日	金牛座16度41分
2016年6月5日	雙子座14度53分
2016年7月4日	巨蟹座12度53分
2016年8月2日	獅子座10度57分
2016年9月1日	處女座09度21分
2016年10月1日	天秤座08度15分
2016年10月30日	天蠍座07度43分
2016年11月29日	射手座07度42分
2016年12月29日	魔羯座07度59分

表三：新月表，2015~2025年（由格林威治標準時間推算得出）（承上頁）	
2017年1月28日	寶瓶座08度15分
2017年2月26日	雙魚座08度12分
2017年3月28日	牡羊座07度37分
2017年4月26日	金牛座06度27分
2017年5月25日	雙子座04度47分
2017年6月24日	巨蟹座02度47分
2017年7月23日	獅子座00度44分
2017年8月21日	獅子座28度52分
2017年9月20日	處女座27度27分
2017年10月19日	天秤座26度35分
2017年11月18日	天蠍座26度19分
2017年12月18日	射手座26度31分
2018年1月17日	魔羯座26度54分
2018年2月15日	寶瓶座27度07分
2018年3月17日	雙魚座26度53分
2018年4月16日	牡羊座26度02分
2018年5月15日	金牛座24度36分
2018年6月13日	雙子座22度44分
2018年7月13日	巨蟹座20度41分
2018年8月11日	獅子座18度41分
2018年9月9日	處女座17度00分
2018年10月9日	天秤座15度48分
2018年11月7日	天蠍座15度11分
2018年12月7日	射手座15度07分
2019年1月6日	魔羯座15度25分
2019年2月4日	寶瓶座15度45分
2019年3月6日	雙魚座15度47分
2019年4月5日	牡羊座15度17分

表三：新月表，2015~2025年（由格林威治標準時間推算得出）（承上頁）	
2019年5月4日	金牛座14度10分
2019年6月3日	雙子座12度33分
2019年7月2日	巨蟹座10度37分
2019年8月1日	獅子座08度36分
2019年8月30日	處女座06度46分
2019年9月28日	天秤座05度20分
2019年10月28日	天蠍座04度25分
2019年11月26日	射手座04度03分
2019年12月26日	魔羯座04度06分
2020年1月24日	寶瓶座04度21分
2020年2月23日	雙魚座04度28分
2020年3月24日	牡羊座04度12分
2020年4月23日	金牛座03度24分
2020年5月22日	雙子座02度04分
2020年6月21日	巨蟹座00度21分
2020年7月20日	巨蟹座28度26分
2020年8月19日	獅子座26度35分
2020年9月17日	處女座25度00分
2020年10月16日	天秤座23度53分
2020年11月15日	天蠍座23度17分
2020年12月14日	射手座23度08分
2021年1月13日	魔羯座23度13分
2021年2月11日	寶瓶座23度16分
2021年3月13日	雙魚座23度03分
2021年4月12日	牡羊座22度24分
2021年5月11日	金牛座21度17分
2021年6月10日	雙子座19度47分
2021年7月10日	巨蟹座18度01分

表三：新月表，2015~2025年（由格林威治標準時間推算得出）（承上頁）	
2021年8月8日	獅子座16度14分
2021年9月7日	處女座14度38分
2021年10月6日	天秤座13度24分
2021年11月4日	天蠍座12度40分
2021年12月4日	射手座12度22分
2022年1月2日	魔羯座12度20分
2022年2月1日	寶瓶座12度19分
2022年3月2日	雙魚座12度06分
2022年4月1日	牡羊座11度30分
2022年4月30日	金牛座10度28分
2022年5月30日	雙子座09度03分
2022年6月29日	巨蟹座07度22分
2022年7月28日	獅子座05度38分
2022年8月27日	處女座04度03分
2022年9月25日	天秤座02度48分
2022年10月25日	天蠍座02度00分
2022年11月23日	射手座01度37分
2022年12月23日	魔羯座01度32分
2023年1月21日	寶瓶座01度32分
2023年2月20日	雙魚座01度22分
2023年3月21日	牡羊座00度49分
2023年4月20日	牡羊座29度50分
2023年5月19日	金牛座28度25分
2023年6月18日	雙子座26度43分
2023年7月17日	巨蟹座24度56分
2023年8月16日	獅子座23度17分
2023年9月15日	處女座21度58分
2023年10月14日	天秤座21度07分

表三：新月表，2015~2025年（由格林威治標準時間推算得出）（承上頁）

2023年11月13日	天蠍座20度43分
2023年12月12日	射手座20度40分
2024年1月11日	魔羯座20度44分
2024年2月9日	寶瓶座20度40分
2024年3月10日	雙魚座20度16分
2024年4月8日	牡羊座19度24分
2024年5月8日	金牛座18度02分
2024年6月6日	雙子座16度17分
2024年7月5日	巨蟹座14度23分
2024年8月4日	獅子座12度34分
2024年9月3日	處女座11度04分
2024年10月2日	天秤座10度03分
2024年11月1日	天蠍座09度35分
2024年12月1日	射手座09度32分
2024年12月30日	魔羯座09度43分
2025年1月29日	寶瓶座09度51分
2025年2月28日	雙魚座09度40分
2025年3月29日	牡羊座09度00分
2025年4月27日	金牛座07度46分
2025年5月27日	雙子座06度05分
2025年6月25日	巨蟹座04度07分
2025年7月24日	獅子座02度08分
2025年8月23日	處女座00度23分
2025年9月21日	處女座29度05分
2025年10月21日	天秤座28度21分
2025年11月20日	天蠍座28度11分
2025年12月20日	射手座28度24分

4. 日／月蝕表（2015-2025年）

表四：日／月蝕表，2015~2025年（由格林威治標準時間推算得出）		
2015年3月20日	日蝕	雙魚座29度27分
2015年4月4日	月蝕	天秤座14度24分
2015年9月13日	日蝕	處女座20度10分
2015年9月28日	月蝕	牡羊座04度38分
2016年3月9日	日蝕	雙魚座18度55分
2016年3月23日	月蝕	牡羊座03度10分
2016年8月18日	月蝕	寶瓶座26度00分
2016年9月1日	日蝕	處女座09度21分
2016年9月16日	月蝕	雙魚座24度13分
2017年2月11日	月蝕	獅子座22度34分
2017年2月26日	日蝕	雙魚座08度11分
2017年8月7日	月蝕	寶瓶座15度30分
2017年8月21日	日蝕	獅子座28度52分
2018年1月31日	月蝕	獅子座11度39分
2018年2月15日	日蝕	寶瓶座27度07分
2018年7月13日	日蝕	巨蟹座20度41分
2018年7月27日	月蝕	寶瓶座04度45分
2018年8月11日	日蝕	獅子座18度41分
2019年1月6日	日蝕	魔羯座15度25分
2019年1月21日	月蝕	獅子座00度49分
2019年7月2日	日蝕	巨蟹座10度37分
2019年7月16日	月蝕	魔羯座24度00分
2019年12月26日	日蝕	魔羯座04度07分
2020年1月10日	月蝕	巨蟹座19度40分

表四：日／月蝕表，2015~2025年（由格林威治標準時間推算得出）（承上頁）		
2020年6月21日	日蝕	巨蟹座00度21分
2020年7月5日	月蝕	魔羯座13度29分
2020年11月30日	月蝕	雙子座08度44分
2020年12月14日	日蝕	射手座23度08分
2021年5月26日	月蝕	射手座05度25分
2021年6月10日	日蝕	雙子座19度47分
2021年11月19日	月蝕	金牛座27度14分
2021年12月4日	日蝕	射手座12度22分
2022年4月30日	日蝕	金牛座10度28分
2022年5月16日	月蝕	天蠍座25度17分
2022年10月25日	日蝕	天蠍座02度00分
2022年11月8日	月蝕	金牛座16度00分
2023年4月20日	日蝕	牡羊座29度50分
2023年5月5日	月蝕	天蠍座14度58分
2023年10月14日	日蝕	天秤座21度07分
2023年10月28日	月蝕	金牛座05度09分
2024年3月25日	月蝕	天秤座05度07分
2024年4月8日	日蝕	牡羊座19度24分
2024年9月18日	月蝕	雙魚座25度40分
2024年10月2日	日蝕	天秤座10度03分
2025年3月14日	月蝕	處女座23度56分
2025年3月29日	日蝕	牡羊座09度00分
2025年9月7日	月蝕	雙魚座15度22分
2025年9月21日	日蝕	處女座29度05分

練習一：行運的優先考慮事項

你的年紀落在下列其中一個關鍵年齡嗎？如果是，你正在達成一或多個與同齡其他人共有的關鍵里程碑：

十四歲 —— 未雨綢繆的壓力

二十一歲 —— 叛逆

二十八—二十九歲 —— 開始面對成熟與難免一死

三十五—四十二歲 —— 中年危機：第二次嚴重叛逆

五十五—六十歲 —— 更年期，準備退休

行運天王星、海王星或冥王星與你的上昇點、天底、下降點或天頂在幾度之內合相嗎？它們是否與你的本命太陽或月亮形成合相或對分相？

天王星：個人的獨立聲明，事業上的一次突破

海王星：悲傷、渴望、失去某樣東西、成功魅惑世人，八成是一次大動作。

冥王星：面對原始、不折不扣的現實

行運土星與你的上昇點、天底、下降點或天頂在幾度之內合相嗎？它與你的本命太陽或月亮形成合相、對分相或四分相嗎？你正在重新評估生命中的某樣東西是否值得盡力保留。

你正在經歷木星回歸（木星返回到它的本命位置）嗎？你即將展開一趟成功而繁榮的十二年新週期。

行運木星與你的上昇點、天底、下降點或天頂合相嗎？你即將發揮所長。某種回報即將到來。

你正在經歷火星回歸（火星返回到它的本命位置）嗎？要努力爭取你認為自己想要的東西。

今年的日／月蝕大致上將與九至十年前同樣出現在你星盤中的那些點位形成相位。當時，你的生命中發生什麼事情呢？假使面對喚起同樣感覺的情境，你將如何處理？

土星、天王星、海王星或冥王星，與你的本命月亮、金星或火星形成合相、對分相、或四分相嗎？如需更多洞見，請閱讀談論土星和冥王星的章節。

今天是你的生日嗎？你正在經歷太陽回歸喔！要推算你的太陽回歸圖，好好看一看。太陽所在宮位是你今年將會發光發亮的地方。有獅子在宮首的宮位接收到某些陽光。接近四角的行星代表今年推動你向前的力量。

練習二：繪製年度星盤

今年的行星逆行期（見附錄表二）

應對行星逆行的最佳做法相關訣竅，請見第一章。水星將三度轉為逆行。金星和火星在某一年內可能不逆行。太陽和月亮永遠不逆行。

	逆行	順行	逆行	順行	逆行	順行
水星						
金星						
火星						
木星						
土星						
天王星						
海王星						
冥王星						

今年的新月（見附錄表三）

今年的每一次新月將落在你出生圖的哪一個位置呢？關於新月在每一個宮位的意義，請見第三部分；某一個新月的力量比較強大，但影響的還是同樣的人生領域。

日期	度數和星座	星盤的宮位	祈願和意圖

太陽的行運

若要解讀星盤中的行運太陽，請見第九章。

你的太陽回歸是什麼時候？ ______________________

太陽什麼時候會越過你的……

上昇點 ______________________

天 ______________________

下降點 ______________________

天頂 ______________________

今年的日／月蝕（見附錄表四）

日／月蝕指出生命中事物需要改變的地方。更多日／月蝕相關資訊，請見第九章。

日期	日蝕／月蝕	度數／星座	星盤的宮位	與本命行星的相位

行星回歸

你今年有火星、木星、土星或天王星回歸嗎？行星回歸標明重大行星週期的開始——如需更多資訊，請見第三至八章。

火星回歸（大約每隔兩年）________________

木星回歸（每隔十二年）________________

土星回歸（每隔二十九年）________________

天王星回歸（八十四歲）________________

其他主要行運

今年是否有哪一顆行運外行星與你的本命太陽、月亮、水星、金星、火星、上昇點或天頂形成合相、四分相、或對分相？

	太陽	月亮	水星	金星	火星	上昇點	天頂
行運木星							
行運土星							
行運天王星							
行運海王星							
行運冥王星							

參考資料

◎參考書目

愛波·艾略特·肯特，《實用占星學基礎指南》（*The Essential Guide to Practical Astrology*）。假使你是占星學界的新人，覺得本書的某些資料不太進得了腦子裡，千萬不要害怕！我在這本入門書中，囊括了從黃道十二星座到宮位、行星和相位等一切重點。

史蒂芬·福雷斯特（**Steven Forrest**），《變幻的天空》（*The Changing Sky*）。史蒂芬·福雷斯特是我最喜愛的占星師、最喜愛的作家、最喜愛的人物之一。這本書充分闡述了「行運」（**transit**）還有「推運」（**progression**），以及這兩套系統如何一起運作。強力推薦！

羅伯·韓德（**Robert Hand**），《行星的推移：揭露生命的週期》（*Planets in Transit: Life Cycles for Living*）。一九七〇年代開始，這本著作就一直是占星學談論行運的專業書籍，而且當之無愧，它龐大而全面，而且透過相位展開每一個行星／行星過運。二〇一四年中，韓德宣布，將在二〇一五年發行該書的更新版。

里克・帕廷格（Rique Pottenger），《二十世紀美國星曆，一九〇〇—二〇〇〇年午夜》（*The American Ephemeris for the 20th Century, 1900–2000 at Midnight*）以及《最新二十一世紀美國星曆，二〇〇〇—二一〇〇年午夜》（*The New American Ephemeris for the 21st Century, 2000–2100 at Midnight*）。這兩本著作涵蓋兩個世紀的行星表。我總是喜歡開玩笑說，必要時，這些巨冊其實可以當桌子用。

「午夜」意指，這些星曆表顯示的行星位置，是根據英國格林威治本初子午線所在地的午夜推算得出的。除非你的居住地與格林威治屬同一時區，否則就必須進行額外而複雜的計算，將行星位置調整至你所在的時區和位置。但這些格林威治午夜時分的行星位置至少讓你有跡可循，因為，除了月亮，其他行星不會在一天之內如此快速移動。

偶爾你會發現，以格林威治正午時間推算的星曆。我以前偏愛這類星曆，因為生活在美國西岸，距格林威治八個時區，所以我發現，格林威治的正午位置更接近美國西岸每天開始的時間。

◎線上推算行運

如需星盤推算與個人化的報告，請造訪 Astrodienst，網址：www.astro.com。

軟體

本書的星盤與圖表，就是出自Matrix Software（www.astrologysoftware.com）的Win*Star專業軟體。

BC1046R

行運占星全書：
我的人生運勢週期表

Astrological Transits:

The Beginner's Guide to Using Planetary Cycles to Plan and Predict Your Day, Week, Year (or Destiny)

作　　者　愛波・艾略特・肯特（April Elliott Kent）
譯　　者　星光餘輝
責任編輯　田哲榮
協力編輯　朗慧
封面設計　斐類設計
內頁排版　李秀菊
校　　對　吳小微

發 行 人　蘇拾平
總 編 輯　于芝峰
副總編輯　田哲榮
業務發行　王綬晨、邱紹溢、劉文雅
行銷企劃　陳詩婷
出　　版　橡實文化 ACORN Publishing
　　　　　地址：231030新北市新店區北新路三段207-3號5樓
　　　　　電話：02-8913-1005　傳真：02-8913-1056
　　　　　網址：www.acornbooks.com.tw
　　　　　E-mail：acorn@andbooks.com.tw
發　　行　大雁出版基地
　　　　　地址：231030新北市新店區北新路三段207-3號5樓
　　　　　電話：02-8913-1005　傳真：02-8913-1056
　　　　　讀者服務信箱：andbooks@andbooks.com.tw
　　　　　劃撥帳號：19983379 戶名：大雁文化事業股份有限公司

印　　刷　中原造像股份有限公司
二版一刷　2023年11月
定　　價　650元
ISBN 978-626-7313-60-2

國家圖書館出版品預行編目（CIP）資料

行運占星全書：我的人生運勢週期表／愛波・艾略特・肯特（April Elliott Kent）著；星光餘輝譯. -- 二版. -- 臺北市：橡實文化出版：大雁出版基地發行, 2023.11
面；　公分
譯自：Astrological transits : the beginner's guide to using planetary cycles to plan and predict your day, week, year (or destiny)
ISBN 978-626-7313-60-2（平裝）
1.CST：占星術
292.22　　112015413